大庭 健
Ohba Takeshi

筑摩選書

民を殺す国・日本

足尾鉱毒事件からフクシマへ

民を殺す国・日本　目次

民を殺す国・日本

足尾鉱毒事件からフクシマへ

民ヲ殺シ……而シテ亡ビザルノ国ナシ

——田中正造

はじめに

3・11から、すでに四年以上が経過した。にもかかわらず、ゆうに一〇万人を超える人々が、今なお住み慣れた町を追われ、長年の生業を奪われたまま、不自由な避難生活を強いられている。そして東電・福島第一原発では、最悪のシナリオはかろうじて免れたものの、今なお高濃度の放射性物質が山積し、厖大な量の放射能汚染水がじわじわと地下水を侵し、海水を汚染しつつある。[1]

では、こうなったことについて、誰が、あるいはどこが、どのように責任をとったのだろう。こう問うと、「誰も・どこも……ない」と否定形で答えるしかない。これは、奇怪なことである。少なくとも、ふつうの生活者の感覚からすると、きわめて奇怪なことである。

遊技場や化学工場で爆発が起きれば、ただちに捜査が開始されて現場検証が行われ、その結果しだいでは、事業者が起訴され、司法の裁きをうける。あるいは、食品偽装やデータ改竄《かいざん》が発覚すれば、偽装や改竄による実害が立証されたか否かにかかわらず、それ自体が、告発の要件になりうる。

しかし、3・11の東電・原発の爆発についても、それ以前の度重なる偽装・改竄にかんしても、事故原因の調査が完了してもいなければ、証拠の保全さえも怪しい状態で、早々と不起訴とされた。おかげで、東電も、保安院も経産省も、原子力委員会も、検査にあたった専門家たちにも、なんのお咎《とが》めもない。

かつて深刻な環境汚染を引き起こし、生命を脅かしたチッソは、賠償責任を問われて、赤字に転落し上場廃止となった。しかし東電は、賠償責任の過半を公的機構に（最終的には将来の国民の納税に）肩代わりしてもらってまるまる生き残り、堂々と上場され続けている。[2]

明らかに、何かがおかしい。ここには、倫理学も正面から取り組まねばならない問題が露呈している。生活者のこうした実感にそくして、本書では、事態を倫理学の観点からモラルの問題として、つまり人の間《あいだ》を支えている規範の問題として、考えてみたい。しかしモラルの問題として考えるということは、必ずしも、問題を個々人の心がけといったレベルに限定することではない。

3・11で露呈したモラルの問題は、たんに個々人の心構えだけには還元できない集合現象におけるモラルの問題である。本書では、これを「構造的な無責任」と名づけてみた。人口に膾炙《かいしゃ》したことばで言うと、問題は、「責任者の顔が見えず、誰も責任を取らない」（佐藤栄佐久《えいさく》）ような仕組みである。[3] しかし、「構造的な無責任」というだけでは漠然としすぎているかもしれないので、舌足らずではあるが、あらかじめ説明すると、こうなる。一方では、人々のある恒常的なつながりによって、多くの個々人の積極的・消極的な不作為が相乗的に誘発されるとともに、他方では、そうした一連の不作為が組み合わさることによって、無責任な社会現象が生じる。こうした二つの側面を同時にもった集合的な、しかも一過的でない事態を、「構造的な無責任」と呼ぶ。[4]

したがって、構造的な無責任は、特定の人（たち）や特定の集団・組織の、個別の行為・不作為だけには還元できない。

＊

3・11の出来事には、電力会社、監督官庁、大口・小口の電力消費者、マスコミ、教育機関、政治団体、技術者集団……、枚挙しきれないほどの、さまざまな種類・規模の集団がかかわっている。したがって、「構造的な無責任」を考えるにあたって、焦点の合わせ方もまた複数ありうる。しかし、ここでは、手許《てもと》にある複数の「事故調査報告書」が共通に指摘していることをもとにして、議論の焦点をしぼりたい。

これまでに四種類の事故調査報告書が刊行されているが、そのうち国会事故調、民間事故調いずれも、東電および原子力委員会などの規制機関の怠慢・不作為を丹念に跡づけて、東電・東フクシマ事故は「人災」だ、と明言している。政府事故調も、「人災」という語は用いていないにせよ、同様の指摘・批判を繰り返している。

キーワードは、ここで言われている「人災」である。以下、このキーワードをもとに焦点を合わせていきたい。3・11に先立つこと四半世紀、「モスクワに建てても大丈夫」と言われていたチェルノブイリ原発の事故は、全世界を震撼させ、いまなお多くの人々が放射線障害で苦しんでいる。しかし、その原因究明は、3・11の場合にも劣らず杜撰だったようで、「人災」を、文字通り（？）「運転員のミス」へと還元して終わり、となった。この悲惨な事故について当時書記長であったゴルバチョフは、〝わが国体制全体の多くの病根を照らし出した。このドラマには長い年月の間に積もりつもった悪弊がすべて顔をそろえた〟と書き残している[6]。では、3・11は、どうだったのだろうか。

＊

以下、3・11にいたる、また3・11そのものについての、構造的な無責任を考えるにあたって、ジャーナリスティックな話題や、多少、社会学的あるいは歴史学的な論題も扱っているが、それらにかんする筆者自身による独自の調査は、全くない。そうした論題についての引用のほとんどは、二番煎じひいては三番煎じであり、そのソースは、すべて巻末に記したので、必要に応じて点検していただきたい。

なお、3・11にかんしては、「福島」の原発と語られることが多いが、本書では、あえて「東フクシマ」という言い方をした。その理由は、こうである。通常、原発を指して語るときは、「大飯《おおい》」「伊方《いかた》」「柏崎」というように、原発のおかれた地名が用いられる。ところが3・11の場合、「双葉・大熊」という地名でなく、「福島」と語られることが圧倒的に多い。しかし「福島」は、県の名あるいは県庁のある都市の名である。福島市なら、原発から五〇キロ以上も離れているし、福島県なら、京都・大阪・和歌山の三府県を合わせたよりももっと広い。どちらにしても「福島」という呼称は、原発の場所を示す名称としてはふさわしくないのみならず、この国の宿《しゅく》痾《あ》でもある「東北」差別とも相まって、風評被害の域を超えた危害を与えてもいるからである。

第Ⅰ部

津波に先立って

「はじめに」にも記したが、工場あるいは飛行機が、事業者がわの怠慢あるいは不作為によって重大な事故を起こしたときには、事業者は責任を免れえない。事業者は、当の怠慢・不作為の責任を問われて罰せられ、償いが求められるし、事故の原因究明・再発防止への協力を求められる。まかり間違っても、原因究明を妨げることは許されないし、それを妨害すれば、それ自体が新たな処罰の対象となる。

他方、その工場なり飛行機なりを監督する機関も、その責任を問われる。監督機関には、事業が適正に運営され、安全が確保されているか、といったことを点検する義務があるのだから、右のような重大な事故が起きたときには、そうした義務がまっとうされていたのかが問われる。

3・11の東電フクシマ事故は、一九八六年のチェルノブイリ事故以来の、国際的にも深刻な原発事故であり、その被害の深刻さは、並みの飛行機事故やコンビナートの事故の比ではない。そして諸種の公的な事故調査委員会は、諸種の制限の下ではあったが専門的な調査を重ねた末に、「人災」という調査結果を出した。にもかかわらず、この国では、司法が「不起訴」とし、立法府も行政府も、その決定にただ従うだけであるかのようである。

もちろん、東電あるいは経産省・保安院、原子力委員会に、いかにひどい不作為や怠慢があったとしても、それと事故との因果関係が合理的に推定できなければ、立件できないのはもっともなことではあろう。しかし、こと原子炉の過酷事故にかんしては、事業者の国際機構（ＩＡＥＡ）の基準によってさえ、発生の確率を一万分の一年／炉以下に抑えることが求められている。

確率が本質的に問われるこのような事故にかんして、従来のような決定論的な、オール・オア・ナッシング式の因果関係の立証に固執するのは、素人から見ても異様である。[1]

そのうえでなお、事故との因果関係をどう推定しうるかは、調査と聞き取り、シミュレーションと追試を重ねてはじめて言えることであって、東フクシマにかんしてそうした調査や追試が十分になされたのかは疑わしいし、そもそも証拠が保全されたのかすら怪しい。もしかりに、東電や経産省が主張し続けてきたのとは異なって、津波の襲来に先立つ激震による水漏れが事故の原因だったとしたら、一連の不作為と事故との因果関係は、かなり明瞭なものとなる。しかるにこの国の司直は、事故の原因は「想定不能な大津波」だ、と決めつけたうえでしかものを考えなかったかのようである。不穏当に響くかもしれないが、飛行機事故で言うなら、墜落現場からフライト・レコーダーが航空会社の手によってひそかに持ち出された疑いもありうるような、きわめて不透明な事態である。こうした不起訴処分は、因果関係の推定における確率をめぐる法理上の問題とは別に、やはり問題をはらんでいよう。[2]

ここで露呈している「責任」の問題を、もっぱらモラルという観点から考えたい。そのために、事実関係について最小限の確認をし、その後で、考察を加えていく。

第一章

東フクシマ原発事故

1　福島第一原発、事故発生まで

まず、3・11にいたるまでの東電・福島第一原発の過程を、箇条書きで確認する。

・第一原発一号機は、二〇一一年三月には、四〇年という**耐用年限に達し**、本来なら廃炉になるはずであった。

・二〇一〇年二月、東電は、耐用年数を超えてさらに一〇年間使い続けることを、経産省・原子力安全保安院に申請する。

・二〇一一年二月、経産省は、東大工学部の教授を主査とする専門家チームによる三日間の立ち入り検査にもとづいて、東電の申請を認める。

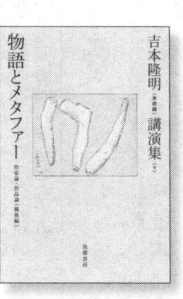

では、耐用年限を過ぎている、ということが何を意味しているかということを、まず確認しておこう。

福島第一原発が設計された頃（一九六〇年代）には、原子炉の耐震性についての基準がなかったようで、東電はアメリカのいくつかの地震を想定して、耐震性の調査を行ったが、その後一九八一年に原子力安全委員会[3]は、原子炉設計にあたっての耐震基準を策定した（以下、「旧基準」という）。しかし、そこで想定されていた地震は、M7規模の地震であり、地震列島・日本を繰り返し襲う大地震とはかなりずれている、という警告が地震の専門家から幾度も寄せられていた。一九九五年の阪神・淡路大震災によって、この警告はにわかに現実味を帯び、原子力安全委員会も、ようやく腰をあげ、二〇〇一年に検討を開始し、二〇〇六年には新たな耐震基準（以下「新基準」）を策定した。では、こうした経緯を念頭において、耐用年限を超えた原発の状態について考えてみよう。

劣化する原子炉

原子炉を構成している金属は、当初は、どれほど純正の素材を用いていようとも、①振動や張力、熱による膨張・収縮を繰り返しているうちに、②金属疲労」が重なっていくし、②金属の宿命ともいうべき「腐食」をまぬがれることはできない。実際、全国各地で稼働後二〇年を経過した原発では、各種のひび割れ・腐食が発生していた。しかし、ひび割れや腐食が生じた配管を取り換えるには、長期の運転停止を必要とするせいもあって、電力各社は、それこそ全社をあげて、ひび割れ隠し・腐食隠しに狂奔していた。そのことが明るみに出たのは、後に取り上げるように、外国人技術者による内部告発によってである。

こうした材料の劣化を放置した結果、美浜では二〇〇四年に配管の破裂によって作業員四名が即死するという事故まで起きている。なるほど、その後、劣化の検査の仕方は改められはしたが、どこまで信頼性があるかは、疑わしいという。[4] そのようにして、交換しないで部分的補修だけで使い続けたとしたら、稼働年数が長ければ長いほど、劣化の程度は激しいはずである。

しかも原子炉の経年劣化は、金属疲労と腐食だけではない。原子炉内では、ペースこそ緩慢だが、核爆発と同じ現象が続いているのだから、炉を構成している金属の劣化は、並大抵ではない。とりわけ、③中性子が強烈に衝突し続けて、金属がもろくなるという「照射による脆化《ぜいか》」は、金属疲労・腐食に加えて、原子炉に特有の危険な劣化である。

この「照射脆化」にかんしては、専門家の間では二〇〇〇年あたりから詳しい研究が進み、たんに照射量だけでなく、その速度も大きく関係していることが明らかになっていた。しかるに経産省の「高経年化対策検討委員会」は、そうした結果さえも軽く見て、耐用年限を過ぎた原子炉の延長使用を認めてしまう。[5]

それだけではない。どの分野にも「トンデモ研究者」はいるらしく、激しい放射線を浴び続けて金属が「もろくなる」ことを、金属が「硬くなる」つまり「強くなる」と解釈すべきだ、と提案する研究者がいたという（この伝でいけば、動脈硬化は、動脈が強くなることなのだから、なんら怖れるべきではない、という話になる！）。しかし驚くべきは、その続きである。この「トンデモ発言」をうけた、経産省・高経年化対策検討委員会の主査（例の東大教授）は、「非常に重要なご指摘」と「感謝」の意を表し、経産省・保安院は、「強度をます」ことを念頭において機器を評価する、という指針を作ったのである。[6]

しかも、これらは、すべて3・11の三年以上も前のことであり、安全委員会、経産省・保安院は、二〇一〇年になってもなお、照射脆化にかんする事実を、正面から取り上げようとはしなかった。まさにこうした中で、東電は、福島第一の稼働延長を申請したのであった。

配管が抱える弱点

いったん原発の運転がはじまると、原子炉（圧力容器）だけでなく、炉を構成するさまざまな配管も、非常に過酷な条件にさらされる。とりわけ配管は、そもそも原子炉を作る時点で多くの弱点を抱えていた。まず、配管の部品メーカーごとに長さの単位の換算の仕方が異なるために、多くの部品をつなげて配管すると、設計図と異なる長さになってしまうのに、無理につなげてしまう箇所が頻出した。さらに狭い所に複雑に配管が走っているので、少なからぬ接合部は、通常の仕方では溶接できず、鏡を見ながら上向きで溶接するしかないが、そうすると溶融金属が重力で落ちてしまうので、想定された強度は実現できない。このように、とくに初期の原子炉であればあるほど、建造の時点ですでに設計時に計算された強度に達していない配管が、少なからず存在していた。[7]

こうした配管が、高温と低温で伸び縮みして金属疲労を重ね、腐食を重ねながら、単独であるいは束ねられて天井から吊りさげられており、地震のたびにぐらぐら揺れる。したがって、運転期間が長ければ長いほど、配管とくに当初から弱い溶接部には微細な亀裂が生じやすいが、圧力容器に近い部分は、被曝線量が多すぎて検査もできない。[8]

原子炉の具体的な実情は、こうなのだから、四〇年間も運転されて耐用年数に達したとき、原子炉がさらなる運転に耐えうる状態にあるのかどうか、とりわけ、炉を構成している金属がどれほど劣化していたのか、振動や張力などにどれほど耐えうる柔軟性を保持していたのかは、きわめて疑わしい。その疑いを晴らすには、相当の時間と労力が必要であろう。しかし、経産省・保安院は、二〇一〇年の八月に東大工学部教授を主査とするチームによる、たった三日間の立ち入り検査を経ただけで、あとは書類審査によって、３・11のちょうど一カ月前に、向こう一〇年間の延長運転を認可したのであった。

少々まとめよう。耐用年限に達しているならば、材質の劣化の程度を逐一個別にチェックしないかぎり、旧基準が想定していた程度の揺れであったとしても、原子炉・配管が重大な損傷をこうむる可能性なしとは言い難い。いわんや、旧基準が想定していた以上の大きな揺れに襲われたなら、その可能性はきわめて大きい。

東フクシマは、このようにして、3・11を迎えたのであった。

なれ合いによる、当たり前の原則の放棄

新基準は、実態にあわせて前より厳格になったのだから、新基準がなかった頃につくられた原子炉がそれをみたさなくても、それは当たり前である。問題は、それをどう補強するか、である。学校や病院などの建物を考えてみよう。建物の耐震基準が改められたとき、旧来の建物が新基準をみたさなければ、当然、補強工事が求められる。あるいは、列車や航空機の安全基準が改められたなら、運行中の列車・航空機も、新基準をみたすように補強することが義務づけられる。これは全く当たり前のことである。ところが、この全く当たり前のことが、原子力業界では、何ら当たり前ではない。

〝既存のものも、新基準が適用されて再審査され、みたしていなければ稼働できない〟。この当たり前の原則は、専門家の間では、時を遡《さかのぼ》って（バック）・適合させる（フィット）という意味で、基準の「バック・フィット」と呼ばれている。ところが驚くべきことに、原子力安全委員会も経産省も、新基準を策定したときに、バック・フィットのための法的な仕組みを作らなかったのである。[9]

バック・フィットを法的には求めない、という決定にいたるまでのいきさつは、かなり露骨である。その決定を促したのは、「訴訟に影響がないように・既設炉は十分安全」（電気事業連合会）という電力会社の利害と、「お互い、訴訟リスクを考慮して・既設炉を止めることなしに」（保安院長）とする規制官庁の狎《な》れあいである。[10] みられるように、当時全国で頻発していた原発の建設差し止め訴訟では、地震のさいの安全性が大きな焦点の一つになっていた。しかも、繰り返し日本を襲う大地震での安全性が懸念されたからこそ、監督官庁・安全委員会も重い腰をあげて耐震基準を改めたはずである。にもかかわらず、監督官庁・安全委員会は、その基準の「訴訟リスク」を考慮し、かつ補強にともなう運転停止と補強費用の支出を避けるために、バック・フィットを法的には求めない、というのである。

しかし、これでは二〇〇六年以降に設計される新たな原発を除けば、すべての稼働中の原発の耐震性は不問に付されることになる。さすがにそれでは新基準を策定した意味はないに等しいので、経産省・保安院は、既存の原発が新基準をみたしているか否かのチェック、すなわち「バック・チェック」だけは電力会社に求め、補強が必要なら事業者が自主的に行うよう指示した。では東電・福島第一のバック・チェックの結果は、どうだったのだろう。

バック・チェックさえも水増し

二〇〇六年に経産省・保安院は、二〇〇九年までに新基準（「耐震設計審査指針」）に照らして、既存の原発の耐震性の点検（「耐震バック・チェック」）を終えるように、電力会社に指示した。その直後の中越沖地震（二〇〇七年）において、東電・柏崎の原発では、敷地が部分的に最大一〇センチも隆起し、タービン建屋が傾いてひびが入るなどの被害が生じたため、既存の設備の再点検はいっそう重大になってきた。そうした事態をうけて、現代地震学のパイオニアでもある専門家からは、想定されるマグニチュードが甘すぎるなど、新基準の不備が指摘されていた。[11]

こうした中で二〇〇九年四月に東電は、主要な八施設にかんして、設備の重要な部位についてだけ、点検の中間報告を提出し、保安院も、同年七月にこの中間報告を「妥当」と判断した。しかしその保安院も、「今後の検討課題（最終報告に反映すべき事項）」として、主要な八施設とそれ以外の施設いずれにおいても、中間報告での対象部位以外も点検するよう求めている。[12] しかしながら、そうした耐震バック・チェックを行う前に、三月一一日を迎えたのである。

まとめてみよう。一九九五年の阪神・淡路大震災という、八千名余の方々の無念の死と引き換えに、ようやく新しい耐震基準が策定された。しかし、経産省も原子力安全委員会も、その基準にあわせて既存の炉を補強することを義務化しなかった。のみならず東電は、新基準に照らした点検さえ、終えてはいなかった。こうした状況で、耐用年限をこえていた福島第一原発が、大地震に耐えうるだけの安全性をもちえていた、などとは到底、言い難かろう。にもかかわらず、二〇一一年二月（3・11の一カ月前！）、経産省・保安院は、耐用年限をこえている原子炉の延長稼働を許可したのであった。

こう見てくると、3・11の未曾有の事故は、起こるべくして起きた、とさえ言いたくもなるかもしれないが、即断はさけねばならない。では、事故の大略を確認するために、少なからぬ読者には不要と感じられるかもしれないが、原発について最小限のおさらいをしておきたい。

2 そもそも、原発とは?

発電の仕組みは、かなり単純である。その基本的な仕組みは、モーターと同じである。その原理については中学の理科にゆずるが、モーターの場合、電流が流れるとモーターが回転し、その回転力がさまざまな運動に変換される。逆に、発電機の場合は、力を加えて発電機を回転させてやると、電流が生じる。つまり、〈電気→運動〉という変換を行うのがモーターであり、逆に〈運動→電気〉という変換を行うのが発電機である（唯一の例外は、光を電気に変える太陽光発電である）。

したがって（太陽光発電を除くと）、発電には、発電機を回転させる力が必要だが、そうした力は、大きくいって二つにわかれる。一つは、水力、風力、潮力といった、自然の事物の運動がもっている力である。もう一つは、熱によって生じる蒸気の力である。そもそも、人類の文明の発展を支えた動力は、水車、風車に見られるように、長らく前者の、自然の事物の運動の力であった。後者の蒸気の力は、近代の産業革命になってようやく使えるようになったにすぎない。しかし、高圧蒸気によってタービンを回転させて得られる動力は、きわめて大きいだけでなく、気象条件に左右されないせいもあって、一九世紀から二〇世紀にかけて文明の中核にすえられてきた。

現代では、熱をもとにした発電は（地熱などを別にすると）[13]、①石炭・石油・天然ガスといった化石燃料、②原子力、このいずれかになる。①は、副産物として、地球温暖化のもととなる二酸化炭素を排出し、②は、生命を直撃する放射性物質を排出する。このとき、前者の二酸化炭素を、石灰のような無害な物質に変えることは、技術的には可能だが、しかし、後者の放射性物質を、無害な物質に変えることは、原理的に不可能である。

原発の仕組み

では、こうした概略をふまえて、原発の基本的な仕組みについて、おさらいしておく。

発電機を動かす水の力・風の力・蒸気の力、これらはみな、水分子や空気の分子の運動の〝集まり〟であり、そうした分子運動は、ことごとくニュートン力学の法則にしたがっている。ところが、分子たちの内部に分け入っていくと、話はガラっと変わる。どの分子も、原子核と電子からできているが、電子も、原子核を形づくっている微粒子（陽子・中性子）も、きわめて軽いので、ニュートンの法則からすると、それらの間には全く微弱な力しか働きえないはずである。ところが、原子核を形づくる微粒子がつながりあう力（核力）は桁外れに強く、ニュートン力学では説明できない。

この核力の秘密を解明するところから、原子物理学・素粒子論ははじまったのだが、原子核の分裂によって核力が解き放たれるだけでなく、中性子をぶつけることによって人為的にその分裂を引き起こせることが次第に分かってきた。こうして、核分裂の連鎖反応を起こさせることによって、厖大な数の原子核を分裂させ、瞬時にして莫大なエネルギーを放出させる技術が開発された。すなわち、原子爆弾（原爆）である。

これに対して、核分裂をもっとゆっくり持続的に起こさせると、原爆のように一挙にではないが、巨大なエネルギーが持続的に放出される。これが、原爆後に開発された原子力発電（原発）である。原爆のばあいも原発のばあいも、原子核の分裂によって巨大なエネルギーが放出されるとともに、放射性物質が大量に放出され、あとには膨大な「死の灰」が残る。

原爆と原発

原発は、原爆と同列には扱えない。それはその通りである。しかし、この両者の基本的な仕組みは同じである。このことに目をつむるわけにはいかない。原発と原爆の違いは、原子核の人為的な分裂が、一方では瞬時に進行し（原爆）、もう片方では、徐々に持続的に進行する（原発）というところにしかない。

この分裂のペースの違いの鍵を握っているのは、水である。原発は、①核分裂のエネルギーに

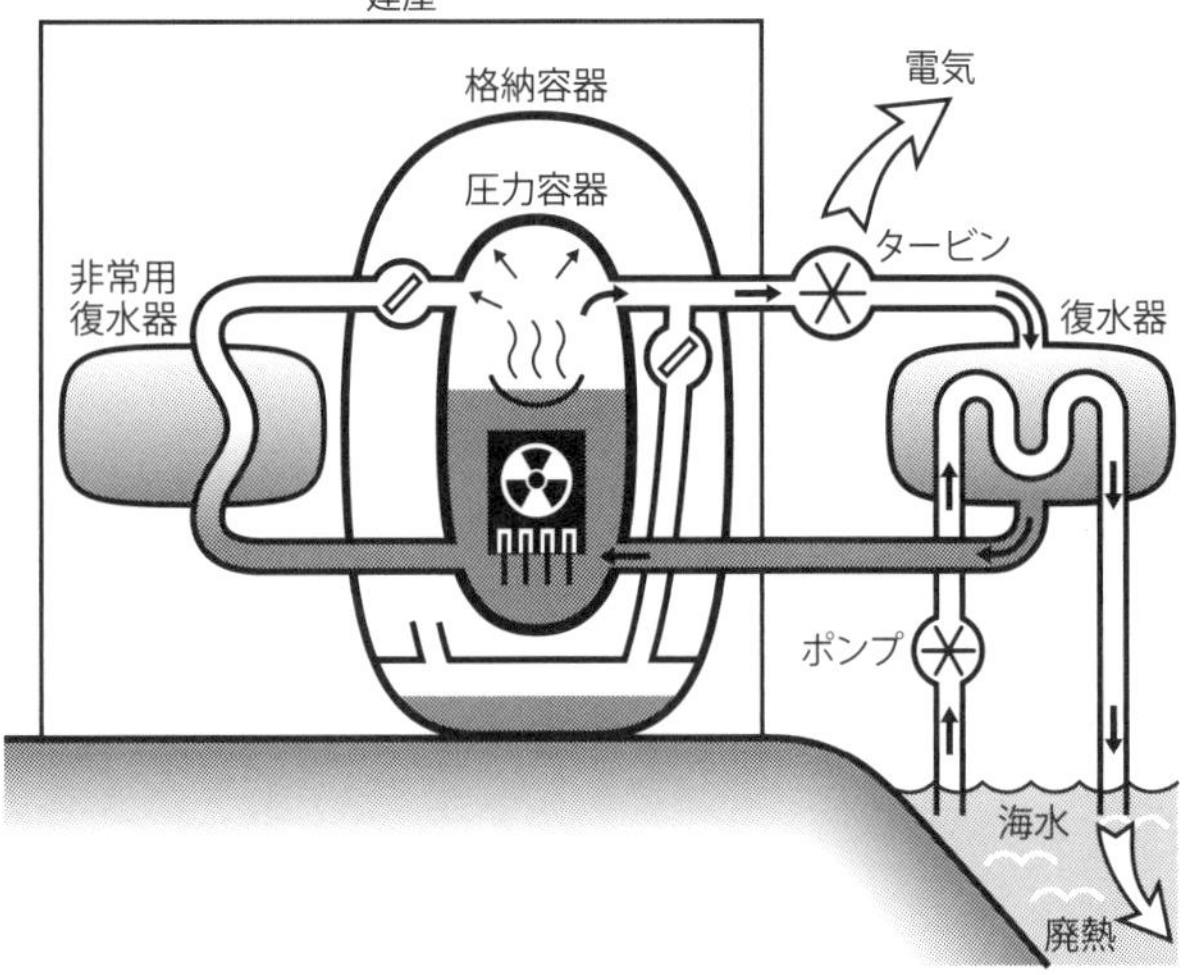

よって、水を沸騰させて水蒸気を発生させ、②水蒸気の圧力でタービンを回して発電し、③その水蒸気を冷やして水にもどして原子炉内に還流させる、という水循環によって成り立っている（図）。つまり原子炉は、巨大な蒸気機関であって、燃料が石炭でないという点で昔の蒸気機関と違っているにすぎない。このように、一定量の水が常に炉の圧力容器内に供給されることによって、核分裂によって水蒸気が恒常的に生成するとともに、圧力容器内の温度・圧力が一定に保たれて、核分裂の連鎖的な拡大が防がれている。[14]

原子炉で、右の①〜③という循環を繰り返すには、炉外から（大抵は海から）水をくみあげて高温の水蒸気を冷やし、水蒸気の熱を吸収した水を炉外（つまり海）に排出しなければならない。[15]そのためには電動ポンプを使って、水のくみ上げと排出をしつづけねばならない。万一、このポンプが止まったなら、タービンを回した高温の水蒸気は水に戻らないし、炉内の水も蒸発しつづける。そうなると水に覆われていた核燃料が剝き出しとなって、核分裂が連鎖的に加速して、炉内はいよいよ高温高圧になって圧力容器・格納容器をも吹き飛ばし、大量の放射性物質を大気圏に撒《ま》き散らすことになる。要するに、**電気が止まって水の循環が滞れば、原発は、原爆同様の害をもたらす**のである。

では、東フクシマでは何が起きたのだろうか。

3　原発事故のアウトライン

事故の輪郭を、表層的にだが、箇条書きで通覧しておく[16]。

・二〇一一年三月一一日、東電・福島第一原発は、東日本大地震に襲われ、原子炉は緊急停止する。

・しかし、一号機では**炉圧の異常な低下**がはじまる。

・外部からの送電が途絶えたため、ディーゼル発電による冷却がはじまる。

・つづく津波の来襲と相前後して、ディーゼル発電も停止し、**全電源喪失**の状態になる。

・冷却の失敗によって、まず原発一号機から急激に過熱し、メルトダウンにいたる。

・一号機のベント（高圧水蒸気の放出）によって、大量の放射性物質が流出する。
・高熱で発生した水素が漏れ出して一号機建屋で爆発し、より大量の放射性物質が流出する。
・つづいて三号機、二号機とメルトダウンし、つづく水素爆発などによってさらに放射性物質が流出する。
・それでも原子炉は、容器本体が爆発する手前で徐々に冷却にむかい、「最悪の事態」はかろうじて免れる。
・しかし、広域にわたって高濃度の放射性物質が残留し、汚染された水が滞留して漏れ出しつづけている。

事故の大略は、以上のようであるが、その際に、たとえば、
・メルトダウンは、どう進行し、最終的にどうなったのか、
・水素は、どこからどう漏れて、どのように爆発にいたったのか
・津波の来襲に先立って、炉や配管は、地震によってどう損傷したのか、
といった、もっとも根本的な事実については、いまなお十分には明らかでない。

では、こうした一連の事態において、何が・なぜ・どのように起きたのか。それらのどこが、どういう意味で「人災」と言わざるをえないのか。改めて事態を顧みてみよう。

右の大略に見られるように、地震にはじまる事故連鎖の最大の環は、一号機のメルトダウン、そして水素爆発である。では、これを最大の環とする事故は、結局は、想定不能な不可抗力によ

るものだった、と言えるだろうか。各種の事故調査報告といくつかの解説をもとに、素人ながら、確からしいと思われることを確認していきたい。

［Q1］あの事故は、想定不能な大津波によるのだから、「人災」には当たらないのではないか。

今でも、こう問う人は少なくない。しかし、二重の意味で「ノー」である。理由の第一は、こうである。

あの事故の原因は、津波なのか、津波が襲来する前の地震による損傷なのか。これが、いまだに曖昧なままである。

そもそも右の大略に見られるように、津波の来襲以前に、問題の一号機では、炉圧の異常な低下がはじまっている。地震発生後、非常用復水器（ＩＣ）が自動起動したのち急激に炉圧が低下し、一八分経過した時点では、格納容器の温度圧力の上昇を感知して散水をはじめる装置が自動的に起動している。[17] このことは、津波の襲来以前に、地震の強い揺れによって、配管に重大な損傷が生じて**水蒸気漏れが生じていた**ことを示唆している。しかし、これについては、もう少し後で考えるとして、ひとまず、［Q1］に戻る。

津波が事故原因であったかどうかは別としても、津波による全電源喪失は、事故をこのうえなく過酷なものとし、復旧をひどく困難にした。たしかに、これは事実である。しかし、だからと言って、事故のすべてを津波のせいにして、事故をたんなる自然災害に仕立て上げることはできない。これが［Q1］への答えの前半である。答えの後半は、以下のようになる。

あの津波は「誰にも想定できなかった」というのは、偽である。

先にふれたように、一九九五年の阪神・淡路大震災をうけて、原子力安全委員会・経産省は、二〇〇一年にようやく耐震基準の見直しに取り掛かったが、ちょうど作業をはじめた最中に、二〇〇四年のスマトラ沖地震の津波によって、インドのマドラス原発が被害をうけた。それをうけて保安院は「溢水《いっすい》勉強会」を設置して検討を進めたが、二〇〇六年五月の勉強会では、東電が、以下の検討結果を報告している。

・海面から一〇メートルの高さの津波がくると、非常用海水ポンプが機能を失って炉心損傷にいたる危険性がある。

・一四メートルの津波では、建屋への浸水によって非常用ディーゼル発電機・外部交流電源・直流電源のすべてが使えなくなって、全電源喪失にいたる危険性がある。

保安院も、これらの情報を重視し、続く八月の安全情報検討会の資料では、つぎのように記されている。「敷地レベル＋一メートルを仮定した場合、浸水の可能性は否定できない。……現地調査を実施し、上記検討結果の妥当性について確認した[18]」。

保安院による踏み込んだ指示

保安院も、さすがにこれらの情報は放置できず、二〇〇六年の一〇月には全電力事業者への一括ヒアリングを開き、「保安院長以下の指示でもって、保安院を代表して言っているのだから、各社、重く受け止めて対応せよ」という前置きのもとで、各社に対し、つぎのように伝えている。

「津波に〔対して敷地高の――引用者〕余裕が少ないプラントは、……評価上OKであるが、……設計想定を超える津波が来る恐れがある。想定を上回る場合、……そのまま炉心損傷になる。今回は、保安院としての要望であり、……各社上層部に伝えること」

しかし、この強い調子の指示は、東電の原子力担当の副社長までは共有されたが、社長・会長までは伝えられていない[19]。「保安院を代表して」語っているのだから「重く受け止めて対応せよ」……。これは、従来になく踏み込んだ仕方の指示であり、保安院の危惧も相当だったようにも思える。しかし、そこまで危惧していたのなら、どうして口頭でなく、公的文書によって通達し、対応の報告を義務づけなかったのだろう[20]。実際、たんなる口頭での指示ですませたことも与《あずか》って、現実に効果を生まずに終わったのであった。

その後、二〇〇八年に東電は、それまで社内で行ってきた検討結果をまとめ、「明治三陸地震のときと同規模の津波が押し寄せると原発への波高は15・7mに達する」という試算が、会社の最上層部に報告されている[21]。しかし、このときも東電は、具体的な対策を講じてはいない。そして、さらに二〇一〇年三月（つまりあの大事故の一年前）には、保安院において、担当者から保安院の院長・次長に対して、つぎのような説明が行われている。

> 最近、貞観の地震についての研究が進んできた。……福島は、敷地があまり高くなく、もともと津波に対しては注意が必要だが、貞観の地震（による津波――引用者）は敷地高を大きく超えるおそれがある。[22]

保安院の内部ではこう説明されたにもかかわらず、保安院は、東電に対して公的に具体的な指示をすることもなく、そのまま二〇一一年三月一一日を迎えたのであった。したがって、あの津波について「誰も想定できなかった」と語ることは、誰にもできない。

津波対策は不可能だった?

［Q2］あの津波を想定できたとしても、その対策は、講じようもなかったのではないか。

これは、東電の原子力部門のトップが、三陸海岸の堤防ですら役に立たなかったことを引き合いにだして、繰り返し述べたことでもある。[23]堤防のかさ上げを見送った理由の陳述であるなら、これでも一応筋が通るかもしれない。しかし東電は、堤防のかさ上げという膨大な工事を拒んだのではなく、非常用ディーゼル発電機の防御という、ささやかな対策すら怠ってきたのである。

先に見たように電気が途絶えるなら、原発は原爆と同様の危害をもたらす。そして発電所への送電は、しばしば途絶える。実際わが国でも台風や落雷あるいは地震などによって、この三〇年間に一〇回も途絶えたという。[24] したがって、どこの原発でも、自家発電のために非常用のディーゼル発電機を設置しているが、この発電機は、外部電源が途絶したときの原発の命綱なのだから、通常、堅牢な原子炉建屋の内部に設置される。

東電・福島第一でも、一番新しい六号機では、ディーゼル発電機は、比較的高所の水密性のある原子炉建屋に置かれている。水密性のあるところに設置したのは、発電機が冠水することの怖さを、当の東電自身が熟知していればこそである。しかし、その他の既存の原子炉では、どの非常用発電機も、低地に建てられたタービン建屋の地下に設置されており、それが構造的に脆弱なため、再三さまざまなシミュレーションや警告がなされてきたにもかかわらず、四〇年を経過してもなお、そのままにされていた。しかも、予備のディーゼル発電機の設置すら見送られていた。その結果、浸水とともに、ディーゼル発電機は、配電装置などとともに一挙に機能を停止したのだった。

津波の対策とは、なにも波の侵入を防ぐ堤防を築くことだけではない。したがって、そうした堤防を築くには莫大な費用がかかるということは、津波対策をせずにいることの口実にはなりえない。

現場スタッフに問題があった?

［Q３］津波による全電源喪失の後の措置において、ヒューマン・エラーがあったのではないのか。[25]

これは「人災」を、「個人的な過失による災害」へと矮小化する発想の典型である。本書で「構造的な無責任」という、ギゴチない概念を持ち出したのは、まさしくこうした発想に対抗するためでもあった。したがって、話は多少細かくなるが、事態を少していねいに確認しておきたい。

全電源喪失への対策は、**代替電源**と**水循環**の確保の二つに尽きる。

全電源喪失という事態は、とりわけチェルノブイリ事故（一九八六）のあと、世界各国が想定してきた過酷事故の典型である。そして、全電源喪失時に打つべき手は、先にみた原発の特性からして、核分裂で高温になっている炉（圧力容器）内を冷やすこと、具体的には**代替的な電源**を確保し・**水蒸気を水に戻す**こと、これに尽きる。

では東フクシマの場合、どうだったのだろう。

代替電源の重要性を熟知してはいたのであろう、東電の取り組みは素早かった。全電源喪失の約三〇分後には、東電本店は全支店に対して電源車の派遣を命じるとともに、東北電力にも電源車の派遣を要請している。[26] しかし、地震の影響で電源車の到着が遅れたうえ、電源車の電圧がまちまちで、生き残っていた電源盤に接続できない。そうした混乱の中で現場の電源復旧チームは、なんとか手作業で高圧電源車と変圧器をケーブルでつなぎ、一二日午後三時半（全電源喪失の約二四時間後）には二号機の電源盤にランプが点灯した。ここに漕ぎつけるまでの過程でも、ベントでの〝決死隊〟の努力をはじめ、現場作業員の文字通り、必死の取り組みにはただ頭がさがる。

こうして冷却システムの正常な稼働が期待されたが、その数分後、一号機が水素爆発を起こし、すべては水泡に帰した。このように、代替電源の確保にかんして、現場での人的ミスはない。代替電源にかんするミスは、予備発電機をも含め、東電の事前の準備態勢があまりにもお座なりだったことにあるのであって、現場スタッフの措置にあるのではない。

一号機の水素爆発は、代替電源への現場の努力を一瞬にして無に帰してしまったが、それは一号機の冷却の失敗の帰結であった。では、一号機の冷却が失敗した過程において、重大な判断ミス・操作ミスはなかったのだろうか。

重大な情報伝達ミス

問題の一号機では、外部電源が途絶えるとすぐ非常用復水器（ＩＣ）が自動的に起動し、運転員は計器をみながら復水器を制御し、全電源喪失の約三〇分前に運転員がいったんオフにする。その後、全電源喪失とともに計器の反応がなくなり、復水器の動作は確認できなくなる。全電源喪失の一時間後、一号機の水位計がしばしば読める状態になり、非常用復水器が機能しているかが疑わしく思われるとともに、一時間後には水位が燃料棒の先端にまで下がることが予測された。ところが、この重要な情報が、おびただしい情報の氾濫にまぎれて上層部に伝わらずに終わってしまう。

つぎに全電源喪失の二時間半後、計器の一時的な回復によって復水器の停止が確認され、復水器がオンにされるが、冷却水の減少を案じた当直責任者によって再びオフにされる。しかし、復水器が二時間半停止していたという情報も、再びオフにしたという情報も、上層部には伝わらずに終わってしまう。[27]

一号機の非常用復水器の作動については、二度にわたって重要な情報が共有されなかった。その結果、全電源喪失後、八時間以上にわたって、非常用復水器が作動しているはずだという思い込みにもとづいて対策が講じられてしまった。したがって、これらの情報伝達のミスは、どの調査報告も指摘しているように重大な過誤であり、組織の責任が問われよう。[28]

しかし、そのうえで、問題はこうである。①もし、一号機の非常用復水器が作動し続けていれば、メルトダウンは避けられただろうか。②もし、非常用復水器が作動していないという情報が伝わって、消防系の注水システムによる冷却に切り替えられていれば、メルトダウンは避けえたのだろうか。

兵卒を咎める敗軍の将……

一号機の非常用復水器が作動し続けていれば冷却できた、と言えるためには、圧力容器につながる配管から、水蒸気あるいは水が漏れ出ていないという条件がみたされていなければならない。というのも、もし水・水蒸気の漏れがあれば、復水器によって水蒸気が水にもどっても、水位は低下し続け、炉心の冷却にはつながらない可能性もあるからである。ところが、一番肝心のこの条件がみたされていたかどうかが怪しいのである。

そもそも運転員が、全電源喪失に先立って復水器をオフにしたのは、炉圧が急激に低下したので配管からの**漏れ**を懸念したためであり、また一時的に計器が反応するようになったあとオフにしたのも、同様の懸念からだった、という。[29] では、この懸念は、判断ミスなのか。どうも、そうではなさそうである。二号機や三号機では、圧力容器内の水蒸気が高圧になったときに蒸気を逃がす弁（SR弁）が開いて、蒸気を逃がしているが、一号機ではその形跡がない。ということは、一号機では、圧力容器内の水蒸気が恒常的に漏れ出ていた可能性が高い。[30]

もし水ないし水蒸気の漏れが続いていたなら、かりに早くから消防システムによる炉心給水に切り替られたとしても、ざるに水を注ぐのに似て、炉心の冷却はさほど期待できなかったのではあるまいか。いや、それ以前に、そもそも全電源喪失後の早い段階で、外部からの注水のルートを開設し、注水できるよう圧力容器内外の圧力差を調整することは、可能だったろうか。かりに可能だったとしても、注入した水が三号機で起きたように、配管の抜け道に逃げてしまわなかっただろうか。

もちろん、素人の私には、なんら確たることは言えないし、第一線の専門家でさえ、証拠が十分に保全されていないかぎり、判断は難しかろう。しかし、いずれにせよ、確実に言えることはある。すなわち、

・炉圧の異常な低下は、水漏れ・蒸気漏れが津波の来襲前からはじまっていたことを否定すると、説明が難しい[31]。

したがって、地震で原子炉が緊急停止したときに、続いて全電源が失われると予知できたはずだというのでもない限り、急激な炉圧の低下に直面して非常用復水器をオフにしたことを咎められるいわれはない。一号機のメルトダウンを、運転員の判断ミスのせいにすることはできない。

にもかかわらず、東電事故調は、復水器の作動において判断と操作にミスがあったせいで、消防システムによる冷却が遅れた、と強く匂わせている。これは、作戦の誤りを現場に押し付けて口を拭うという、かつて軍の参謀がよく使った自己保身の常套手段ではある。しかし、事態をそのようにして処理することは、津波の来襲に先立つ配管の破損・そこからの水漏れ・蒸気漏れという、もっとも肝心の問題にふたをすることでしかない。

＊

こう見てくると、3・11が「人災」であるのは、個人的なヒューマン・エラーによって引き起

こされたからなのではない。そうではなく、電力会社と監督官庁が、ともに過酷事故を軽視して安全対策を怠ってきたがゆえに事故が引き起こされたからこそ、それは災害でなく人災なのである。では、電力会社は、過酷事故を実際、どう見ていたのだろうか。そして監督官庁は、そうした電力会社をどう監督してきたのだろうか。

第二章

「想定外」の事象による事故?

1　杜撰な「過酷事故」対策

東電の過酷事故マニュアル

津波の来襲とともに、運転員が「SBO（ステーション・ブラックアウト）!」と叫んだことからも分かるように、全電源喪失という事態は、運転員にも周知されていたし、そうなったら、緊急冷却装置と消防システムによる冷却に頼らねばならない、ということも理解されていた。

では、全電源喪失にいたったときの操作の手順は、どうなっていたのだろう。驚くべきことに、東電の事故マニュアルに記されている手順はすべて、どの計器も正常に反応し制御盤もすべて正常に機能している、ということを前提としている。つまり計器も制御盤も電動スイッチ類も、全

電源を喪失してもすべて正常通り動く、と想定されているのである。[1]

さすがの東電も、このマニュアルでは全電源喪失に対処できないと懸念したのか、当直責任者を対象にして、過酷《シヴィア》事故に対処する訓練をしてはいた。ところが、この訓練は、机上の説明か、せいぜいパソコン画面でマウスをクリックするだけで、シミュレーションひとつ行っていない（コストがその理由だったという）。したがって、一号機の非常用復水器（IC）にかんしても、事故に対応した責任者の一人が、「私はICを使った経験もないし、……ICそのもののコントロールの仕方だとか、そういうのはほとんど分かりません」と述べたのも当然である。[2]

前節で見たように、非常用復水器の作動をめぐる迷走は、メルトダウンから水素爆発への危機的な経過を象徴している。しかし、たったいま見たような事故対策のずさんさからすれば、全電源喪失以後の復水器の作動にかんして運転員が判断に迷うのは当然である。にもかかわらず、東電事故調は、メルトダウンを運転員の過誤のせいにする。それはちょうど、スキーの初心者に滑走シーンのビデオを見せただけでいきなり急斜面につれていって、転倒事故が起きたさいに、転んだ本人を責めるのに等しい。では一体どうして、チェルノブイリから二〇年以上も経っているのに、電力会社の過酷事故対策はここまで手抜きだらけで済んでいたのだろう。

原子力委員会の無責任な安全対策

行政による原発の規制を中心的に担ってきたのは、原子力委員会であった。原子力委員会は、一九五五年に成立した原子力基本法にもとづいて、この国の原子力政策を計画的に遂行するために総理府のもとにおかれ、科学技術庁長官を委員長とし、委員は衆参両院の同意をへて任命される。では原子力委員会は、原発の安全対策を、どう講じてきたのだろうか。

原子力委員会は、原発の「安全設計審査指針」を一九七〇年に定めたが、ここでは全電源喪失にはまだふれていない。一九七七年の改訂において、「電源喪失に対する設計上の考慮」がはじめて登場し、「短時間の全動力電源喪失に対して、原子炉を安全に停止し、かつ停止後の冷却を確保できる」ことが求められるにいたる。しかし問題は、ここで言われている「短時間」である。付属の指針解説には「長時間にわたる全交流動力電源喪失は、送電系統の復旧や非常用DG［ディーゼル発電機］の修復が期待できるので、考慮する必要はない」と明記され、しかも指針にある「短時間」とは三〇分のことだという[3]。

万が一全電源喪失があっても、三〇分後には電気が復旧する……。これを大前提とするのは、大都市の町工場ならいざ知らず、立地条件も厳しく・危険も桁外れに巨大な原発にかんして、いくらなんでも無責任にすぎる。こうした懸念は、とりわけチェルノブイリ原発事故（一九八六）とともに現実のものとなり、これ以降、事故対策の考え方は全世界で急速に深化していく。すなわち「過酷事故」という新たな概念である。

過酷事故と深層防護

一九八六年のチェルノブイリ事故の前は、事故対策で想定されていたのは、機器の故障やヒューマン・エラーなど、「設計基準事象」による事故であった。要するに、設計するときに想定していた事象が原因となった事故である。しかしチェルノブイリ事故以来、原発事故への世界の目は格段に厳しくなり、事故への対策も、「設計基準事象」を想定するだけではすまなくなった。設計段階では**想定していなかった**事象によって引き起こされる事故が、新たに「過酷事故」（シヴィア・アクシデント、SA）と呼ばれて関心の的となり、過酷事故への防御を考える「深層防護」が、安全対策の核とされるようになる。

アメリカでは、すでに始まっていた事故の確率論的な安全評価に、一九九一年からは竜巻など諸種の外的な原因による過酷事故の確率論的安全評価が加わり、一九九八年には法による過酷事故対策（AM）の規制が実施される。こうした欧米のうねりの中でIAEA（国際原子力機関）は、一九九六年に、五層からなる「深層防護」を提唱する。この「深層防護」という考え方は、いまではよく知られているかとは思うが、その要点だけを再録しておく。[4]

まず、事故の原因となりうる事態が、ひろく考えられるようになった。すなわち、

・内部事象（機械故障やヒューマン・エラーなど）、

・外部事象（地震、洪水、津波など）、

・人為的事象（テロ攻撃、サイバーテロなど）、

のすべてにわたって、それらによって事故の引き金が引かれる事態を、逐一想定して対策をたてること、が求められるようになった。

つぎに、とるべき対策の深度・範囲が、同様にひろげられた。すなわち、

・原子炉の異常作動や運転ミスなど、設計基準内での事故の対策（第一層から第三層）、

・メルトダウンのように想定基準を超えた事故の対策（第四層）、

・放射性物質の大量流出などの大事故の対策（第五層）、

というように、事故の深刻さの程度に応じて、防護策をそれぞれに講じることが求められるようになった。

お粗末な日本の「深層」防護

こうした世界の動向をうけて、わが国の原子力安全委員会も、一九九一年に「安全設計審査指針」の改訂にのりだし、「全交流電源喪失事象検討ワーキンググループ」を発足させる。

ワーキンググループでは、さすがに「三〇分」という指針解説の根拠について強い疑念が繰り返し出され、報告書の冒頭にはこう記された。「仮に短時間で交流電源が復旧できずＳＢＯ（全電源喪失）が長時間に及ぶ場合には、……炉心の損傷等の重大な結果に至る可能性が生じる」。

そして、その可能性を議論したときには、アメリカの原発において一七年間に六四件の電源喪失

が起きていること、その中には竜巻やハリケーンなどの自然災害によるものが多々あること、電源喪失の最長時間は一九時間にも及ぶことなどが検討されている。

にもかかわらず結論にかんしては、「慣行」と「日本の電力供給の信頼性」を論拠にして、肝心の「短時間＝三〇分」という指針解説には手つかずのまま終わったのであった。[5]

しかもご丁寧なことに、ワーキンググループでの検討の最中に、事務局（原子力安全調査室）は、電力会社から派遣された（！）協力員二名にたいして、「「三〇分程度」としている根拠を、外部電源等の故障率、信頼性のデータを使用して作文してください」と依頼している。[6] 当時ワーキンググループの一員だった人によれば、電力会社の協力がないと、議論のためのデータも入手できなかったという。[7] なるほど、そうだとしたら、電力会社へのこうした依存もやむをえなかったようにも思える。

しかし、それがすべてではあるまい。そもそも、安全委員会の事務局を兼ねる「安全調査室」は、通産省（現・経産省）すなわち原発を推進する官庁の下部組織でしかない。だとすれば、安全委員会の事務局は、通産省あるいは科学技術庁といった、いわば〝親省庁《おや》〟の意向を汲むことになろう。しかし、こうした組織にかんする事情は、もう少しあとで改めて考察するとして、過酷事故への備えについて、まとめておこう。

「過酷事故を考えていなかった」……（？）

すぐ前でふれた「深層防護」をめぐる国際的動向において、フランスは一九八九年までに、先進国のうち出遅れたアメリカでも一九九六年までに、この概念に根差す対策を講じている。ところが日本では、ようやく一九九二年に開始され、二〇〇二年に一応終了したかたちになった。このように日本では、深層防護にかんして欧米に一〇年から二〇年の遅れをとったが、さらに深刻なのは、その中身である。すなわち、この遅ればせの深層防護においても、
・事故の引き金となる要因は、内部事象にかぎられ、
・講ずべき防護策も、第三層までの浅いレベルにかぎられて
いたのである。事故の引き金が三種に分類され、防護策の深さが五層に（アメリカではさらに六層に）分けられたのだから、事故の引き金を横に書き、防護策の深さを縦に書けば、合計一五のマスのある表ができる。しかし、日本の安全委員会・経産省は、一五のマスのうち、たった三つだけを点検し、あとはすべて無視したのである。
これは、きわめて奇怪なことであり、安全委員会も、経産省・保安院も、さすがに事故後の調査では、この非を認めている。

そもそもＳＡ（過酷事故――引用者）を考えていなかった、というのは大変な間違いだった。……国際的な安全基準（に）全く追いついていない。（斑目《まだらめ》原子力安全委員会委員長〔当時〕）体制の問題あるいは安全基準の問題、色々な形、意味での備えが十分できていない中で事

態が発生した。……規制当局として大変問題があった。〔寺坂保安院長[8]〔当時〕〕

安全委員会および経産省・保安院がこうだったのだから、先に見た東電の、名ばかりの過酷事故・対策の杜撰さも、また当然だったという他はあるまい。

2 「わが国では起こり得ない」という神話

逆向きの原子力行政

話が多少、細部にわたったので、七〇年代末から3・11までの約三〇年にわたる原子力行政の大筋を、ごく粗く確認しておきたい。

アメリカではすでに一九七九年のスリーマイル事故以降、原発の新設にブレーキがかかり始めていたし、原発大国フランスでは一九七七年から八九年まで一二年をかけて、後に「過酷事故」と呼ばれるようになるものと大きく重なる「許容しえない事態」についての点検が行われた。しかし、「深層防護」が世界的に講じられるようになったのは、やはり一九八六年のチェルノブイリ事故のショックが大きなきっかけであった。これは前節で見たとおりである。

ところが、同じチェルノブイリ事故以降、日本では、不思議なことに、それとは全く逆の動きが強まっているのである。一九八八年六月、通産省（当時）・資源エネルギー庁の連名で全国紙の一面をそっくり買い取って「念には念を入れて安全の確保の……努力を重ねています」という、念入りの宣伝広告を行った。[9] 興味深いことに、そこで一貫してうたわれているのは、「設計上、念には念を入れた対策を講じている」こと、つまり深層防護の考え方でいえば、「内部事象」に限定して**設計段階**での安全対策を講じていること、である。広告文の結びは、こうである。「チェルノブイル《ママ》原子力発電所事故は、……設計上大きな問題があったことに加え、運転員が……数々の重大な規則違反を犯したために起こったもので、原子力安全委員会の報告にもある通り、わが国では起こり得ない」（！）。驚くべきことに、この広告では、「外部事象」が原因となる事故について一言の言及すらないのである。

この広告が、掛け値なしの本音であったのなら、アメリカでの「過酷事故」対策の法的義務づけをうけて、「深層防護」の検討を一九九二年から開始するにあたっては、訂正広告が必要である。というのも、設計段階でどれほど「念には念を入れて」内部事象をチェックしたとしても、外部事象・人為的事象によって、メルトダウン・放射性物質の排出という重大事故が起こりうる、ということが深層防護の基本的な考え方だからである。

しかし、全面広告を打つ・打たないはともかく、そのように原子力行政の、とりわけ安全対策の考え方の根本を変える、という広報はなされなかった。少なくとも管見にふれるかぎり、多くの人々の目にとまるような広報がなされた、という記録はない。そうだとすると、話はいささか複雑になる。

「原子力安全文化」の改竄

安全委員会、経産省・保安院が、耐震性をはじめとする安全基準の見直しをはじめたのは、「深層防護」という考え方を受け入れたからだ、としてみよう。先に見たように（二三頁）、スマトラ沖地震での津波被害をうけて「溢水勉強会」が設置されたことなどをみれば、そう考えるのが自然である。しかし、そうだとすると、その後の原子力行政・安全対策は、社会的には二枚舌、というと失礼なら、表向き・内向きの二枚看板のもとで、行われたことになる。すなわち社会に対しては、『チェルノブイリ級の事故は日本では起こり得ない」という表向きの看板を全面的に掲げながら、内部では「外部事象・人為的事象しだいでは起こりうる」という認識のもとでひそかに安全基準の見直しをすすめる、という顕密二教の体制である。そうだとしたら、チェルノブイリから3・11にいたる四半世紀の原子力行政は、相当に狡猾だった、と言わざるをえない。これに匹敵するのは、どんなに手痛い敗北をくらっても、国民に対しては「わが方の損害は軽微なり」と広報し続けた「大本営発表」くらいなものであろう。

いや、いかに安全委員会や霞が関といえども、そこまで悪辣ではあるまい……、と考えてみよう。しかし、そうすると、安全基準の見直しをはじめるときに、一九八八年の「安全広告」を公的には訂正しなかった、ということは、「深層防護」の考え方を受け入れてはいなかった、ということになる。先に引用した安全委員会委員長・保安院長の二人の証言が文字通りの真実なら、その可能性がきわめて高い。その場合には、国際的基準に鑑み云々と連発された言葉は、要するにリップ・サービスでしかなかった、ということになる。

たぶん、二つの極のあいだで、さまざまな思惑が綱引きをしていたのではないか、とも推測できるが、実際のところどうであったのかは、私にはよくわからない[10]。しかし、そのいずれであったにせよ、チェルノブイリ以後、IAEAが提唱した「原子力安全文化」――すなわち深層防護の考え方に集約されるように、確率は低くても安全を第一とする思考・政策が通る文化――は、わが国にあっては、「原子力は安全だという宣伝が浸みわたる文化」へとすり替えられたのであった。並の手品師も驚く見事なすり替えであり、職業倫理を云々する以前に、インモラルきわまりない。では、このように**改竄され偽装された「原子力安全文化」**のもとで、その後、何がおきただろうか。

電力会社による隠蔽と改竄

通産省（当時）と資源エネルギー庁が連名で異例の「安全広告」を行ってから一年もたたない一九八九年とその三年後の九二年に、東電・福島第一原発では、それぞれ法定の定期点検が行われた。その結果、機器の設置間違いによるひび割れ、水循環系の配管のひび割れなど、多数の重大な損傷がみつかったにもかかわらず、東電は隠蔽し、報告書に記載しなかった。この隠蔽は、二〇〇〇年になって、外国人技術者による内部告発によってはじめて明るみに出るまで、一〇年も秘匿され続けてきた[11]。

しかもこうした隠蔽は、福島第一だけではなかった。目立った事例だけをあげるなら、すでに一九七三年には、関電・美浜原発で冷却水が噴出して核燃料棒が破損し、深刻な大事故の一歩手前まで行ったが、電力会社とメーカーが隠蔽している。数年後に内部告発で明るみに出て、国会でも問題になったが、電気事業法でいう報告義務にかんして時効をすぎているということで終わってしまう。これに象徴されるように、高木仁三郎によれば七〇年代・八〇年代は、「大きな事故が起こっても内部で隠し通す」時代だった、という[12]。

ところが、その後、「事故が隠蔽されただけではなくて、一連の虚偽の報告が意図的になされた」ことにショックをうけた、と高木はいう[13]。不都合な点検結果を隠す行為は、とりわけ原子力に携わる者としてはインモラルきわまりないが、それでも悪質度は、いまださほど深刻ではない。事実を書き留めた記録が残っているかぎり、隠蔽の行為は、後からでも検証できる。ところが、当の記録自体を書き換えてしまう（改竄する）となると、さらに悪質である。

実のところ、わが国の原子力業界では、早くからデータの改竄が常習化していたのであった。すなわち、原発作業員の被曝データの改竄である。一九七七年、美浜原発の事故が国会で問題になった頃、社会党の楢崎議員（当時）が、独自に入手した各種データをもとに「少なくとも七五人が被曝死、うち最多の二九名が福島県である」と追及した。しかし、これらの爆弾質問の結果は、皮肉なことに、事実の隠蔽、取材制限と、緘口令《かんこう》の強化であり、驚くべきことに、被曝線量の記録の改竄の常態化であった、という。[14]

このように、元となる記録そのものを改竄することは、裁判でいえば証拠の隠滅・捏造であり、ほとんど犯罪行為である。ところが、これが早くから常態化していたのであった。実際、先にふれた一九八九年、一九九二年の福島第一・第二原発の定期点検においてすでに、損傷の発見と修理の多くの記録が改竄され、そのうち炉心隔壁（シュラウド）のひび割れ（！）などは、未修理であるにもかかわらず、記録上は何ごともなかったかのように運転され続けた。

のみならず東電は、一九九二年の点検で、一号機（3・11で最初に水素爆発をおこした）格納容器の気密性が不足しているというデータが出たときに、点検したメーカーに指示して、容器内に酸素を注入させて、データを書き換えていた。[15] 数字を書き換えるだけでなく、数字が出てくる元の事態を変えてしまう、というのである。こうした一連の改竄も一〇年後になるまで明るみに出ない。

内部告発の握りつぶし

こうした中で一九九九年、二名の被曝死をもたらした東海村JCO臨界事故は、さすがに衝撃を与え、二〇〇〇年には、隠蔽・改竄の悪弊を改めるという触れ込みで、内部告発を後押しする

「内部申告奨励制度」が発足する。[16] 右の一連の事態は、この制度のおかげで寄せられた内部告発によって、はじめて明るみに出たのであった。

ところが、驚くべきことに、内部告発を受け付ける通産省（当時）・保安院は、あろうことか、告発内容を示す資料ともども、通報者の実名を東電に伝えて、東電に調査をうながしたのである。[17] しかも、告発内容は、東電による再調査と一致しない、という一言で葬られてしまう。保安院のこの措置は、今後、内部告発をしたならば実名で会社に逆通報される、ということを意味した。要するに、こんどは監督官庁の側が内部告発を隠蔽し、電力会社の改竄を隠蔽したのである。

さすがに保安院あるいは経産省内には、この握りつぶしを苦々しく思った官僚もいたようで、東電を点検した会社からの内部告発は、二〇〇二年に、福島県知事のもとへ転送され、社会的にも問題となった。ところが保安院の言い分は、この期に及んでも、こうであった。「電気事業法や原子炉等規制法の違反の疑いがあるが、すでに機器が交換・補修され、証拠も限られているため明確に違法性を問えない。よって刑事告発や行政処分を行わない[18]」。

こうした一連の隠蔽・改竄、内部告発の握りつぶし、逆通報を列挙していくだけで、ほとほと気が滅入る。かつて高木仁三郎は、この事態に接して、日本にはもはや「技術者なし」と叫んだが[19]、問題は、もはや個々の事業者・技術者・官僚の心の持ちようというだけではすませようもなく、構造的に深く絡み合った深層に及んでいる。

チェルノブイリをきっかけに、全世界が「深層防護」に目を向けている最中に、どうして日本では、背を向けるかのように、無責任な「安全神話」がばらまかれ続けたのだろうか。まさしく、3・11は、その改竄され偽装された「原子力安全文化」の、刈り取るべき苦い果実に他ならない。

「原因は津波」という隠蔽工作

繰り返しになるが、3・11の大事故の原因は津波に尽きる、とは誰にも言えない。しかし経産省・資源エネルギー庁は、3・11からたった三週間たっただけで、本当に終息するかどうかすら未《いま》だ不透明だった時点で、「問題は**「地震」ではなく**「津波」であることの説得的な説明」が必要だ、という内部文書をしたため、そうしたキャンペーンの準備にとりかかっている。[20]

たしかに、老朽原子炉の耐震性の審査の甘さに、人々の目を向けさせまいとする広報戦略としてはよく出来ており、実際に相当な成果を収めたようである。しかし、だからといって、事実を伝えているということにはならない。くどいかもしれないが、最後に確認しておく。

目下、もっとも説得的な結論は、こうであった。激しい地震によって、配管に小さな亀裂あるいはずれが生じ、そこから冷却材（水）が持続的に漏れた、ということが、一号機のメルトダウンの引き金である。実際、3・11での地震被害は、**配管の損傷**による圧力容器からの漏れの他にも、**圧縮空気の逸失**による**ベント弁**など重要な弁の不具合、**格納容器からの蒸気漏れ**による水素爆発など、多岐にわたって検証されている。[21]

したがって、今後の過酷事故への備えもまた、津波対策がメインなのではない。緊急の課題は、やはり耐震性である。今回の地震被害は、たまたま配管の損傷と弁の不作動、格納容器の密封性の低下だけで済んだ。しかし次に、どこかの原発を襲う地震の被害が、それだけで済む保証はない。マグニチュードは今回より弱くても、揺れが続く時間や、揺れ方のパターンしだいでは、それ以外のさまざまなダメージが予想される。揺れ方いかんによっては、制御棒を挿入できなくなり、そもそもスクラム（緊急停止）が効かない、という事態すら想定できる。[22]

最後に、長かった概観をまとめてみよう。

・福島第一原発は、車でいえば、耐用年限を迎え、廃車寸前の老朽炉であった。
・東電は、もうけが減ることを嫌って、老朽炉を延長使用する申請をした。
・保安院は、地震、津波のいずれについても、一応は「想定外」の事態を示唆して指示を出したし、耐震性のバック・チェックの欠損も指摘した。
・しかし経産省は、その指示や指摘が効果を生んだか否かを確かめることなく、運転継続の申請を許可し、車でいえば廃車にせず公道を走ることを許可した。

これが、３・11の大事故の主たる経過である。

3 「わが国」という話法――まとめに代えて

ここまで見てきたのは、３・11東フクシマに直接かかわる事柄だけであり、日本の原発全体を取り巻く制度的・法制的な側面には、いまだ触れていない。しかし、その限りでも、３・11は、桁外れの事態である。

いのちを脅かす「魔法使いの弟子」

まず、メルトダウン（炉心溶融）の規模も、撒き散らされた放射性物質の量も、桁外れであり、国際的にも、未来世代からも、糾弾されても抗弁のしようもない。先にもふれたように（二七頁）、同じく熱を利用して発電機を回すとしても、火力発電のばあいには、二酸化炭素を生成させるだけですむ。しかし原子力発電では、放射性物質を生成させる。放射性物質は、遺伝子という、いのちが可能である条件そのものを破壊してしまう。

そもそも、宇宙の進化の歴史にそくして言うならば、地球の複雑な進化のおかげで、放射性物質は地中深く・しかもごく微量に分散し、宇宙からの放射線にかんしては、大気圏や磁気ベルトなどなど、それらをブロックする仕組みが徐々に作られてきた。こうした地球の進化のおかげで、地表は、放射性物質から保護され、そのおかげでかろうじて、いのちが可能となった。しかし、原子力は、宇宙のはるか遠方で起きているにすぎない核分裂を地表で起こさせる技術であり、いうなれば、何十億年の地球の進化のおかげで封じ込められてきた魔力を解き放つ技術である。だからこそ、何重もの警戒が必要となる。

したがって、市場における「経済性」だけをもって、原発の優位を語る論法には、くれぐれも注意が必要である。発電単価は、すぐ後に見る「電源三法」「総括原価方式」に象徴されるように、原価を算定する際の法律がどうなっているかによって大きく異なる。他方、消費者が支払う電気料金も、そうした発電原価だけでなく、発電された電気の送電の仕組みや各家庭への配電の仕組みなどによって、いくらでも変わってくる。価格は、たんに技術依存的であるだけでなく、制度依存的でもある。ある制度だけを固定的な与件として「経済性」を比較するくらい愚かなことはない。もっとも重要なことは、いのちへの潜在的・顕在的な危害の有無である。

だからこそ、全世界的に、あらゆる確率論的な手法を用いた「深層防護」を重んじる「原子力安全文化」が重要視されるようになったのであった。それなのにわが国では、その文化が「原子力は安全と思いこんでいる文化」にすり替えられ、その結果が3・11であった。

桁外れの癒着

3・11は、チェルノブイリに次ぐ桁外れの事故である。しかし、目を剝くまでに法外なのは、事故の程度・規模だけではない。そこにいたる過程を貫通している構造的な無責任さも、桁外れのひどさである。

まずもって問題にすべきなのは、巨大電力会社のインモラルな所業の、桁外れな累積である。第Ⅱ部でみるように（一三七頁以下）、「電源三法」「総括原価方式」をはじめとする政・官による庇護と優遇をいいことに、独占のうまみを吸い続ける中で、電力会社は、経営倫理にもとる行為を平然と重ねてきた。孫請けの作業員の被曝の実態を隠蔽し、社内の技術者や下請けの技術者に対しては、技術者倫理にもとるような隠蔽・改竄を要求し、監督官庁には、原発の安全対策の緩和や、原発の検査での手心を要求し、その見返りに、あるいは内部告発を逆通報してもらった見返りに、監督官庁の官僚の退職後の生活の面倒をみる。この後者の闇取引は、常識からすれば、紛う方なく贈収賄であるが、それについても、また前者のインモラルな業務強要にかんしても、電力会社が罰せられたことはない。

次に、こうした過程で、監督官庁が業界と延々と癒着を続けてきたとき、その癒着の度合いもまた桁外れに法外である。官庁は、たんに電力会社と癒着してきただけではない。そもそも、（これも次章でやや詳しく見るが）、地域ごとに発電・送電を独占する企業を誕生させ、肥大化させてきたのは、商工省・通産省・経産省とつらなる官であって、日本で官が占める位置は、欧米とは比較にならないほど大きい。原子力業界にかんしても、国の基本政策は、実質的には、官が策定し実施してきたのである。

桁外れに法外なのは、電力会社と官庁だけではない。たとえば、耐用年数のすぎた飛行機の検査において、専門家が手抜きをして運行延長を許可した直後に事故が起きたとしたら、その専門家は、ただではすむまい。業務上過失を問われるかは立ち入らないとしても、安穏と職を続けることはできまい。それに対して、原子力の学界では、何ごともなかったかのように、専門委員は、その道の権威者として君臨し続ける。

産・官・学は、こうした振る舞いを重ねながら、しばしば暗黙のうちに連携して、マスコミや教育にも大きな影響を与えてきた。今日の大新聞やテレビ局は、年間二百数十億円の広告宣伝費を使っている東電をはじめとして、電力会社のように安定した大口の広告主・スポンサーの意向にまっこうから逆らうことが難しい。それだけでなく、ほぼそれと同額の「販売促進費」を計上している東電など大手電力会社は、折に触れて報道関係者を個別に接待し続けていたという[23]。実際、3・11以前には、原発の安全性にメスを入れる報道は非常に少なかっただけでなく、不透明な理由で、報道の方針や番組の編成が変更されることもあった。

こうした世論操作は、マスコミだけをつうじてなされたのではない、中学校・高等学校の社会科・公民科の教科書検定において、原発が「トイレのないマンション」に擬せられることを書こうものなら直ちに修正を求められ、耐震性などの安全審査に問題があることなど、いわんや記載しようもなかった[24]。

このようにして原発を容認する世論をつくろうとする策動は、同時に、原発の設置に反対する運動への露骨な干渉と表裏一体であった。電力会社は、公式に巨額の補償金・協賛金を支払うだけでなく、さまざまなルートで多額の寄付を行って建設賛成派を支援する半面、反対派にはさまざまなルートを通じて、行動を監視して威圧を加えた。[25] たび重なる事故の隠蔽に怒って経産省に抵抗しはじめた当時の福島県知事には、あろうことか、収賄額ゼロ円の収賄罪（！）で有罪判決が下される、という笑えないおまけまでが付く。[26]

“懲りない”ムラびとたち

名うてのアウトロー組織なら、話はまた別である。しかし、そうでもないかぎり、隠蔽や偽装、検査の手心、内部告発の握りつぶし、そして……といった一連の不法行為には、必ずや何らかの葛藤がともなう。

日常生活でこうしたことがなされるなら、必ずや個人的な利益、あるいは自分の属する集団の個別利害と、モラルとの衝突がある。そのときには、うまく利益を得たとしても、たとえば善良な隣人を騙して貴重な品を譲り受けたときのように、後ろめたいものが残る。そうした後ろめたさを感じたとき、私たちは、しばしば「あのときには、ああするのもやむをえなかった」と自分に言い聞かせたりする。しかし、かりに後ろめたさをそう処理したとしても、後味の悪さが体に残っているかぎり、次もまたそれと同じことをする、というのはなかなか難しいものである。

しかし、3・11にいたるまでの非常に長きにわたって、延々と似たような不法行為が繰り返され、「お詫び」の記者会見がなされ、そのつど「再発防止策」なるものが講じられながら、実は同じ不法行為が重ねられてきた。どうして、電力会社は、そうまで〝懲りない〟のだろう。また、どうして行政、とくに原子力委員会・原子力安全委員会、経産省・保安院は、あそこまで電力会社サイドでい続けられるのだろう。どうして、一群の研究者たちは、〝懲りずに〟御用学者ぶりを発揮し続けていられるのだろう。

こう問うてみると、桁外れの癒着のいろいろな局面で、折にふれ、聞きなれた呪文のように響く言葉がある。「国策」である。

「わが国」という呪文

かつて一九九〇年代に入るあたりから原発の事故や損傷の隠蔽・改竄がひどくなったとき、高木仁三郎は、原発にかかわる技術者たちが書く論文の文体の変化に注目した。それぞれ一個の独立した筆者であるはずなのに、技術者たちがみな、論述の主語として「自分」ではなく「我が国」を用いるようになった、というのである。[27]

官が、あたかも国家を代弁するかのように「我が国は……」と告げると、技術者さえもが「我が国」を主語とする論文を綴る。そのようにして「国策」が動いていくとき、産は、国策に沿いさえすれば、労することなく、つまり国策がなかったら費やさねばならなかった労を省いて、巨利を得る。そして政は、その産に、直接には資金と票田を、間接的には公共投資の投入先を求めて、砂糖の山に群がるアリのように、群がる。
これは、たしかに誇張の度がやや過ぎているかもしれない。しかし、3・11への過程の粗描として、まったくの虚偽ではない。そして3・11にかんして言えば、原子力行政の元締めである経産省が、繰り返せば、3・11からたった三週間経つか経たないうちに「問題は「津波」であって「地震」ではない」というキャンペーンの準備にとりかかる。ここには、やはり「国」という観念の、異様な呪力が働いていよう。「国策」は、多少のアクシデントがあったとしても、多少のデメリットがあるとしても、「力ずくで」推進しなければならない、と言わんばかりに、である。[28]
どうも問題の根は相当に深い。もう少し目を細めて、遠く振り返って考える必要がありそうである。

第Ⅱ部

足尾から東フクシマへ

コスト高をきらった営利企業の怠慢によって、事業所周辺の環境が汚染され、田畑には毒物が浸みこんで荒廃し、広大な村落は廃村と化し、一世紀たっても森林は再生せず、禿山だけが異様に目立つ……。これは、たんなる寓話でもないし、さりとて東フクシマ・東電事故の周辺地域の未来図でもない。いまから一世紀以上も昔、足尾・古河銅山の鉱毒によって周辺の村が廃村となったあとの、現在の風景である。

企業の垂れ流す鉱毒ゆえ村は廃村となり、森は百年たってもなお恢復《かいふく》しない。この足尾の悲劇は、被害の深刻さの時間的スケールからしても、東フクシマ・東電事故の原型である。[1] そして付けくわえておけば、足尾においても東フクシマにおいても、鉱毒あるいは放射性物質を浴びたがゆえの直接的な死者は出ていないが、村は廃村となり自然環境も回復できない。この点でもまた両者はよく似ている。私は歴史にかんしてはまったく専門外ではあるが、東フクシマを考えるうえで最低限必要なおさらいをしておきたい。

第三章
殖産興業からアシオへ

「とにかく偉大な時代であった」といった口吻《こうふん》で明治を賛美する人は、えてして幕末の日本が「資源もなく・農業以外には何の産業もない、貧しく小さな島国」だったかのように語るのを好む。しかし、江戸時代の日本の国土は、オランダ、デンマークなどより数倍も広いのみならず、大英帝国本国よりも広かった。産業にかんしても、なるほど動力革命＝産業革命以前の状態ではあったにせよ、江戸後期の日本は、絹糸・絹織物、精緻な工芸品など、欧米の富裕層が競って求めた高級消費財の生産国であり、何よりも銀をはじめとする鉱物資源にかんしては、世界の相場に影響しうるほどの生産国であった。

実際、マルコ・ポーロ時代の「ジパング」伝説はおくとしても、佐渡の金山、石見の銀山にみられるように、日本の鉱山業は、長い歴史をもっている。江戸時代には、佐渡・石見のような豊かな鉱山は、幕府が直営し、その他中小の鉱山は、各地の藩が経営していた。[2] 幕藩体制の崩壊とともに、新政府は、旧幕府にかわって有力鉱山を直営するかたわら、一八七三（明治六）年には、鉱山をすべて政府の所有物とし、旧藩関係者は政府から鉱区を借りて採掘を請け負うかたちになった。しかし全鉱山を官有化した新政府は、その数年後には格安の価格で払い下げをはじめる。[3]

足尾銅山の開発

このように明治政府は、一方で巨額の政府資金で機器を輸入して官営工場を建設するかたわら、他方で幕府・諸藩の鉱山を接収または安く買い上げて官有とし、それらを政府に縁故ある事業家に順次払い下げていく。明治の「殖産興業」すなわち産業化＝工業化は、官営工場・官営鉱山の設置と、その払い下げというかたちではじまったのであった。そして足尾銅山も、一八七七（明治一〇）年に、相馬藩執事・志賀直道を共同経営者に担いだ古河市兵衛《ふるかわいちべえ》[4]に払い下げられ、その三年後には第一銀行頭取として政府に大きな影響力をもっていた渋沢栄一が共同経営者に加わり、資金と信用を確保した古河の手によって巨大鉱山へと歩みはじめる。[5]

こうした殖産興業（産業化＝工業化）が目指していたのは、福沢諭吉の言葉を借りれば、「文明の国」「富強の国」となること、具体的には「政府よく人民を保護し・人民よく商売を勤め、政府よく戦い・人民よく利を得る」こと、すなわち「富国強兵」であった。[6]

足尾銅山の開発もまた、払い下げを受けた古河の営利事業であると同時に、国家としての富国強兵策の一環であった。銅は、生糸・絹製品や茶などとならぶ数少ない輸出品であり、当時の語で言えば貴重な「富源」であった。鉱工業小国の「富源」としての銅が占めていた位置には、一世紀後の「エネルギー小国」での原子力にも似たものがあろう。以下、東フクシマ・東電事故との関連に絞って、未曾有の足尾・古河鉱毒事件を概観しておく。[7]

払い下げられた頃の足尾銅山は、枯渇した貧鉱だったが、一八八一（明治一四）年には豊富な鉱脈が発見され、操業時には四六トンにすぎなかった産銅量も急増し、大鉱脈を掘り当てた一八八四（明治一七）年には二二八六トンと、当初の約五〇倍に達する。新たな設備が増設され、大増産とともに粉鉱・鉱滓《こうさい》その他、採掘・精錬の廃棄物が、河川・渓谷に大量に垂れ流される。加えて一八八一年に官林の払い下げをうけ、森林が大規模に伐採されはじめる。

自然環境へのこうした負荷は、まず渡良瀬川の魚類と流域の昆虫類の激減となって現れ、渡良瀬川名産の鮎は、一八八二（明治一五）年頃から漸減し、一八八五年にはほぼ見られなくなる。その頃にはまた、鉱山周辺の森林が、伐採と亜硫酸ガスとのダブルパンチによって枯死しはじめ、早くも明治一八年には、洪水が引き起こされる。その頃にはすでに新聞では、「足尾銅山からの丹礬《たんばん》（硫化化合物）」の影響が報じられはじめている。[8]

こうした中で、志賀は、もともと治山治水からはじまる体系的農業を重視していたせいもあってか、一八八六（明治一九）年には共同経営から離脱し、その二年後には渋沢も、利益を蓄積しはじめたのを見届けるかのように離脱する。こうして足尾銅山は、古河の単独経営となる。

最初の鉱毒事件

渡良瀬川流域は、一八八八（明治二一）年、一八九〇年と大洪水に襲われ、凶作に悩まされるが、とりわけ九〇年の洪水では、一万ヘクタールの農地が鉱毒に浸されて、収穫は激減し、桑も立ち枯れてしまう。住民は、ようやくにして銅山からの「丹礬毒」に目を向け、銅山の規制を求めはじめる。まず、谷中村の議会は、被害の補償と精錬所の移転を求める決議を行い、吾妻村(現・足利市)の議会は、「足尾製銅所より流出する丹礬水」(鉱毒)の害を詳細に列挙し、「一個人営業のため**社会公益を害する**」ことを指摘し、「製銅所採掘を停止」するよう知事に上申することを決議する。[9] これをうけて栃木県議会も「足尾銅山の丹礬毒の除去」を建議し、翌一八九一(明治二四)年には群馬県会も同様の決議を行う。

こうした背景には、一八八九(明治二二)年に憲法が曲がりなりにも公布され、近代的な法体系が整備されてきたことがある。明治政府下の鉱山業を規制する「日本坑法」とそれを継承した「鉱業条例」では、「**公益に害ある**ときは農商務大臣は、既に与えたる許可を取消すことを得」と定められ(仮名づかいは現代風に改めた——引用者)、農商務大臣には、監督責任を伴った大きな権限が与えられている(農商務省は、その後、商工省、通産省をへて、経産省へと連続している)。したがって、もし足尾銅山の事業が、これらの被害をもたらしているとなれば、農商務省の監督責任、ひいては操業停止を怠った不作為の責任という問題になりうる。

戦前の日本では、知事は、内務省から派遣された天皇直属の行政官であり、知事あての村議会の上申は、よほどのことがないかぎり、そのまま内務省に上がっていくし、当然、農商務省にも届く。事実、農商務省は、その年の年末には、鉱山局長・帝国大学工科大学(現・東大工学部)

教授・省の技師らを足尾に派遣して調査を行い、精錬廃棄物の処理の指導を行っている。[10]

科学的調査の開始

こうなると問題は、凶作の原因が銅山からの鉱毒であることの実証である。前出の吾妻村関係者は、すでに渡良瀬川の水について、「亜硝酸・銅・アンモニアなどを含有するにつき、飲用に適しがたき」という専門家の分析結果を得ていた。そこで彼らは翌一八九一（明治二四）年、農商務省の地質調査所に、被害地の農土と川の水の分析を依頼するが、にべもなく拒絶される。この拒絶が、たんに地質調査所の判断によるとは到底考えられない。というのも、前述のとおり農商務省は、すでに前年、鉱山局長らを足尾に派遣して実地調査を行っているからである。

そこで地元民は、中央官庁への不信を強めるとともに、帝国大学農科大学（現・東大農学部）助教授の古在由直《よしなお》にあらためて土の分析を依頼するが、農科大学にはすでに栃木県知事から同様の依頼がなされていた（したがって、この場合も、農科大学によって調査がなされることは中央官庁にも伝えられていたであろう）。そのため古在が、県とは別個に調査を依頼する理由を尋ねたところ、彼らは、「農商務をはじめ**行政側は、調査結果を秘密**にしてしま」う懸念を表明し、古在もそれを理解し、「進んで分析の労を辞せず、地方のためにその成績を報告しよう」と確約したという。[11]

連綿と続く秘匿体質

村関係者の懸念は、杞憂ではなかった。実際、一八九一（明治二四）年六月に、吾妻村の上申決議にはじまる一連の動きをまとめた『足尾銅山鉱毒・渡良瀬川沿岸被害事情』は、刊行とともに直ちに発禁処分となる。[12] 鉱毒に抗議する動きに対して、内務省はすでに目を光らせていたのである。

こうした中で古在は、同僚・長岡宗好《むねよし》と共に調査を行って、まず依頼した村関係者あてに、凶作は鉱毒による可能性が高いとする中間報告を伝え、翌明治二五年には、その詳細な報告書が公刊される。それによれば、渡良瀬川の「淤泥《おでい》は漸次河底に澱渣《でんさ》するがゆえに、平時にありては下流及び支流の水は清澄にして有毒物を含有することなく……水田に潅漑《かんがい》するも決して害あることなし」なのだが、「雨降り水濁るときは」「淤泥を浮遊する」ことによって「銅分を含有する」。したがって、そのように濁ったときの水は「潅漑に供すべからず」という。[13] この調査の間も、報告書の公表後も、古在のもとにはさまざまな「誘惑や脅迫」があったと証言されている。[14]

また、それとは別に同年、群馬県・渡良瀬川流域の水利にかんする待矢場両堰《まちやばりょうぜき》水利土功会（水利組合）に鑑定を依頼された帝国大学医科大学（現・東大医学部）教授・丹羽敬三が、同趣旨の鑑定を報告書のかたちで公刊している。[15] いずれの調査にかんしても、地元の**被害民からの分析依頼**をうけて、官庁の思惑とは独立に、古在の言葉を借りていえば「専ら学問上の研究を主とす」という立場から、実証的な分析にあたり、その結果を余さず公開する科学者たちがいたことは、せめてもの慰めであった。

その当時、憲法も発布され、近代的な法制度が整備されたにもかかわらず、被害地域の代表者たちは、早くもその時点で「行政側」が「調査結果を秘密にしてしま」うことを危惧した。この事実は、わが国の技術と行政のあり方にかんしてきわめて重要である。

いきなり現代に跳ぶのは余りにも唐突ではあるが、二〇〇〇年に『原発事故はなぜくりかえすのか』(岩波新書)を世に問うた高木仁三郎は、つぎのように慨嘆している。「原子力推進側のT氏(原文実名)はなかなか立派な人で、原子力反対側と推進側がちゃんと議論をする必要があると常々言っておられ」たが、同時にT氏は、「反対側……は、圧倒的に情報が少ないから、非常に稚拙な議論しかできない」と手厳しかった。そこで高木仁三郎が、「いつでも何でも言ってくれ」というT氏の勧めにしたがって、いろいろデータを求めたが、結局は「申しわけないけれども、高木さんに言われていることは**非公開になっている**ので、残念ながら出せない」という結末に終わる[16]。

こうした情報の秘匿が問題なのは、たんにフェアな議論が阻害されるからだけではない。秘匿する側において、**自己検証の欠如**がより深刻になるからである。その後、わが国は手痛いという形容ではすまぬまでに、こうした自己検証の欠如によって痛撃されてきた。「研究者倫理」を云々する以前に、こうした秘匿体質が一掃されねばならない。

銅山の操業の継続・停止についても、原発の継続・停止についても、その技術的・経済的・生態的・文化的なメリット・デメリットの評価や確率評価については、当然さまざまなバラツキがあろう。そのとき、もっとも拙いことは、行政と財界の結託によって方針があらかじめ（しかし密《ひそ》やかに）決定されてしまい、その方針にとって都合の悪いデータが、「国益」「企業秘密」「国家機密」などの名目で秘匿されてしまうことであり、行政がその秘匿のために専ら権限を振るうことである。

そして残念ながら、生糸と銀・銅を産出する小国が産業化＝工業化する最初の段階から、スミ塗りどころか非開示までを「国家機密」の名で正当化する「機密保護法」を強行した現代にいたるまで、わが国では、この「もっとも拙いこと」が延々と累積してきたのである。

農商務省によるすり替え

さて話を足尾に戻す。栃木・群馬にまたがる多くの市町村は、連名で「鉱毒の早急な除去か、さもなくば鉱山の操業停止」を農商務省に請願し、中央では、一八九一（明治二四）年一二月、第二回帝国議会で、田中正造がはじめて足尾の鉱毒問題を質《ただ》したが、そのときには古在・長岡報告書が未公表だったせいもあってか、農商務大臣の答弁はこうであった。いわく、原因は調査中で未確定だが、鉱山局は、足尾に技師を派遣して可能な防止法を実施させたし、古河も設備を導入して粉鉱の流出防止の準備中である、云々[17]。「原因不明」としておきながら、古河への指導や古河の準備をあげ、よって官庁としての瑕疵《かし》なし、というのだから、まさに霞が関作文の典型かもしれない。

この答弁は、たんに一農商務大臣あるいは鉱山局の個人的な見解の表出ではない。農商務大臣・陸奥宗光は、古河市兵衛と縁戚関係にあり、明治中期の財界の大御所渋沢栄一は、ある時期まで古河の共同経営者であった。ここにはすでに、経産省と東電ほどに大規模で構造的ではないにせよ、巨大企業と官の癒着がはじまっており、田中正造の研究家の言を借りれば、古河は「二重三重に政・官・財の大物に護られていたのである[18]」。

しかし、いまや丹羽鑑定、古在・長岡鑑定が公になり、凶作の原因が鉱毒であることは実証的にも否定しがたい。もし、ここで抜本的な鉱毒対策を講じていたなら（この七年後、致命的被害の後ようやく出された「予防工事命令」の内容をも含む、より抜本的な対策が講じられていたら）、事態は多少変わっていたかもしれない[19]。

ところが農商務省の政策は、そうは進まなかった。一八九二（明治二五）年五月、田中正造の二回目の議会での質問に対しても、農商務省の回答は、こうであった。いわく、鉱毒が渡良瀬川「沿岸耕地被害の一原因たること」は認めるが、この被害は「公共の安寧を危殆《きたい》ならしむる」ものでは**なく**、したがって「鉱業を停止せしむべき」でも**ない**、云々。一万ヘクタールの農地が鉱毒に侵され、「渡良瀬沿岸の各村落は……荒蕪《こうぶ》の一原野となり、村民悉《ことごと》く離散せん」（吾妻村議会の上申書）という農村の破壊も、なんら「公共の安寧を危殆ならしむる」ものではない、というのである。[20]この大臣答弁は、当然のことながら被害地域の人々を、そして田中正造をもいたく憤激させたが、この背景には、農商務省の冷徹な法解釈と計算があった。

田中の二回目の質問に先立って、農商務省・鉱山局長は、一八九二（明治二五）年二月にこう論じている。いわく、日本坑法にいう「公益に害ある」とは、「人命、居住、交通などの危害」のように「賠償によって救済」できない「公安の害」か、「被害巨大にして到底賠償」できない「公利の害」のいずれかを言うのであって、足尾銅山の鉱毒は、そのような「公安の害」でも「公利の害」でもない、云々。こうした法解釈は、怜悧な計算によって支えられている。すなわち「足尾銅山より生ずる公利は、被害地の損害より遥かに大にして、充分に損害賠償によって取消し得らる」という、「公利」と「損害」との差し引き勘定である。[21]

たしかに、巧妙な論述ではある。農商務省は当初、〝原因は未確定だが、対策は講じたので監督責任は果たしている〟と主張していた。しかし、対策を講じたとは言い切れず、監督責任が改めて問われてくると、今度は法解釈に転じ、〝責任が問われるような「公益の害」は生じておらず、問われているのは行政の責任ではなく、私人の間での損害賠償だ〟という。じつに淀みない高級官僚の答弁であり、一世紀後の経産省・保安院の思考を先取りしているかのようでさえある。文中の「足尾銅山」を「福島原発」と読み替えれば、今日でも「応用」しうるかもしれない。[22]では、農商務省は、問題を「損害賠償」という土俵に移し替えて、どう対処したのであろうか。

示談への誘導――行政の責任放棄

足尾の鉱毒は「公益を害して」はいないとする農商務省の内部では、農業部門と鉱工業部門の間で軋轢があった。そのうえ古在・長岡鑑定を公表したのは栃木県内務部であって、農商務省ではない。この公表にあたっては、農商務省内の軋轢に加えて、内務省と農商務省、内務省本庁と県内務部の間で諸種の軋《きし》みがあったのかもしれない[23]。しかし、古在・長岡鑑定の公表は、最終的には中央官庁の一致した思惑のもとで、古河に損害賠償の責任を認めさせる圧力として機能しえた。このことは否定しがたかろう。

そう考えないと、農商務省・鉱山局長が、足尾銅山の鉱毒は「公益への害」ではないから「賠償で片付く」という見解を公表した頃（したがって田中正造の第二回質問に先立って）、すでに栃木県知事のもとで「鉱毒仲裁委員会」が発足していた、という事実の説明がつかない。内務官僚である知事が、本庁（内務省）の認可なしに「鉱毒仲裁委員会」を組織するというのは想像困難だからである。表立って動き出したのは県知事・県当局であるが、その背後に農商務省の監督責任に頰かむりしたまま、被害民と古河の示談を斡旋しようとする中央官庁の一致した意向が強烈に匂う[24]。

このようにして地元で開催された仲裁説明会では、つぎのような趣旨説明がなされる。

①鉱毒事件の解決には、行政による鉱業停止の処分、司法による損害賠償、または仲裁による

示談の三つが考えられる。

②第一の鉱業停止だが、足尾銅山は「東洋に冠たる大鉱山」にして「国家の経済上において最も重んずべき一大富源」なので、鉱業停止となれば「国家に巨額の損失」となる。したがって、大臣としては容易には鉱業停止処分を行うまい。

③第二の司法による損害賠償は、被害地の各々について、損害額の査定・古河による異議の評価はともに困難をきわめ、長期化するうえ不完全なものとなろう。

④第三の仲裁は、「徳義上の裁判」であり、行政・司法いずれも解決困難な場合にもっとも適しているのみならず、「銅山主古河氏が望んでいる」のだから、なおのこと示談を成立させるべきである。[25]

見られるように、この「仲裁」は、「国家の巨大なる富源」を最優先としたうえで、古河が示談を望んでいることをあげて、住民に示談を迫るものであった。

「永久示談」

こうした一方的な「仲裁」による示談は、県‐郡‐村という縦の行政ラインをつうじた締め付けによって、時としては金品や脅迫をも伴って急速に進められ、一八九二（明治二五）年の夏以降、つぎのような示談が次々に成立する。[26]①古河は、徳義上、所定の示談金を被害者と村に支払う。②古河は、明治二六年までに粉鉱採集器を新設する。③一八九六（明治二九）年までは粉鉱採集器の効果を確かめる期間とし、その間、被害民・町村は、訴訟はもとより苦情の申し立てもしない。④古河は森林を伐採した地域には植林を行う（地域によって文面の語句は多少異なる）。

農商務省は先に見たように、鉱毒が「公益の害」にはあたらないとして「損害賠償」を示唆していたが、この示談金は、たんに「徳義上」の迷惑料にすぎず、加害責任にもとづく損害賠償ですらない。[27]この伝でいけば古河市兵衛は、法的責任を問われることを何一つしていないどころか、むしろ「徳義」に厚い有徳の事業家ということにさえなろう。こうした示談が進行するかたわら、一八九五（明治二八）年になると、こんどは「永久に」訴訟はおろか苦情の申し立てもせず、土地の譲渡に際しても買主にそれを守らせることを誓約するという、いわゆる「永久示談」がはじまる。

これらの示談全体で、計一万三千余名の被害民に示談金が支払われたが、耕地面積当たりの金額（一〇アール当たり一円五〇～七〇銭）は、「この地方の収穫からすればおよそ年収の一割以下、肥料代にも満たない」という。[28]他方、古河からすれば、示談での支払い総額は四県を総計しても十五万円余りにすぎず、当時の足尾の一年当たりの純利益は四十万円前後であったから、さほどの負担ではあるまい。[29]純益を確保したうえで、永劫に苦情も訴訟も封じうるとしたら、それはむしろきわめて廉価な買い物であろう。

では、農商務省の答弁の眼目かつ示談の目玉であった鉱毒対策、すなわち「粉鉱採集器」の効果はどうだったのだろう。この装置は、精確には「細流跳汰器」「泥鉱淘汰盤」と呼ばれ、それまで川に流して捨てていた微細な銅を拾い集める装置だった。その設置は、したがって鉱毒対策であるより、むしろ生産性の向上のためであり[30]、設置されても河川の浄化にはほとんど貢献しなかった[31]。それでも舶来の「粉鉱採集器」には、多くの農民が期待を寄せたのであった。

田中正造の国会演説、被害者の「押し出し」

こうして示談工作が強引に進められるさなか、一八九六（明治二九）年に渡良瀬川流域は三度にわたる大雨に見舞われ、九月の豪雨によって流域は未曾有の大洪水に襲われる。栃木・群馬を中心に五県および東京の葛飾・江東地域にわたって約四万六千ヘクタール（東京都二三区の半分以上）の農地が、鉱毒を多量に含んだ水につかり、その被害は甚大であった。鉱毒が大量に浸みこんだ農地では、表土を三尺（九〇センチ）も削って、土を入れ替えねば農作不能だったという[32]。ちなみに、東京・本所にあった農商務大臣の邸宅にも浸水は及んでいる[33]。

安直な類比は禁物だが、後の田中正造のことばを借りれば、「三十万人民の安危にかんし、国家の基礎に関する」未曾有の鉱毒被害は、3・11の東フクシマにも匹敵しえよう。翌一八九七（明治三〇）年の議会で田中正造は、枯死した植物などを実際に示しながら、鉱毒の惨状を諄々《じゅんじゅん》と説明し、「人民を保護しない、公益を保護しない」政府を批判した。

この演説は、「議員たちの鉱毒に対する認識を一変させた」だけでなく、「世論も次第に鉱毒問題に対して真剣な眼差しを向ける」にいたり、キリスト教関係者らを中心に鉱毒被害を救援する動きが高まり、神田キリスト教青年会館で「鉱毒演説会」が開かれる。[34] こうした中で、谷干城《たにたてき》や榎本武揚らの長老政治家たちも、被災地を視察し、それがまた世論の高まりを加速させる。ただし、この場合の「世論」は、今日から見ればかなり限られてもいた、ということには注意が必要である。

田中正造が議会で右の演説を終えたころ、被災地では二千名を超える被害者が集結し、上京して集団請願（「押し出し」）を決行する。無届集会等を禁止する警察の検問を三々五々かいくぐりながら夜を徹して歩いた農民約八〇〇名が東京に入り、うち四百余名が農商務省前に結集して大臣に面会を求めたが、少数の総代と面会する約束をとりつけて散会する。

しかし、こうした直接の切実な訴えが、当時の庶民の間にどれだけの共鳴をうることができたかは、いささか疑問である。そもそも東京に在住する者にとって、足尾鉱毒被害は、一日がかりでようやく行ける**遠方での出来事**にすぎず、被害民と接する機会もなければ、今とは違って映像で接することもできなかった。足尾で起きていることに触れうるのは、さしあたっては新聞を介してであるが、当時新聞を購読している人は限られていたし、しかも新聞自体が、今よりもさらに千差万別であった。

したがって、当時の東京の下町に暮らす庶民がはじめて被害民と接しえたのは、鉱業停止の請願を求めた「押し出し」において、である。警察や行政の妨害を受けながらも彼らが歩き続け、一晩野宿して首都に着いたとき、貧しい野良着の疲れ果てた姿は、首都で平穏に暮らしていた人間にとっては、かなり異様に映ったかもしれない。実際、新聞のうちには、汚れた野良着のまま省庁をまわってひたすら請願する被災民のことを、「蓑笠姿で強訴」する異様な集団と描き出すものもあったらしい。[35]

一方ではそうした悪意の眼差しをも浴びつつも、農民たちは、数週間後に二度目の「押し出し」を行い、その総代は栃木・群馬の議員を加えて農商務大臣と面会する。その席上、榎本大臣は、先の被災地視察の印象を述べたうえで、新たに内閣に設けた「鉱毒調査委員会」に言及して「近々しかるべき処分を行う」と伝えたという。[36]

鉱毒調査会

事ここに及んでは、いかに明治政府とはいえ、「請願事項に対し示談、整いたるにより、政府はこれを処分なさざりし」（正造への答弁書より）と押し通せなくなる。そもそも鉱毒を多量に含んだ渡良瀬川の「淤泥《おでい》は河底に澱渣する」ので、平時では灌漑に用いえても「雨降り水濁るときは銅分を含有す」というのが、古在・長岡鑑定の眼目のひとつであった。実際、農商務省自身が、五年前に田中正造への答弁で、鉱毒は「公共の安寧を危殆ならし」めないと居直ったときにも、但し書きを付して、「被害を将来に防止せん為《た》め、鉱業人（古河のこと――引用者）は……粉鉱を含有するの虞《おそれ》ある**渡良瀬川河底の土砂排除**の為め、……沈澱場を設け、時々之《これ》を浚渫《しゅんせつ》する」ことを条件にあげていた。[37] あれだけの大洪水と作物の枯死を目の当たりにすれば、嫌でも、この答弁書に想到せざるをえまい。

こうして一八九七（明治三〇）年三月には、政府は一六名の委員から成る「足尾銅山鉱毒調査会」を発足させる。法制局長官が調査会委員長をつとめ、委員として農商務省から鉱山局長ほか七名、内務省から土木技監ほか二名、大蔵省から主税局長、非職御料局から技師（のち東京帝大工科大学教授）が、それぞれ選ばれた。計一二名が官僚であり、残り四名が大学教授（医科大学二、理科大学、農科大学各一）であった。

調査会の議論は紛糾したようで、委員長は、調査のためにも「先決問題として鉱業の一部もしくは全部の停止を命ず」という原案を提案したが可決されず、操業を続けさせながらの調査となる。委員の一人だった後藤新平（内務省衛生局長）も、当初は「衛生上より観察すれば、断然鉱業を停止するの外なし」と主張していたが、しだいに曖昧な態度をとるようになったという[38]。

鉱業停止派と存続派のこうしたやりとりの中から、調査会の結論を鉱業存続へと引っ張っていったのは、当初の水質・土壌調査と無関係だった帝国大学工科大学（現・東大工学部）出身の工学士のラインであった。とりわけ、古河の顧問技師でもあった工学士・渡辺渡（のち工科大学教授）の活躍（暗躍？）は目立っている。彼によれば「農学の人が専ら害毒を述べて居《お》ったけれども、……最後に予防命令を出して、兎に角、鉱山を活かそうと云うことになった」という[39]。「兎に角（もう少し言えば「是非もなく」）活かそう」という一言が、何よりも雄弁に調査会の結論の特徴を物語っていよう。

明治政府は、調査会の結論をうけて鉱毒予防の工事を命令し、古河は、足尾銅山の年純利益が四〇万円前後の時代に、総額百万円余をかけて工事を完遂した。しかし、操業したままでの一年半余の調査と分析で、二〇年間もの鉱毒の垂れ流しの実態がどこまで解明され、どれほどの防止策が立案できるのか。誰しも首をかしげざるをえまい。しかも、調査会の議論の進行に対しても「政府の規制、圧力、干渉」を跡づけうるという。[40]

渡辺が「兎に角」と語っているように、全体としては、「古河の鉱業存続の条件をつくるために、……わずかに二か月ぐらいの間に泥縄式につくりあげた命令を実施させただけ」と言われても致し方あるまい。実際その後、心ある新聞記者が詳細に報告しているように、そして何よりも数年後の第二次鉱毒調査会自身が暗に示唆したように[41]、政府が命じた予防工事は、沈澱池と濾過池の使用法、泥渣の浚渫、長雨対策、脱亜硫酸装置、堆積場の放置など、多大の欠陥をかかえてもいたのである。[42]

官僚が人選する調査会

こうしてみると、話は一挙に跳んでしまうが、一八九七（明治三〇）年に急遽設置された「足尾銅山鉱毒調査会」、そして一九〇二（明治三五）年の「第二次調査会」は、その後、官庁が設置する審議会・委員会のひな型でもある。なるほど今では、官僚自身が委員になることはあまりない。その代わり、官僚が委員を選ぶ仕組みは、きわめて精巧である。

前述の高木仁三郎によれば、彼に話をもってきた官僚の言い分は、こうだったという。「事故調査では……専門的にかなり突っ込んだ議論をやらなくてはならない。そうなってくると高木さんのような人がいると結論がどこに落ちつくかわからないから、政府としてはあなたを委員に選ぶことはできない」。しかし、「もう少し漠然とした、あまり技術的ではない場で政府の計画を審議する……審議会くらいだと、委員としてぜひ入ってほしい。……もしも全体意見に満足しなければ、少数意見として自分の意見を述べて立場を留保してもよい[43]」。

第二章で、原発での全電源停止を検討する委員会での官僚のリードを詳しく見たが、省庁が人選して設置される政府の審議会・委員会は、多かれ少なかれ、その事務局となる官僚の筋書きに沿って進む。その点で、高木に人選の内幕を明かした官僚は、それが自分個人の意図するところでないことを暗に示唆したという意味で、むしろ開明的とさえいえるかもしれない。こうしたことを考えると、鉱毒調査会を発足させた時点では、政府としての見解がいまだ流動的で、調査会内部で甲論乙駁がなされたという点では、足尾鉱毒調査会のほうが、現代のさまざまな審議会・委員会よりまだまともかもしれない。

大弾圧と誹謗

しかしながら「兎に角」操業を停止させない、ということを至上目的とした予防工事が以上のようだったとすれば、それで鉱毒問題が解決されるとは期待しがたい。実際、翌一八九八（明治三二）年・九九年と続けざまに洪水に見舞われ、農地の汚染は酷くなるばかりであった。したがって、流域の住民たちの間で、あくまで鉱業の停止を求め、請願を続ける動きが強まるのも当然であろう。

しかし、政府が命じた予防工事が完了している以上、こうした住民の動きに対しては、政府・内務省の姿勢も硬化してくる。警察は、これまでも被害民の「押し出し」に干渉してきたが、一九〇〇（明治三三）年、四回目の押し出しに際しては、群馬と埼玉の県境（川俣）に阻止線を張る作戦に出た。待ち構えていた警官隊は、「土百姓《どびやくしよう》、土百姓」と罵りながら、無防備の農民に対して、殴る蹴る・剣の鞘で叩く・押し倒して田に顔を押し付ける等々の暴行を加えたうえ、「解散命令に応じなかった」という理由で「兇徒聚衆罪《きようとしゆうしゆうざい》」で合計六八名を検挙・起訴したのであった（川俣事件）。

これを知った田中正造は、ただちに議会において、「財用を濫り、民を殺し、法を乱して、亡びざるの国なし」という趣旨の政府弾劾の質問を行った。利をむさぼる私企業の犠牲とされた農民たちが、被害を蒙ったまま放置されたあげくの丸腰の請願行動を、こともあろうに「兇徒」として弾圧するようでは、この国の行く手にはもはや「亡国」しかない……。この質問に込められた田中正造の気魄《きはく》にはただならぬものがあったはずである。しかし長州閥・陸軍の最長老であった山県首相は、「質問の旨趣、その要領を得ず、よって答弁せず」と撥《は》ねつけただけであった。[44]

しかし、正造が予感したように日本は、この質問の四五年後、陸軍がはじめた満洲侵攻にはじまる一五年戦争の果てに、数百万の国民の死骸を重ねて亡国にいたったのであった。

この頃には、足尾の鉱害被害に義憤を感じる人々の輪も広がると同時に、他方では、山県首相の答弁拒否に象徴されるように、田中正造への風当たりもまた強くなってくる。そこへ降って湧いたかのような川俣での大量弾圧は、田中正造に多大の衝撃を与えたようで、議会閉会後、精神的な疲労で入院すると、ある新聞は、すぐさま「脳病で入院」と書き立てる。彼の、この間の政府批判を「狂人」の妄動として葬り去ろうというのである。

先に見たように田中正造の議会内外での活動によって、足尾の鉱毒が広く知られるようになると、今風にいえば怪文書まがいの「イエロー・ジャーナリズム」(扇情的な攻撃的記事を売り物にするジャーナリズム)もまた跋扈《ばっこ》しはじめる。そうした誹謗《ひぼう》記事をもとにして、「被害民はすでに示談金を多額にあるいは何度も受け取っている」とか「鉱毒被害の訴えは金目的にすぎない」等々、悪質な風聞が流布される。[45]

こうした風評の種を撒き散らした記者たちは、自分では被災地を訪れもしないし、被災民から直接に取材もせず、「兎に角」シナリオありきのかたちで記事を書く(仮に被災民から聞き取りをするとしても、自分たちのシナリオに合うことだけを継ぎはぎする)。そのようにして、自分たちが攻撃したい個人あるいは集団を中傷する扇情的な記事を売り物にするというのが、いつの世でも、イエロー・ジャーナリズムの特徴である。

こうした扇情的ジャーナリズムの記事を枠づけているシナリオは、鉱毒調査会が設けられたころ、鉱山存続を訴えて配布された文書「足尾銅山鉱業停止請願に対する告白書」の内容とぴったり符合する。その文書によれば、近年の「鉱粉沈澱所の設備、鎔鉱精錬室の改良」によって、いまや「停止請願者の喋々《ちょうちょう》するがごとき鉱物流出などあるべきはずがない」のだから、鉱毒論者は「該鉱業（古河のこと——引用者）を脅迫して自ら為にする」者とされている。[46]

支援と孤立

さて第四回の押し出しに際して川俣で大量逮捕された農民の多くは、一審で有罪とされたものの、二年後の控訴審ではその大半が無罪とされる。しかし、リーダー・準リーダー格の農民の三〇名近くが投獄されたことによって、請願運動は壊滅的な打撃を被る。しかもご丁寧なことに、田中正造もまた、公判中に法廷であくびをしたことを咎められ、「官吏侮辱罪」で起訴され有罪とされる。まるで一世紀後に経産省に楯ついた福島県の佐藤栄佐久知事が、「０円をうけとった収賄」（!）で有罪とされるのを先取りしたかのようである。

もちろん、こうした裁判の過程において、東京弁護士会あげての大弁護団が活躍するかたわら、学者・宗教家・教育家・ジャーナリスト等々各界の人士が集まって「鉱毒調査有志会」が結成されて啓蒙活動を展開するなど、被害民を支援する輪が広がってもいく。しかし同時に、それに反比例して、政府の側は、命じた予防工事の実施をもって鉱毒対策は完了したという姿勢を、より頑なに押し出してくる。残っている課題があるとしたら、それは、鉱毒問題ではなく治水対策だ、と問題をすり替えはじめたのである。

こうした中で、鉱業条例をたのんで操業停止を求める、という請願路線は行き詰まりを見せると同時に、議会内で田中正造は、猟官に明け暮れる政党人の間で孤立を強め、増税と引き換えの議員歳費値上げ案に反対して議員を辞任するにいたる。

田中正造の直訴とその波紋

ここでは田中正造の苦悶には立ち入らないが、鉱毒問題を背負い続ける彼は、命を賭して天皇に直訴することを選ぶ。一九〇一（明治三四）年一二月、試みた直訴そのものは失敗に終わるが、新聞はこぞって号外を出して報じ、大きな反響を生む。救済演説会は「異様なまでの高まりをみせ」、東北の盛岡中学では石川啄木が同級生と語らって義捐《ぎえん》金を募り、東京の演説会では感動した大学生・河上肇が着ていたマントと羽織を差し出す。学生たちは、キリスト教系の婦人団体と新聞社が企画した「鉱毒視察修学旅行」に大挙して参加し、帰京してからは東京市内各地で路傍演説会を開く[47]。

こうして鉱毒被害救済の運動が高まるなかで、一九〇二（明治三五）年、政府は第二次・足尾銅山鉱毒調査会を発足させざるをえなくなる。しかし、その翌年に出された報告書では、洪水対策に多くの紙数がさかれ、そこにはこう記されていた。いわく、渡良瀬川と利根川の合流地点では、流速が遅くなるために増水時には流れが停滞し、逆流・氾濫を起こしやすい。したがって渡良瀬川に大きな遊水地を設け、利根川が減水してから合流させれば氾濫は防げる[48]。

この提案は、なるほど事実にそってはいる。しかし渡良瀬川は、もとから利根川に注いでおり、特段の問題を引き起こしてはいなかった。大雨のたびに合流点で溢れるほど増水するようになったのは、ひとえに足尾銅山によって水源林が枯渇させられたからである。政府の調査によってさえ、渡良瀬川水源地ではすでに八割が禿山と化し、「林相をなし」てはいなかった[49]。

しかも、利根川との合流点での流速が遅くなったのは、その下流にある江戸川との分岐点で、明治以降、とりわけ鉱毒が明白になって後[50]、江戸川口を狭め続けたからであり、江戸川口を狭めて流量を減らしたのは、鉱毒を含んだ水が東京で氾濫するのを防ぐため、であった。まさしく、「渡良瀬川下流の沿岸は、政府の**都市中心政策**と**足尾銅山**との**はさみ打ち**にあった」のである[51]。

生贄としての谷中村

国は、この報告書の作成と軌を一にして、埼玉の二村落（現・加須《かぞ》市）と栃木の谷中《やなか》村（現・栃木市）の三カ村を潰《つぶ》して巨大な遊水地を設置する計画を立てるが、埼玉側の反対もあって、最終的には日露戦争のさなかの一九〇四（明治三七）年、栃木県議会が、谷中村を市価の一〇分の一近い価格で買い上げる条例を秘密会で可決する。谷中村一帯を、すべて水没させて遊水地にすると決めて以降、洪水で谷中村が浸水しても県は堤防の補修をせず、村が荒れるにまかせようとするが、谷中村の住民は自力で堤防を修復する（なお、この自力修復には、川を挟んで隣り合う埼玉側の住民も献身的に協力している)[52]。ところが県当局は、農民が自力で修復した堤防を「河川法」違反の名の下で、破壊する。

こうして当局は、中心的な農民に対しては一九〇四(明治三七)年に、田中正造に対しては一九〇六(明治三九)年に、それぞれ公的行動を拘束する「予戒令」を発動するとともに、谷中村買収＝立ち退きに抵抗する農民たちを、脅迫や嫌がらせを重ねて切り崩していく。たとえば官吏自ら農民を賭場や遊郭に誘い込んで巨額の負債を作らせたり、折からの日露戦争で戦没した兵士の遺族に対して、立ち退きに応じないかぎり戦死一時金の下付を拒絶するなど、行政による農民の切り崩しは、きわめて陰湿だった[53]。

内務省の圧力のもとで県当局は、このようにして被害民の多くを立ち退かせたあげく、一九〇七(明治四〇)年には強制収用と家屋取り壊しに取りかかる。こうした「力ずくでの」強制収用を指揮した内務大臣・原敬は、長らく古河市兵衛と縁戚関係にあった陸奥宗光の秘書を務めたのち、古河の会社では副社長に就任しており、その強圧ぶりには尋常ならざるものがあったようである。居住し続けようとする農民への取り締まりは、心配して駆けつけた貴族院議員(華族)が警官に抗議するほど手荒かった[54]。こうして谷中村の「買収」・取り壊しが完了し、村民は離散する。この結末に対しては、それまで比較的公正な報道をしてきた新聞ですら、「(田中)翁には気の毒なれど、法律の定めしことゆえ、余儀なきこと」というコメントで終わりにしてしまう[55]。

このようにして、渡良瀬川下流の被害民は離散し、広大な谷中村の村落・農地は水没させられて、「遊水地」という名の巨大な**鉱毒沈殿池**と化す[56]。この「最終解決」は、巧妙といえばこのうえなく巧妙である。もともと問題は、鉱毒の流出の規制にあった（一番はじめの吾妻村村議会の上申は、「鉱毒の流出停止か、それができないなら操業停止」であった）。遅ればせながら、国は予防工事をさせたが、それは欠陥の多いもので、大雨のたびに鉱毒が流出したにもかかわらず、国はそれを座視し続けた。そのうえで、足尾・古河銅山の鉱毒問題を、治水問題に完璧にすり替えることによって、汚染が蓄積した広大な田畑をむしろ鉱毒沈殿池にしてしまう、というのである。こうした問題のすり替えは、原発事故はあたかも津波だけが原因だったかのようにすり替えるのを先取りするかのようでさえある。

時あたかも一九〇七（明治四〇）年、日本中が日露戦争の勝利に酔いしれていた頃、すなわち漱石が小説の主人公をして次のように言わせた頃であった。「あらゆる方面にわたって奥行を削って、一等国だけの間口を張っちまった」が、そのために「借金を拵《こしら》えて貧乏震いをしている」（『それから』）。一八八五（明治一八）年に、清流名物の鮎が死滅して洪水が起こって以来、四半世紀。まことに、明治は……。感懐にふけるのは慎んで、第I部でみた東フクシマの事故を念頭におきながら、足尾鉱毒事件の要点をまとめておこう。

・まず企業がコスト高を嫌い、廃棄物の流出の対策を怠る。監督官庁は、「富源」という「国策」上の配慮から、厳正な規制には二の足を踏む。

・廃棄物の流出によって農地汚染・凶作がもたらされても（一八九〇年）なお、官庁の監督責任は不問とされる。

・企業の責任は、利益を圧迫しない範囲での「徳義上」の示談金で処理され、終わりとされる。

・こうして致命的事態（一八九六年からの広範囲での洪水・凶作）が招来され、政府・官庁もようやく予防工事を命じるが、かなり不十分な工事にとどまる。

・問題を、鉱毒から治水にすり替え、もともと人災である被害を自然災害であるかのように議論を変調させ、被害が激甚な地域を鉱毒沈殿池として最終解決とする。

こうして、鉱毒被害がもっとも酷かった村落は、文字通り消去され、銅山周辺の山々は百年たっても、なお禿山のまま、往時の凄まじさを伝えている。

見られるように、足尾銅山・古河鉱毒事件には、東フクシマ・東電事故と大きく重なるものがある。官と財の癒着と、それを正せない政治の貧困とによって、特定の人々が非道なまでに犠牲とされる。これは、まさしく東フクシマの原型である。もちろん原型は、あくまで原型であって、現在とすべてが同じではない。しかし、部分的にではあれ、重なっている事柄は、こんにちでもきわめて重要である。とりわけ改めて確認すべきことは、こうした過程において、そのつど真に問題とされるべき事柄（**アジェンダ**）が巧妙に**すり替え**られ続ける、ということである。

アジェンダのすり替え、連帯の分断

そもそもの問題は、**不当廃棄の規制**であった。被害をうけた地域では、江戸時代から「丹礬《たんばん》水」という名で銅山廃棄物の毒性は知られており（七二頁）、だからこそ村議会が真っ先に求めたのも、廃棄の規制であった。しかし規制官庁は、こんにちの言葉でいえば、まずはアジェンダを、河川の汚染という**「事象」**にすり替えて、規制すべき「事件」であることの隠蔽へと向かったのである。

しかし、事態がたんなる事象ではなく「事件」であることは、否定できなくなる。すると官庁は、事件ではあるが**「公益を害する」事件ではない**から、自分たちの監督責任が問われるわけではない、と主張しはじめる。監督官庁は、自分たちによる法解釈というかたちで、つまり行政官が司法を代行するかのように、アジェンダをすり替えたのである。

事態が「公益を害する」ことを認めたなら、監督官庁は、法律にもとづいて、村議会が求め・田中正造が質したことを実行し、操業の少なくとも一時停止を命じねばならない。そのうえで操業再開を許可するには、鉱毒の排出防止の設備および浚渫の完了を確認しなければならない。なるほど、そうすることは古河鉱業に多大な出費を命ずることになり、倒産を引き起こすかもしれない。しかし古河が倒産したからといって、足尾の鉱山事業が消滅するわけではない。事業を競売にかけるなり一時的に国有にするなりといったかたちで、事業の継続は可能である。にもかかわらず監督官庁は、古河という一**企業の利潤**の消滅を、**国家の富源**の喪失にすり替え、古河の経営の継続を「公利」と言い募ったのである。

このように法律にある「公益」という概念の解釈をつうじて、鉱毒事件は「公益を害する」加害ではないとしたとき、事件は「損害賠償」によって解決されるべきだ、と鉱山局長は明言していた（七八頁）。ところが、その舌の根も乾かぬうちに農商務省と内務省は、古河にきわめて有利な示談を一方的に推し進めたのであった。「損害賠償」という**法的な責任**を、「**徳義上**」の支払い（つまり篤志ゆえの給付！）へとすり替えたのである。

そして最後に鉱毒事件は、河川氾濫という事象にすり替えられて、治水対策に吸収されてしまう。まさしく、こうした極め付きのすり替えによって、広大な地域の鉱毒汚染という当初の問題は、洪水を防ぐために下流の谷中村を水没させるという〝解決策〟によって、消去されてしまったのであった。

見られるように、監督官庁たる農商務省による、実に見事なアジェンダのすり替えの積み重ねによって、肝心の加害者が、実質的には何のお咎めもなく利益をあげ続けていく。と同時に他方では、渡良瀬川中流の吾妻村と下流の谷中村のように、当初は手を携えて抗議の声をあげていた人々も、アジェンダがすり替えられるとともに、あたかも利害を異にしているかのように、当初のつながりが断ち切られていく。

アジェンダのすり替えは、このようにして当初の連帯をも切り刻む。しかも、そうしたすり替えは、明らかに違うアジェンダへと一挙にすり替えられるのではない。いわば小さな、連続的なすり替えが累積することによって、結果的に当初のアジェンダとは似ても似つかないものにすり替えられてしまうのである。

こうしたすり替えの累積とともに、諸種の被害者たちの**横のつながり**も少しずつ断ち切られ、最後は谷中村という、生贄《いけにえ》とされた特定集団が葬られて〝解決〟と称される。このように特定の人々が生贄とされるときには、すでに、それ以外の人々の間で、「気の毒ではあるが、全体のためにはやむをえない」という暗黙の容認が多かれ少なかれ共有されている。しかし、この容認は、ひとえにアジェンダがすり替えられたからこそ可能となったのである。

「分割して統治せよ」とは、どの統治者も耳を傾けたくなる悪魔の狡知であるが、明治政府の官僚たちは、実に見事にこれを実践した。まことに明治は、偉大なる時代である。しかし、話は明治の偉大さだけでは終わらない。足尾鉱毒事件で駆使された、農商務省（現・経産省）の官僚によるすり替えの技法は、その後、より洗練され、いろいろなところで、とりわけ一九二〇年代の末葉からは陸軍の武官たちによって、より大掛かりに用いられ、そして東フクシマへとつながっていく。しかし、その軌跡をたどる前に、足尾と東フクシマとの違いを大急ぎで確認しておく。

足尾と東フクシマの違い

まず何といっても、銅山からの鉱毒からは、放射性物質は出ない。精銅による鉱毒は、植物を枯死させるが、水俣の有機水銀のように人間の脳・神経を侵すわけでもなく、いわんや原発の放射性物質のように人間のＤＮＡを破壊するわけでもない。その点で、足尾のほうが、語弊はあるが、まだ牧歌的とさえ言えるかもしれない。

次に、社会経済的に見ても、足尾の場合の官・財の癒着は、古河という個別企業と、農商務省・内務省とのもたれあいであり、しかもその癒着は、閨閥（高級官僚・大臣と古河との姻戚関係による閥）という前近代的な基盤にもとづいてもいた。それは、霞が関と財界・政界という、東フクシマで露呈した大規模な構造的な癒着には、いまだ到底及ばない。

そして足尾の場合には、帝大農科大学（現・東大農学部）の古在たちに象徴されるように、帝大教授の中には、官庁から調査を依頼されていながらも、官庁におもねることなく、被害者たちのために分析結果を公表する学者たちが存在した。

大急ぎの確認でしかないが、右の三点は、足尾と東フクシマの大きな違いである。約言すれば、足尾銅山は重要な「富源」であっても、いまだ国家の「生命線」を画する「国策産業」ではなく、したがって銅山業をめぐって財・官・学を網羅する複合体も形成されていなかった、では、東フクシマにいたる長い過程のなかで、足尾に、何が・どのように加わったのだろうか。

こう振り返ってみると、足尾鉱毒の二五年間にわたる歴史の二つの山場に、改めて注目せざるをえない。すなわち、示談が強要された一八九〇年代半ば（明治二〇年代後半）と、治水対策へのすり替えが公然化した一九〇〇年代半ば（明治三〇年代後半）である。そして、この二つの山場は、日清戦争・日露戦争の時期でもある。

それなりにフェアでもあった新聞が、谷中村の強制取り壊しを、〝田中翁には気の毒なれど、法の定めゆえ致し方なし〟と報じたとき、そうした報道をもつうじて〝富国強兵の国策のためなら、国民の一部に犠牲が出ても致し方ない〟という、暗黙の合意が調達される。このように、消極的にであったにせよ、国民の一部を富国強兵の犠牲とすることが容認されるなら、外国の民衆を犠牲にすることに対しては、より鈍感になってもおかしくはない。

第四章
「帝国の生命線」から総動員体制へ

1　殖産興業と殖民

富国強兵をめざして明治政府が「殖産興業」を推し進めたとき、「興す」べき「産業」とは、いうまでもなく鉱工業であった。すなわち鉱山を開発して動力エネルギー源（石炭）を獲得し、蒸気機関・機械による工業を育成することである。一言でいえば、農林業中心の社会を工業化すること、これが殖産興業であり、足尾の銅はそのための外貨を稼ぐ「富源」とされたのであった。

工業化とは異なる立国……

こうした工業化は、近代化のためには必然だと思えるかもしれない。しかし、ほんの少し冷静に見渡せば、スイス、デンマークあるいはノルウェーのように、ヨーロッパにあって同じように近代化し産業革命（動力革命）をも経ていながら、農林・酪農・漁業などによって支えられている文明国がたくさんある。どうして「富国」というときに、こうした国々がモデルとされえなかったのだろう。この疑問は、現代から振り返ったときに生じるにすぎない、とは必ずしも言えない。事実、一九一一（明治四四）年、日本がロシアに勝って「一等国」となった、とまだ国中が浮かれていた頃、内村鑑三は『デンマルク国の話』を著わして酪農立国の事実を示し、工業化とは異なるモデルがありえたことを示唆している。

デンマークは、一八六四年すなわち明治維新の四年前に、プロイセン・オーストリア連合との戦争に敗れ、シュレスヴィッヒ・ホルシュタインという最も肥沃な二州を割譲し、広大な荒れ地をかかえた貧しい小国へと零落する。しかしデンマーク人は、新たな植林方法を開発し、ヒースだけの広大な荒れ地を森林へと育てあげ、そうすることによって、厳しい北の寒気を遮って農地を広げるとともに、沿岸を豊かにして漁業を興隆する。デンマークは、工業化もままならぬ小国に零落したがゆえに、かえって農林立国・酪農立国に励み、一九〇七（明治四〇）年には一人当たり国民所得は英米並みとなり、ロシアに勝って「一等国」になった日本よりも、はるかに豊かな小国になっていた。[1]

工業化とは異なるこうしたかたちでの近代化・産業化という事実は、当時顧みられてよいモデルたりえたはずであるが、現時点ではより切迫的である。実際、エネルギーの大量使用にもとづく工業化に必然的にともなう負の副産物（一挙に抽象化していえばエントロピーの増大）を意に介さずにきたことのつけは、いまや甚大なものになっている（この点については、後でもう一度ふれる）。

殖産＝殖民

富国のための「殖産興業」という明治政府の政策は、産業化＝工業化という路線であったのみならず、もうひとつ際立った特徴をおびていた。富国のための「殖産」は、同時に「殖民」すなわち入植し、そこでも殖産興業を図る、という政策である。たとえばデンマークやスイスのように農林立国・酪農立国をめざすのなら、とりたてて炭坑や鉱山を開発する必要もないし、それらを格安で入手するため、あるいは製品を独占的に販売するために、植民地を保有する必要もない。実際、スイスもデンマークも、列強のように植民地をもってはいなかった。ところが、明治政府の「殖産興業」は、工業化であると同時に「殖民」政策でもあった。のみならず、藩閥政府の専横と権利抑圧を激しく批判していた民権派の論客にあっても、基本的な論調に大差はなかったように見える。

たとえば福沢は、一八七六（明治九）年の『文明論之概略』において（この時点での福沢が、どこまで「民権派」に数えうるのかは立ち入らない）、イギリスの「経済家」の説と断ってではあるが、つぎのように説く。「製物を以《もっ》て……その富を致し、日新文明の功徳に由《より》て、人口、年に繁殖」するとき、その人口圧に抗して発展し続けるためには、第一に「自国の製造物を輸出する」こと、第二に「自国の人民を海外の地に移して殖民する」こと、そして何よりも第三に、「建国政府」はあるけれども「いまだ勤工の術を知らずして富を得ず、資本に乏しくして力役〔単純肉体労働〕の人多」い「貧国に貸付け、労せずして利益を取る」こと、すなわち後発国への投融資が必要である、云々。[2] このように、工業製品の輸出・未開地域への殖民・そして非富裕国への投資が「殖産興業」なのだとしたら、それをめざすことは、列強に伍して**植民地争奪戦**に遅ればせながら参加すること、すなわち「強兵」と表裏一体たらざるをえない。

このように「殖産」と「殖民＝植民」を表裏一体とみる文明観は、ひとり福沢に特有なものではなく、民権派をも含めた明治前半の知識人に共通していたように見える。「富国強兵」を掲げる明治政府は、早くから沖縄・蝦夷〔北海道〕を武断的に日本の領土に編入し、国家資本を投じて〔北海道開拓使〕開発に乗り出していたが、この開拓使関連の莫大な官有財産を、藩閥政府は縁故ある事業家に不当に安く払い下げた。民権派の代表的な新聞の一つは、この不当な払い下げを「公益の害」「公害」として鋭く批判していたが、「入植」「開拓」それ自体にかんする態度は、明治政府とさほど異なってはいない。同紙社説によれば「北海道は……**日本の印度**とも云う可《べ》き……地方」であって、「内地商人にして資本に富みたる者」たちが、開拓使の干渉なく「自ら進む」ことができるようにすべきだ、というのである。[3]

民権派のなかでもっとも原則的だった一人、中江兆民においてさえ、事情はさほど変わらない。なるほど兆民は、明治政府が鑑《かがみ》とあおぐヨーロッパ列強が「トルコまたはインド人」を待遇する仕方は「犬豚にもしかず」と、列強の植民地主義を痛烈に批判する。この列強批判は、たんなる西欧批判をこえて、「同一凶悪の行為」が「人のうえ」でなされたときは「盗賊の名を免れ」えないのに、「くにのうえにおいて」は「これを称して強国となす」という欺瞞を衝き、「強国」という概念そのもの・富国強兵という根本戦略の批判へと展開していく[4]。

そう論じる兆民は、北海道の開発の実情について、こう記している。「日本人ども、真《まこと》に貪欲そのものの凝固体とも謂《い》うべき者ども」が、原住民を「恐嚇し、騙詐《へんさ》し、……掠《かす》め取るがごときは、実に羞《はず》かしきの極、汚《けが》らわしきの至と謂《い》うべし」。しかし、その彼も、入植・開拓そして内地資本による開発が、投機目的を排して公正な取引によって進められることを求めているのであって、蝦夷地を領土に編入して入植すること自体には異を唱えていない[5]。

このように、文明開化とは、再び福沢の言い方を借りれば、「脱亜入欧」すなわちアジア的な農業社会を脱皮して、英仏独にならって殖民すること、殖産すなわち「勤工の術」によって「富をえる」ことだ、という理解にかんしては、藩閥政府・国権派も、その専横に憤る民権派も、さほどの違いはなかったと見てよかろう。

「富国強兵」という強迫

文明開化して富国になるということは、「入欧」すなわちヨーロッパ化すること、しかもスイス、デンマークといった小国ではなく、英独仏のような工業大国・軍事大国に似ることである……。こうした戦略が採用されるとともに、遅れて開化＝近代化に参入する後発国には、「富国強兵か・さもなくば列強の植民地になるか」、この二つ以外に道はないかのような強迫観念が異様なまでに累進しうる。

そして、一切をこの二者択一にはめ込むことの威嚇効果は、日本の近代化にとって抜群であったように思われる。じっさい、この二者択一は、明治日本における非・工業へのスタンスを決定的に枠づけていった。すなわち、国内の「農村的」なもの・近隣諸国の「アジア的」なものは、ともにひとしく文明以前の残滓であって、形は違うにせよ同じく脱却さるべきものとされる。「アジア的＝農村的」なあり方とは、文明の進化の度合いが低いというだけでなく、そのままいれば列強によって植民地化される危機的状態でもある、と否定的に位置づけられる。

足尾の長い鉱毒史をふりかえるならば、一八九〇年代（明治二〇年代半ば）では、農商務省の内部においても、農業育成派と工業化促進派が、まだ微妙に拮抗していた。しかし、鉱山局長が、足尾の鉱毒は「公益の害」にあたらないという法解釈を示した頃（七八頁）から、工業化促進のほうへと秤《はかり》は急速に傾いていく。川俣の大弾圧において、警官が「土百姓、土百姓」と罵倒しながら請願者に殴る蹴るの暴行を繰り返したときには、たんに封建時代の名残りだけではなく、農村的なるものへの新たな否定的視線も働きはじめていたと考えられよう。

こうして殖産興業という国策から見て、一農村社会への破滅的な危害は「公益の害」ではなく、むしろ「足尾銅山より生ずる公利は、被害地の損害より遥に大」（前出、鉱山局長）ということになれば、鉱毒被害をうけた農村を犠牲にすることも、「気の毒なれども、法の定めたことゆえ」「やむをえない」とされる。そう見切ったときには、日本の農村社会とアジア全般が、ひとしく「文明以前」と括られ、対外的にもアジア的なものを踏み台にすることもやむをえない、ということになりうる。いや、同胞であっても「気の毒だが、やむをえない」と見切ることができるなら、見知らぬ異国の民衆に対しては、「気の毒」とさえ思わずに見切ることはもっと容易になる。

そうなれば、殖民のための地（＝植民地）を得るためには、そこに暮らす住民の意思を考慮する必要はない、という考え方が定着しうる。そして実際、谷中村を水没させて足尾鉱毒問題に終止符をうった後、日本帝国のアジア進出は一挙に加速していく。しかも、当の農村を、「一銭五厘で」調達できる兵卒の供給地として、いわば「内的植民地」として最大限に利用しながら、である。この過程は、３・11の東フクシマと無関係ではない。したがって「民を殺して、亡びざる国なし」という田中正造の悲痛な予言の跡を追うためにも、その後のアジア進出の要点だけはおさらいしておかねばならない。

2　帝国の「生命線」

「帝国の利益線」とその膨張

朝鮮王朝は、日本の明治維新後も清国に朝貢する従属的な関係にあり、朝鮮への進出を狙う日本と、宗主国である清国との間には潜在的な緊張があったが、両国は朝鮮不可侵という点では協調していた。ところが、朝鮮で前近代的な李王朝への農民反乱が拡大し、その鎮圧のために朝鮮政府が清国に派兵を要請するや否や、日本の議会で内閣弾劾を決議されていた伊藤内閣は、古河鉱業の庇護者でもあった陸奥宗光外相の強硬策に沿って朝鮮への大規模な派兵を決定し、日清戦争の引き金を引いたのであった。[6] 時あたかも、足尾鉱毒は「公益を害する」ものではない、と農商務大臣が明言した頃である。

こうした中で、鉱毒で問われた「公益」など問題ではないかのように、「国」が迫り出してくる。農商務省は、「足尾銅山より生ずる公利」を語っていたが、いまや「**公益**」はおろか「公利」という言葉さえか細くなり、「**国益**」が呼号され「国権」が語られる。しかも、つい一〇年ほど前まで「民権」を叫んで藩閥政府の専横を批判していた側の少なからぬ者も、「国権」「国益」を呼号するようになる。もっとも、蝦夷地の領有・入植に対する態度に見られたように、「殖産興業」と「殖民」を等値する点では、民権派も専制政府にさして後れてはいなかった。そうだとすれば、旧民権派や在野の新聞が、政府を批判するために、むしろ対外的な強硬路線を主張するということもありえよう。

その頃、軍閥を代表する山県首相は、すでに一八九〇（明治二三）年の議会で、前述の谷干城らの専守防衛構想を否定して、「主権線」（国境）の確保にとどまらず、国境よりもはるかに広い「利益線」を確保するために「巨大の金額を割いて」軍備を増強する、という予算を押し通していた。[7] こうして「国家の主権」を超えて、それをも包む広範な「帝国の利益線」の確保という軍部直輸入のスローガンが、「公益・公利」をも押しのけて、「国益」を集約する言葉として流布しはじめる。[8]

「富国強兵」とは、「政府よく戦い、民よく利を得る」こととされていた（『文明論之概略』）が、いまやまさにその通りに、政府が武力をもって「国権」を行使して「国の利益線」を確保することが「民の福利」への道であり、そのための「国策」は、国の内外を問わず、多少の犠牲をはらってでも、文字通り「力ずくで」追求されることになる。一世紀後に、経産省のトップが、当時の福島県知事に対して、「国が決めたこと」は「力ずくで、でも」と言い放ったのは、まさしくこうした動きの延長上でもある。

こうした国権主義の高まりを背景に、清国との戦端をひらいて勝利した日本は、台湾をはじめ多大の領土と巨額の賠償金を獲得する。そして朝鮮半島を勢力下においた日本は、その一〇年後には極東で南下を進めるロシアと対立して、日露戦争を戦い、八万余名の兵士を失い、莫大な外債を抱え込んだまま薄氷の勝利をおさめる。その勝利の実態は、最後の大会戦では兵士一人当たりの弾薬数まで制限するほど、兵員・弾薬も戦費も払底したうえでの、薄氷の勝利でしかなかった。[9]にもかかわらず、日本は、樺太南部を領土に加え、遼東半島南部の租借権・南満洲鉄道の利権を獲得することによって、「帝国の利益線」は一挙に膨張し、確保すべき「国益」も過大になっていく。

朝鮮の併合

「殖産」と表裏一体に「殖民」に血道をあげていた明治国家は、朝鮮半島を勢力下におこうとして清と衝突したが、南満洲にまで「利益線」が膨張したことによって、朝鮮が独立国であることは「国益」にとってのいっそうの「不安定要因」とみなされ、日露戦争のわずか五年後、日本は朝鮮を併合してしまう。[10]かつて蝦夷地の併合にあたって、民権派ですら、北海道は「日本にとっての印度」としてその領有に対して無批判であったように、朝鮮の併合を批判した日本人は多くはない。

かつて盛岡中学に在学中、田中正造の直訴に感銘をうけて義捐金を募った石川啄木は、朝鮮併合に接してこう詠じた。「地図の上／朝鮮国に黒々と／墨を塗りつつ／秋風を聴く」。啄木のように感じた数少ない一人でもあった内村鑑三は、すでに日英同盟の締結にあたって、アフリカ南部の二つの「小共和国が敗滅に瀕する時に際し、その敵国たる英国と同盟して」、「小国の強圧剿滅《そうめつ》に与」る「日本国の大罪悪」を批判していた[11]。その彼は、朝鮮の併合の不正義を憤り、「神はかえって朝鮮国を拯《すく》うて日本国を棄てたもう」ことを懸念した。先に紹介した『デンマルク国の話』は、朝鮮の亡国を慰めるために書かれたとも言われている。

国内で、鉱毒事件というアジェンダがすり替えられたあげく、谷中村を生贄にして「解決」とみなすことが「やむをない」とされたときには、海外で無辜《むこ》の人々を踏みにじることへの感度もまた鈍化する。朝鮮併合の九年後、朝鮮全土で総計二〇〇万人以上が参加した独立デモ行進に対して、日本の総督府は、大規模な弾圧・虐殺で応じた。これに接したとき石橋湛山《たんざん》は、「いかなる民族といえども、他民族の属国たることを愉快とする如《ごと》き事実は古来ほとんどない」と説き起こし、朝鮮人も「その独立を回復するまで、我が統治に対して反抗を継続するは勿論《もちろん》、……知識の発達、自覚の増進に比例して、その反抗はいよいよ強烈を加うるに相違ない」と論じる。こうして彼は「この反抗を緩和し、無用の犠牲を回避する道ありとせば」、朝鮮人を「自治の民族たらしむるほかにない」と結ぶ[12]。しかし、このように「無用の犠牲」への感度を示す論説は、残念ながら少なかった。

まさしくこうした「利益線」「国益」の拡大と、それにともなう社会経済的な構造の変化が、足尾と東フクシマの連続性と違いを形作っていく。以下、そのもっとも大きな要点だけを駆け足で拾って確認しておきたい。

「満蒙はわが国の生命線」

二〇世紀になって第一次世界大戦が終わると、民族独立の動きが活発になる。インドでは、ガンディー率いる独立運動が燃え上がり、中国では、外国資本の独占を打破して経済的自立をめざす動きが強まってくる。具体的には、外国製品をボイコットして自国製品を購入し、外国資本による事業と競合する事業を興してそちらを利用するという、いわば「バイ・チャイニーズ」運動である。この外国商品・資本の排斥運動の対象となったのは、当初はイギリスであったが、次第に日本もその対象となってくる。[13]

とりわけ中国東北部での南満洲鉄道（以下「満鉄」と略記）経営にともなう日本の権益は、鉱山開発や製鉄プラントなどとともに巨大になっており、経済的自立をめざす中国民衆の動きの標的となるのは当然の成り行きであった。[14]こうして、中国のナショナリズムの高まりは、折からの世界恐慌の影響とあいまって、満鉄の経営を圧迫するようになる。

こうした満鉄の独占的地位の低下と経営の悪化は、一九二〇年代末葉には日本国内でも「満蒙問題」という名でしばしば報道されるようになる。[15]三一年には、外交官から満鉄副総裁になり、後に国会議員に転じた松岡洋右が、対外協調路線を批判して「満蒙は……我国の**生命線**である」という演説を行って世間の注目を集め、それ以後「生命線」というキーワード込みで「満蒙問題」が焦眉の課題とされてくる。「利益線」という、かつて陸軍大臣が流布させた露骨なことばは、いまや「生命線」という生死にかかわることばへと〝脱皮〟することによって、アジェンダの定式化に多大な効果を発揮しはじめるのである。

たしかに、満鉄の経営の悪化、対中輸出の伸び悩みは日本にとって問題であった。しかし、それは、民族自決という国際的機運のなかで中国でもナショナリズムが伸張した結果である。したがって、問題の解決策もまた、ナショナリズムへの対応であるはずである。ところが、陸軍の武官たちの「解決」案は、こうであった。すなわち、満鉄の経営悪化を改善するには、**満蒙を領有**して中国の領土でなくしてしまえばいい……。これは、アジェンダのすさまじいすり替えである。ナショナリズムへの対応という問題が生じるのは、満蒙が中国の領土だからであって、中国の領土でなくしてしまえば問題は〝解消〟する、というのである。[16]

しかし、いくら何でも、いきなり満蒙を占領して領土にするわけにはいかない。関東軍（「関東州」と満鉄の鉄道警備を行うために鉄道をはさむ地域に駐留が認められていた日本軍）の高級参謀も語っているように、「日本が〔満蒙を――引用者〕支那《ママ》本部と分離せしめんとする直接行為をあえてすること」は、国際的に許されない。しかし、かれら武官によれば、「支那《ママ》人自身が内部的に分離する」ことは国際的にも許容される、というのである。[17] こうして「富国強兵」すなわち「政府よく戦い、民よく利を得る」ために、帝国の「生命線」を確保するという名目での画策は、満蒙を中国から分離させ、そのうえで領有しようという策動へと膨らんでいく。満洲「事変」と呼ばれることになる中国侵攻への序曲である。

陸軍のキャンペーン

しかし、いくら「満蒙問題」の解決だと呼号するとしても、「中満分離」のために中国の主権を侵して大がかりな武力を行使するには、あらかじめ大方の国民の支持をとりつけておかねばならない。そのために陸軍の武官たちは、満洲事変に先立って、全国各地で「時局講演会」「国防思想普及講演」などと銘打って、中国が「条約に違反」して、満鉄を圧迫し日本商品を排斥している、というキャンペーンを精力的に実施した。しかも、このキャンペーンにおいて陸軍の武官たちは、貧農層に向かって、満蒙を領有すれば「諸君も、旦那衆（地主）になれる」と、あからさまに「生活改善」を煽ったのであった[18]。

陸軍のこのキャンペーンは、大きくいって次の二つの主張から成り立っていた。①満蒙における日本の特殊権益は、列強との条約で承認されている。②中国が満鉄と競合する鉄道を敷設することは、中国との条約で禁じられている。しかし中国は「条約を無視して」日本の権益をおかしている。これがキャンペーンの柱であった[19]。しかし、この主張は二つとも、事実と全くかけ離れていた。これは、その後の日本の命運を左右してきた重大な事柄なので、少し細かい話にはなるが、最低限の確認をしておきたい。

日本陸軍が「条約を守らない中国」という扇動を繰り広げたとき、陸軍が強調したのは「満蒙における日本の権益の侵犯」、なかでも満鉄と競合する鉄道の新設による打撃であった。しかし右の②で宣伝されたような、「満鉄と競合する鉄道は敷設しない」という日中の取り決めは、実在しない。なるほど一九〇五年の北京会議において、日本側は、競合する路線の新設を認めないことを、条項として盛り込むよう強く求めたが、中国は、日本側の要求を頑として拒み、実際には、日本側がそう求めたという事実が議事録に記されたにとどまる。[20]

満蒙全体は日本の権益？

①の「満蒙における日本の特殊権益の承認」にかんしては、事態は、もう少し込み入っている。列強が中国を蚕食《さんしょく》しつつあった一九一二年、清朝はついに崩壊する。しかし、いかに貪欲な列強といえども、ただちに中国に武力侵攻して植民地化を狙うわけにもいかない（それは、江戸幕府の崩壊のときと同様である）。とりあえず列強は、新中国への投融資（借款）をめぐる抗争を防ぐために合議をはじめる（「六ケ国借款団」形成のための協議）。その際に日本は、「満蒙での日本の特殊権益が損なわれない」という留保をつけたいという意思を表明したが、列強がその意思を尊重すると決議したわけではない。

右の過程でもっとも強硬だったのは中国進出を狙うアメリカであった。なるほど、日米間では一九一七年の協定（「石井—ランシング協定」）において、「領土相近接する国家の間には特殊の関係を生じること」、「したがって日本国が支那において特殊の利益を有すること」が承認されていた。しかし、この協定では、この一文に続けてこう記されている。いわく、日本国は「その地理的位置の結果、右特殊の利益を有する」が、だからといって他国に通商上「不利な待遇」を課したり、他国がもっている通商上の「権利を無視しない」。つまり、アメリカは、〝日本が中国と地理的に接しているがゆえに、中国に対して他国とはちがう利害関係をもっている〟という事実を認めただけであって、日本陸軍がいうような「満蒙での特殊権益」を認めたわけではない。

そのうえで、第一次大戦後、当初の借款団からドイツとロシアが抜けた後、一九二〇年の新たな「借款団規約」では、①満鉄の本支線、②それに関連する鉱山事業、③満鉄主要駅から東西にのびるいくつかのルートの鉄道、これら三種の事業にかんしては「日本の特殊な権益」だということが明記された。[21] 見られるように、「満蒙における日本の特殊権益」とは、これら三種の事業のことであって、満蒙の地域全体にわたって・いかなる事業も日本の権益に属する、などと**条約で定められたことなど一度もない**。にもかかわらず日本陸軍は、国内に向けては、中国による満鉄競合鉄道の敷設や、中国民衆の日本品不買運動は、「条約に違反する暴挙」だと言い立てるキャンペーンを繰り広げたのであった。

しかも、「条約を守らない中国」という扇動を組織したのは、陸軍の武官だけではない。数は多くないにせよ、外務省や商工省（農商務省の後身・経産省の前身）の文官たちも、陰に陽にこのキャンペーンに一枚かんでいた。かつて農商務省の官僚は、足尾の鉱毒問題を、自然災害を前にした治水へと問題をすり替えたが、いまやもっと大がかりに、問題のすり替えが進行する。問題は、繰り返せば、第一次大戦後の全世界で台頭するナショナリズムへの対応の仕方であった。ところがいまや、「条約を無視する中国の暴挙（当時のことばでいえば「暴戻」）に屈するのか？」が問題だ、とされるにいたるのである。

亢進するアジェンダのすり替え

日本が、満蒙を中国と分離させるために直接行為をすることは、国際的に許されないが、「支《マ》那《マ》人自身が内部的に分離する」ことは、国際的にも許容されるのだから、「内部的に分離する」かたちをとれば満蒙を領有できる……。先にみたように、これが陸軍の武官たちのシナリオであった。いまや関東軍は、ほぼ二年にわたる計画にもとづいて、右のような大々的なキャンペーンを経た後、かねてのシナリオどおりに動きはじめる。関東軍は、一九三一（昭和六）年九月、中国軍の駐留地付近で満鉄の線路を爆破し、飛び出してきた中国軍と交戦を開始する（満洲事変）[22]。

かつて足尾において、鉱毒を垂れ流すという「事件」は、河川氾濫ゆえの農地荒廃という「事象」へとすり替えられた。しかし、いまや武官（軍事官僚）による大がかりなすり替えの手口が、新たに開発される。すなわち、事実の隠蔽と、報道の捏造である。満洲事変においてまず展開されたのは、未曾有の**謀略**である。実際には日本軍が、中国軍駐留地近くの鉄道線路を爆破し、飛び出してきた中国兵と交戦をはじめておきながら、中国が武力攻撃を仕掛けてきたのでやむをえず応戦した、という虚偽報道を流し続ける。

しかし、すり替えはここでは終わらない。謀略にもとづく武力攻撃の後、関東軍と政府との間で若干の紆余曲折はあったものの、それをキッカケにして関東軍は、条約で認められていた鉄道警備の範囲をこえて南満洲全体を侵攻し、占領してしまう。このようにして陸軍が、独断で**戦争**をはじめたにもかかわらず、軍部だけでなく国が、戦争の開始という事実を隠蔽し、**事変**が突発的に勃発したかのように装い続ける。こうして日本は、翌年三月には、最後の清朝皇帝を傀儡《かいらい》(形だけの君主)として「満洲国」を発足させたのであった。

足尾鉱毒事件の場合にも、詳細な事実を隠蔽する動きはあったであろう。しかし、いかにアジェンダをすり替えたにせよ、農商務省なりが、確認された事実の報告を改竄するまではいかなかった。しかし、アジェンダのすり替えが、「利益線」の確保からはじまって、「条約を守らない国」による「生命線」の侵害へと累進していくにつれて、すり替えは、**歴史の改竄**なしにはできないほどまでに大がかりになった。いわゆる満鉄平行線の敷設などによる満鉄の減益は、世界恐慌の打撃と中国の遅ればせのナショナリズムの結果であった。それを、中国による条約の侵犯による損害にすり替えるだけでも、歴史の重大な改竄である。

そのうえでさらに、事前の陰謀にしたがって「中国軍の発砲への応戦」を偽装して武力侵攻を行うとなると、事柄は、たんに事実経過の改竄ではすまなくなる。ひとたび、こうした謀略がまかり通るなら、事実をめぐる真偽は、もはや問題にならなくなる。乱暴にいえば、事実をデッチあげてしまえば、理屈はあとからいくらでも付けられる、ということになる。

このようにすり替えの範囲・深度が大きくなっていけばいくほど、その効果も累乗的に大きくなる。まず、国民一般に対する効果について言えば、「生命線」キャンペーンによるアジェンダのすり替えの効果は驚異的でさえあった。満洲事変の直後、神戸の高等小学校一年（現・中学一年）女子生徒は、兵士への慰問文にこう書いているという。「先生に伺えば、満蒙の地は我国にとってどうしても離されぬ大切な所だそうでございます。それに私達の父祖は、日清日露の両役《えき》に二度までもここに尊い血を流し、幾多の尊き屍《かばね》を埋《うず》めて居《お》ります。この大切な地、この尊い地を**あの残虐な無道な人々**にどうしてむざむざと踏みにじられて宜《よろ》しいでしょうか[23]」。

隣国における国民意識の覚醒による行動を、「条約違反」による権益侵害とすり替えるキャンペーンによって、それを聞かされる側は、一足遅れて近代国家をめざしはじめた他国の人々を「残虐で無道」ときめつけるに至る。敵愾心《てきがい》を煽りたてる扇動は、いつの時代の統治者も使う手であるが、もっとも効果的なのは、ヒトラーが大規模に実演してみせたように、憎悪を組織化することである。まさしく、ほぼ時を同じくして、アジェンダのすり替えは、**憎悪の組織化**として日本でも進行していたのである。

もちろん大人とりわけ知識人の中には、こうした扇動に批判的な人たちもいた。たとえば石橋湛山は、先にも見たように「民族自決」という国際的な大原則にたって朝鮮独立運動を容認するよう論じていたが、一九二一（大正一〇）年のワシントン会議にさいしても、地道な発展を確保するために「朝鮮・台湾・樺太を捨てる覚悟を」すること・中国への「干渉をやめ」ることを説いていた。[24] その彼は、満洲事変にかんしても、こう論陣を張った。「満蒙問題を根本的に解決する第一の要件は、……支那《ママ》の統一国家建設の要求を真っ直ぐに認識するということ」であり、そのうえで「平和の経済関係」を築くことである。[25] いわゆる「満蒙放棄論」である。しかし、こうした正論は、残念ながら数少ない例外でしかなかった、それほどまでに、アジェンダのすり替えが浸透していたのである。

すり替えの〝心理的ブーメラン効果〟

このように、歴史の改竄をともなうアジェンダのすり替えの範囲・深度が大きくなっていくと、その効果は、遠心的に・より遠くへ、より深く食い込んでいくだけではない。アジェンダの大規模なすり替えは、すり替えている本人たちへも多大の影響を与えうる。

話は一挙に飛んでしまうが、第I部でふれたように高木仁三郎は、原発事故における事実の隠蔽が、ある時期からデータの捏造へとエスカレートしたことを指摘して、「技術の基礎」が平然と破壊されるにいたったことに強い衝撃をうけたと述べていた。事態がデータの隠蔽にとどまっているならば、大元にある事実に立ち戻ることがまだ可能である。しかし、データの改竄が行われるならば、元にあった事実にアクセスする可能性それ自体が消されてしまうのだから、「技術の基礎」とともに「技術の倫理の基本」が崩壊する。[26]

このように事実を捏造しさえすれば、理屈はあとからいくらでも付けられる、ということになれば、どういう理屈を付けるかを決める基準は、その効果だけになる。国の「生命線」の危機という宣伝の延長上で、「銃撃への応戦」を口実とした武力侵攻が、「残虐で無道な人々」の「膺《よう》懲《ちょう》（こらしめ）」として通用するようになる。こうしたときには、旧弊に響くかもしれないが、**真理**が人を律する余地はなくなる。「進め一億、火の玉だ」と、国民をまるごと「火の玉」にまとめ上げる政治的な効果だけが問題なのであって、語られていることの真偽はどうでもいい、ということになる。実際、満洲事変が関東軍の謀略によるということは、国際連盟の調査団をつうじて全世界に知られていた。しかし、日本国民の大多数は、敗戦・亡国の悲劇を経験してはじめて、それを知らされたのであった。

このように〝国民的なキャンペーン〟では、その効果が問題なのであって、ことの真偽はさしたる問題ではない〟という悪魔の知恵が支配的になってくると、もはや真理の出番は封じられ、したがってコミュニケーションのモラルも空洞化し、モラル全体が風化する。というのも、そこでは、コミュニケーションを装ったプロパガンダ（宣伝）しかなく、伝達相手は、誘導すべき操作対象ではあっても、真理を伝えるべき相手ではもはやないからである。その行き着く先は、「大本営発表」である。すなわち、味方の手痛い敗北をひた隠しにしたまま、敵方の軽微な損害をもって「嚇々《かっかく》たる大戦果」と報道し、補給を断たれて全滅させられたことをもって「玉砕」と言い換える官製報道である。ここでは、報じられる兵卒も、聞き手たる国民も、国策遂行上の人的資源でしかない。問題は、ことがここにいたるまでの思考過程である。

アジェンダのすり替えが歴史の改竄・事実の捏造を伴うまでに悪性になって、真理によって律せられる余地がなくなると、すり替えている本人たちの思考回路までもが徐々に組み変えられてしまう。まず、これは誰でも知っていることではあるが、いったん嘘を押し通すと、あとは雪だるま式になる。嘘ではないかという疑いを打ち消すために、新たな嘘をつき、真実だという証拠を求められて、また別の嘘をつく。こうして嘘の上塗りが重なっていけばいくほど、自分の思考・言説の虚偽性を示唆しうるものを遠ざけようとする。コミュニケーションを誘導できる有力な立場にいるなら、真相を知る人には緘口《かんこう》令を敷き、コミュニケーションを統制しようとする。

次に、多くの人がそうした嘘を信じるようになると、そうでなければ生じないような事態が生じる。すると、嘘を通してきた本人たちも、そのようにして生じた事態に引きずられはじめる。実際、この時期になると、「条約を守らない中国の暴戻」への「膺懲」という扇動は、先の小学生にも見られるように国民各層にひろく浸透しており、当の軍部の行動選択も、「国民の多くが欲していることからずれると、軟弱と非難される」といったかたちで、自分たちが浸透させた扇動にしだいに縛られてくる。[27]

しかも、これだけで収まるとは限らない。本人自身への跳ね返りは、最終的には、いうなれば **〝心理的ブーメラン効果〟** とでも呼びうる仕方で、[28] 煽りはじめた本人たち自身が、自分たちの思考を当の扇動に適合させていくようになる。たとえば、いま、仕事か何かで、ある役割を背負って人々を説得しようとしている、としよう。そうしたとき、さまざまな疑問や異論にさらされると、ひとは、しばしば嘘とは言わないにせよ、一面的なこと・誇張したことをも持ち出して、相手を納得させようとする。[29]はじめのうちは、それらが説得のための方便にすぎないことを自覚しているとしても、そうしたことが重なると、方便を語っている本人が、いつしかそう思い込むようになる。これは、理解できないことではない。とりわけ、語っている当人が一抹の疑念を感じそうになっているときなどは、余計にそうである。

もちろん、「条約を守らない」中国への罵倒を組織化した武官のすべてがそうだった、ということはありえまい。しかし、古典的にはたとえばミルグラムの実験が示したように、[30]もっとも自信ありげに語っている者が、じつはもっとも強い自己暗示をかけており、その語りがもっとも強い影響を与えうる、といった集団心理における増幅作用のメカニズムは、もっと注目されていい。その際に重要なことは、そうした自己暗示による疑念の抑圧と視野狭窄は、そのまま**惰性的**で**無自覚**な集団的**自己正当化**に帰結する、ということである。

「成り行き」に身を任せる指導者たち

「生命線」の扇動にはじまった満洲事変から日中戦争、そして太平洋戦争にいたる一五年間の過程について、ここで触れることはできない。[31]しかし、そうした過程が、アジェンダの大がかりなすり替えの〝心理的ブーメラン効果〟と無縁でありえたとは思えない。アジェンダが「利益線」の確保にとどまっていたなら、事態はまだ制御可能でありえたかもしれない。何が利益なのかは、公共的に議論しうるからである。しかし、ひとたび「生命線」にまで格上げされると、引っ込みがつかなくなる。生命線を断たれることは、すなわち死だからである。そうなると、丸山眞男が日本思想の「古層」として抉《えぐ》り出したように、もはや公共的な議論では制御困難な「成り行き」が、次々に成り行くはめに陥る。

たしかに、戦争の最高指導者層における〝集合的無責任〟にかんする丸山の分析は、その資料の制限もあって、今から見れば一面的なところも目につこう[32]。しかし、その分析は、戦争指導者たち自身が、自分たちのプロパガンダの〝心理的ブーメラン効果〟に翻弄され、「成り行き」話法に身を任せたことを抉り出している。「個人的には反対であったが、ひとたび××になった以上……」といった弁明は、いたずらに自説に固執しない潔さのように響くかもしれない。しかし問題は、「ひとたび××になった」と言うとき、誰が、あるいはどの機関が、どのようにそう決めたのか、といった行為にかかわる事実を、すべて「そうなった」と「**成り行き**」として括ってしまうところにある。いみじくも、「誰も彼も反対したが戦争が始まったというのだから、こんな馬鹿げた話はない。日本を代表するA級（戦犯）の連中、実に永久の恥さらしどもだ」と、ただ一人民間人戦犯であった大川周明が嘆いたような無責任がまかり通る[33]。

「ひとたび決まったからには」という〝成り行き〟話法を駆使する、こうした同調の仕方が、アジェンダのすり替えの〝ブーメラン効果〟と無縁であるはずもない。もちろん、「生命線」というアジェンダのすり替えから太平洋戦争にいたる過程が、すべてこれで説明できる、などと言っているのではない。しかし、この効果を無視するのもまた無責任にすぎよう。

＊

こう考えてくると、東電・原発事故にいたるまでの行政の怠慢は、この延長上でもある。先にみたように（五三頁）、「原子力安全文化」という概念は、チェルノブイリ事故を真剣にうけとめた全世界の共通の自戒でもあった。しかし、まさにその概念が、「原子力は安全だとする文化」へとすり替えられ、「原子力安全文化」という新たな概念が必要となったときのアジェンダは、「いかにして安全をＰＲするか」という広報戦術の問題へと、そっくりすり替えられてしまう。のみならず、こうしたすり替えは、ブーメランよろしく自分たちに戻ってきて、〝外部要因次第で、無条件で安全とは言えないのでは？〟という、いわば寝た子を起こさないようにと、自分たちの思考もまた安全広告に縛られてくる。

こうして原発差し止め裁判への影響を重視するあまり、事故の隠蔽、データの改竄を重ねて、嘘の上塗りを強いられていったのであった。このように安全神話による自縄自縛は、文官であれ武官であれ、官による宣伝が浸透するとともに、かえって選択肢が減少し、その結果「時の勢い」―なるものに同調することになる、という点で「生命線」の扇動と軌を一にしている。しかし、それはひとまずおいて、「生命線」の扇動に続く場面に戻ろう。

3　国家総動員体制

「富国強兵」すなわち「政府よく戦い、民よく利を得る」（福沢諭吉）ための「脱亜入欧」という明治日本の戦略は、具体的には「殖産＝殖民」をめざして、いうなれば〝脱農入工〟するというものであった。その結果、日露戦争に勝って、「あらゆる方面にわたって奥行きを削って、一等国だけの間口を張っちまった」がゆえに「借金を拵《こしら》えて貧乏震いをし」（夏目漱石）たあげく、アジェンダのすり替えを重ねて「満蒙を領有する」ところまで来てしまった。

このように農村を踏み台にし、近隣地域を植民地化した富国強兵策は、たしかに足尾の延長ではある。しかし先に見たように、足尾と東フクシマとでは大きな違いがあった。とりわけ、足尾で露呈した官財の癒着は、個別企業と官の癒着という域を出ていなかったし、理工学者を組織的に巻き込むような癒着でもなかった。こうした原初的な癒着が、一挙に複雑な構造にまでおしあげられたのは、まさに「満蒙領有」以後の巨大な動きにおいて、であった。

総力戦と「国防国家」

第一次大戦とともに時代は、「総力戦」の時代に入ってすでに久しい。戦争は、もはや曠野《こうや》あるいは海洋での軍隊の衝突にとどまりえず、国力のすべてをあげてのつぶし合いであり、注ぎ込むべき「国力」とは、鉱工業生産力のみならず、国民の知力・体力から科学・技術にいたるまでの、文字通りの「総力」となった。関東軍による満蒙領有を指導した石原莞爾《かんじ》や、中央で軍の「近代化」をはかった永田鉄山、東條英機といった幕僚級の武官たちは、このことを熟知しており、彼らにしてみれば、来るべき戦争に備えるためにも鉱物資源の豊富な「満蒙の領有」は至上命令であった。[34]

こうした中で陸軍は、「経済を、国防に追随せしめ」る「国防本位の国策」を主張する。[35] 一九三四（昭和九）年に陸軍は、有名なパンフレット『国防の本義と其《その》強化の提唱』を発行し、「精神的・物質的潜勢を国防目的の為め組織統制して、これを一元的に運営」することを訴え、そのための「現経済機構の変改是正」を主張した。まさしく、**統制経済**をつうじた「高度国防国家」の提唱である。この総力戦の時代において、明治以来の「富国強兵・脱亜入欧」は、「帝国の生命線」を確保するために、物心いずれにわたっても社会的資源を国家が管理運用する「高度国防国家」にむかって驀進《ばくしん》していく。

「革新派官僚」と統制経済

もちろん、こうした動向を軍事的要因と武官の思惑だけで説明することはできない。そこには文官たちの活躍も与《あずか》っている。総力戦がうたわれたこの時代には、国内的にも国際的にも、格差が絶望的に拡大して階級闘争が激化し、国家の介入を拒んで〝自由放任〟を謳歌する古典的な資本主義は、行き詰まっていた。このとき、一方の極には社会主義革命、他方の極には国家財政による需要創出（広義のケインズ政策）という両極の間で、さまざまな国で模索が重ねられる中で、両極の亜種とも言いうる「国家社会主義」を名乗る統制経済が出現する。ドイツのナチズムは、この一典型であるが、日本においてはそれにも刺激されて、「新官僚」「革新官僚」と呼ばれる新たなタイプの官僚たちが、統制経済を提唱しはじめる。その意味で、彼らを「革新派」もしくは「統制派」と呼ぶことにする。[36]

指導的な統制派官僚によれば、「国民生活に関係あり、国防力構成に役立つ重要産業はことごとく公益的国家統制に服すべき」であり、[37] それはたんに国防のためだけでなく、従来の個人主義にたつ資本制による「資本の集中と人間の砂粒化」を克服するためだ、とされる。[38] こうした統制経済は「民有国営」と呼ばれて、「人間的紐帯と内面的結合」を回復するものと意味づけられ、あるいは、後に太平洋戦争時に軍需を一手に取り仕切った別の統制派官僚によれば、個人主義的な「自由競争」を否定した「協調」経済だとされる。[39]

こうした統制派の武官・文官の活躍によって、一九三七（昭和一二）年には、経済政策を所轄する内閣の部局と陸軍省の部局を統合して企画院が設立され、国家総動員法の法案作成がはじまる。すなわち、国家の統制のもとで社会的な資源を配分し、それにしたがって企業が生産を行う、という体制づくりである。しかし実際には、法案の叩き台は、陸軍省資源局によるものであり、[40]

しかも総動員が不可避となったのは、同年七月に陸軍がはじめた日中戦争で「頑強な抵抗にあい、……内地に控置してある兵団の動員用砲弾までからっぽになった」からに他ならない[41]。

そもそも日本は、鉄鋼生産からしてアメリカの二〇分の一、ドイツの八分の一程度の工業力しかないにもかかわらず、軍事費はすでに国家予算の三分の一にまで達していた[42]。こういう状況で「からっぽになった」弾薬庫を埋めるために、国家権力によって民需生産を切り捨てて軍需生産を最優先とすることを、「高度国防国家」の建設のための総動員と呼ぶのだから、これはアジェンダのすり替えの上塗りでしかあるまい。

総動員法と官許カルテル

こうして翌一九三八年に、ナチスの「授権法（全権委任法）」（憲法とは別に全権限を総統に委任する法律）にも匹敵しうる国家総動員法が成立する。その結果「ぜいたくは敵だ」というお触れのもとで、燃料・工業製品のほとんどは、肥料の原料となる製品をもふくめて、民生用には回らなくなる。しかも軍需生産にかんしても、価格のみならず利潤あるいは配当の上限を統制しようとする行政と、それを嫌う財界が激しく対立し、行政が新たに規制を加えれば企業は抜け穴を探すという〝いたちごっこ〟が延々と繰り広げられる一方で、巨額の前払い金や、資金・原材料の手当てでの優遇、税制上での優遇などと引き換えに、財界との妥協が重ねられたという[43]。

こうした詳細に立ち入ることはできない。しかしそのうえでも、いくつか確認をしておきたい。

ひとつには、国民総動員法と同時期に電力管理法が成立し、「全産業の血液」である電力の生産・流通・消費が、国家の一元的な管理下におかれる。それまでは電力の生産（発電）と流通（送配電）は別個の事業であり、諸電力会社が中小あわせて四〇〇社以上も並立している中で、大手電力五社が販売合戦でしのぎを削っていた。その競争が、あまりに熾烈だったために、共倒れによって巨額の融資がこげつくのを案じた財閥系の銀行が間に入って仲裁するほどだった、という。[44] こうした財界側での「協調」の模索と軌を一にするかのように、一九三八年の電力管理法とともに、日本中の発電・送電の設備を手中におさめた国策会社「日本送発電」が発足し、以後、しのぎを削っていた電力各社は、最終的には、地域ごとに国策会社の業務を分担する会社へと再編される。要するに、電力業界は、国策会社の支社となることによって、顧客サービスの**競争なしに利益を確保**できる業界となったのである。

それと同時に、総動員法を実施するために、「重要産業団体令」によって、主要業界ごとに「統制会」が設置された。これは、経済活動を行政が管理するための業界別機関であり、財界の目には、国家社会主義つまり「国家」の仮面をかぶった「アカ」の策謀とも映った。しかし、これら各産業ごとの「統制会」は、同時にまた「〇〇事業者連合」として、**国策**のもとで利益調整を行う**官許カルテル**としても機能しえたのである。

「欲しがりません、勝つまでは」

統制派官僚が、いかに「公益」「協調」をうたったにせよ、「国民総動員」とは、戦争を遂行するために、国民の活動すべてを統制する体制でしかない。究極目的が戦争という国策にあるかぎり、多少の犠牲はやむをえない。これは「戦争」という概念から導かれる論理的な結論でさえある。問題は、そこで「やむをえない」とされてしまう「犠牲」の性質・規模である。どういう人々の・どういう致死致傷が・どこまで「やむをえない」犠牲とされてしまうのか。ここでの問題は、これである。

総動員法によって、工業生産の資源が民生用には回らなくなったため、多くの中小企業は倒産あるいは転業を余儀なくされ、衣料その他の供給が激減して生活水準は低下する。加えて肥料や労働力の減少などによる農業生産の落ち込みとともに、食料は配給制となり、生活必需品の多くに関して「欲しがりません、勝つまでは」と耐乏を強いられる。

こうした軍需最優先の資源・財源配分にもかかわらず、ナチス下のドイツ戦時経済とは異なって、生産性はさして向上しない。一九四三年には、「軍需会社法」によって、重点産業の経営の権限は行政府に吸い上げられ、さらに四四年夏からは最重点産業である航空機産業の国有化がはじまる。官僚は、非財閥系の航空機会社と粘り強い交渉を重ね、四五年四月以降、有力な会社を次々に国有化していった[45]。四五年四月への過程とは、前年秋以降のアメリカによる戦略爆撃によって全国の工業地帯が壊滅的な打撃を受け、国有化しようとした工場・設備がそっくり灰燼《かいじん》に帰しつつあった時である。にもかかわらず、ひとえに国有化にむけて折衝を続けたのだから、〝ひとたび国が決めたこと〟への、官僚の盲目的なまでの忠誠心には尋常ならざるものがある。明治以降の官僚にとって「国策」は、ことほど左様に神聖であって、なまじのことでは実証的な**検証をうけつけない**。しかし、これについては後で改めて考えるとして、総動員体制の結末の確認をつづける。より重大な問題は、人員の総動員の結末である。

「焦土も辞さず」

一九三一年の満洲事変のあと、満鉄総裁をへて外務省に返り咲いた外務大臣は、国際連盟からの調査団に対して、「満洲国は、満洲人により自発的に創成せられた国家」だと強弁し、「我が国民は……**国を焦土にしても**、此《この》〔満洲国の承認という〕主張を……一歩も譲らない」と議会で演説した。[46]「国を焦土にしても」ということは、後の軍人用語でいえば「本土決戦」を行ってでも、ということに他ならない。

まさしくこのようにして、つまり戦争を「事変」と言い換えながら、他方では「本土決戦」を示唆しつつ、一五年間にわたる戦争が進められたのであった。繰り返せば、この本では、満洲事変にいたるまでの、またその後の政治的意志決定のあり方には立ち入らない。したがってまた、石橋湛山の「満蒙放棄論」のような戦略的な提言が、どうして僅《わず》かな共鳴板しか見いだせなかったのかという問題にも立ち入らない。ここでは、総動員のあり方とその結末の一端を確認するにとどめる。

一九三一年から四五年八月までは、戦争のただ中にあったのだから、犠牲は不可避だった。しかし、一五年間におよぶ人的犠牲のすべてが、〝戦争だったから不可避だった〟で済むだろうか。あるいは、徴兵による軍隊であるかぎり、兵士の戦意を維持するために逃亡を処罰することは不可避であろう。しかし、末端の兵卒に「生きて虜囚の辱《はずかし》めをうけず」と繰り返し唱和させ、いたるところで全滅を強いるというのは、きわめて異様である。

ナチス・ドイツの軍隊にあってさえ、戦闘の果てに捕虜になることは「矢尽き刀折れる」まで闘った証であった。しかし、日本軍は、「虜囚の辱めをうけず」と兵卒を洗脳するだけにとどまらず、戦死以外の死に方をした兵士、たとえば兵営でのいじめの果てに自殺した兵士の遺骨箱を、荒縄で括って憲兵が遺族宅に投げ込み、故郷での遺族差別をうながす、といったスキルをも駆使して、戦意を維持し続けたのである。そうでもしなければ戦闘意欲を維持できなかったにもかかわらず、軍や満鉄、諸省庁の文官・武官たちは、総力戦という森が見えぬまま、「国を焦土にしても」と大見得を切り、個々の戦闘を自己目的化するようなすり替えを重ねて「一億まとめて」総動員したのであった。

そのように兵卒を使い捨てる際の言説は、召集令状の郵便代「一銭五厘」でいくらでも代替可能だ、という国民皆兵制度に支えられていたが、それに加えて「身を鴻毛《こうもう》の軽き」にいたす、という生命軽視を兵卒自身に強いるところにあった。こうした兵卒の生命の軽視は、かつて鉱毒被害を訴えようとした農民たちを、「土百姓、土百姓」と罵りながら殴る蹴るの暴行を加えた「官」

のストレートな延長でもある。

「玉砕」を命ず

総動員法が作られた翌年一九三九年には、すでにノモンハン事件（ソ連軍と関東軍が「威力偵察」という形で大規模に交戦した事件）で、狂信的な参謀の典型、服部卓四郎と辻政信のコンビによる無謀きわまりない作戦のおかげで、師団が壊滅的打撃を受けたとき、責任は現場の連隊長に押しつけられ、六人の連隊長および代理が自決を強要された。[47]

太平洋戦争は、参謀本部きっての強硬派・田中作戦部長（当時）の下で、大本営へと栄達した服部・辻の参謀コンビによる作戦とともに開始されたのだが、ノモンハンでの独善的で自信過剰な作戦の誤りは、太平洋戦争でも大規模に繰り返された。すなわち、兵站・補給を無視し、敵を過小評価して、派手な作戦をたて、戦闘にあたった部隊が、当然予期されたように苦戦に陥ってはじめて、補給のないまま逐次兵力を増強し、いたずらに死傷者をふやしてしまう。そのように戦略の根本を軽視した作戦が繰り返され、太平洋戦争の転機となったガダルカナルでの悲惨な敗北もまた、同じ服部・辻コンビの作戦の結果であった。

大本営の参謀たちは、補給路を確保できないことを熟知していながら、自分たちのメンツをかけてニューギニア方面に軍を逐次投入し続け、三年間で合計一四万名の兵士が送り込まれたが、生存者は一万三千名にすぎなかった。その軍の指揮を任された安達二十三《はたぞう》中将は、敗戦後しばらくして、つぎのような遺書を残して現地で自決している。いわく、自分が司令官であった間に一〇万人におよぶ「青春有為なる」青年を失い、しかもその大部分は「栄養失調に基因する戦病死」であったことを思うと、お詫びのことばがない。かりに凱旋することがあったとしても、自分は、そのようにして死んだ「若き将兵と運命を共にし南海の土となる」[48]。補給を断たれた密林で、一一万名以上の兵士が飢餓やマラリアで倒れていったのは、無謀な作戦にもとづいて軍を送りこんだ参謀たちの責任ではあっても、なんら安達中将の責任ではない。しかし、自決を選んだのは前線の安達中将で、生き続けて戦後も栄達をきわめたのは大本営の参謀たちであった[49]。

こうした前線への責任転嫁の行きついた先が、「玉砕」すなわち自滅的な総攻撃による全滅である。ガダルカナルの敗北の直後、アリューシャン列島の東端・アッツ島では、反攻に転じた米軍に囲まれた守備隊司令官が再三救援を依頼した。しかし大本営は救援を拒否し、全滅することを強いたうえに、あろうことか、アッツ島守備隊は「救援を依頼することなく、玉砕した」と報道したのである。さすがに軍の内部では、「中央の誤りを前線に転嫁」するという密やかな批判があったらしい[50]。しかし「玉砕」の真相は、国民に知らされることなく、その後は、各地で自滅的な総攻撃による全滅が強要されていく。

「焦土外交」の果て

このように、戦略を無視した独善的な作戦の間違いを、前線の兵士の死によって尻拭いさせるという、無責任きわまりない戦争指導は、次には、主として学徒動員された航空兵による「自爆攻撃」の繰り返しとなった。そして、ついには、関東近郊の戦車隊に対して、東京へ結集するときには「避難民を轢《ひ》っ殺してゆけ」と指示するに至る。[51]

これこそが、まさしく「焦土外交」の行き着く先に他ならない。「焦土外交」とは、そもそも本末転倒しており、形容矛盾ですらある。外交とは、国民生活を保全するための対外関係の調整であり、「国を焦土に化す」こととは概念からして相いれない。にもかかわらず、国民を煽るための宣伝としての有効性が独り歩きし、心理的ブーメラン効果の極致を実現したのであった。独善的な自己正当化の極限は、目的と手段の完全な取り違えであり、しかも、取り違えているという自覚すら抹消されるほどの、深層での取り違えである。

そのときには、事実・真理は、完全に思考の外部へと放逐されている。その具体的な現れが、「大本営発表」であった。そこでは真偽はどうでもよく、効果さえ上げれば、それで報道・広報の成功なのである。

第二次大戦の厖大な死者たちのうちには、戦争だったとしても死ぬ理由のなかった死者たちが、数え切れないほど含まれている。そうした死屍累々のうえで迎えた敗戦は、まさしく「民を殺し、亡びざるの国なし」という田中正造の亡国予言が語っていたものであった。[52]

第五章

戦後の復興と成長

８・15の敗戦にはじまった、明治以来の制度の激変の中で、戦争遂行を直接に担う陸海軍は解体され、戦争の遂行に照準を合わせた総動員体制もご破算になる。しかし「統制経済」が消滅したわけではないし、総動員体制が霧消したのでもない。むしろ逆でさえある。総動員体制から高度成長にいたる経済行政の連続性については多くの研究が重ねられているので、ここでは３・11に直接つながる線だけを大雑把に確認しておきたい。

戦後の統制経済

敗戦直後のいわば絶対的に窮乏した状況では、総動員体制での配給経済を続けざるをえない。こうした要請のもとで「革新派」官僚の拠点であった企画院は、「経済安定本部」に姿をかえ、その指導のもとで、資源・原料の各産業分野への配分量も価格も統制されていく。とりわけ「産業の血液」とされた電力の配分にかんしては著しかったが、電力にかぎらず、基幹産業を中心として、原材料の手当てから生産量にいたるまで、国家の計画のもとでの法的規制または行政指導によって統制されてきた。のみならず二〇世紀後半の資本制の基軸となる金融も、競争による弱小銀行の倒産を防ぐために「護送船団」方式と呼ばれる行政の指導のもとにおかれていた。

企画院の後身たる経済安定本部が、敗戦直後の復興を指導しただけではない。経済安定本部は、その後幾度かの改変をへて「経済企画庁」へと成長し、中長期的な政府経済政策を一手に引き受ける。ある時期「奇蹟の復興」とまで称された一九六〇年代の高度成長も、こうした行政の指導と無縁ではなかった。そのかぎりで一九三〇年代に「革新官僚」とも呼ばれたファシズム派の官僚たちが設計した統制経済、「国策民営」の「協調経済」が、これを可能にしたのであった。[1]

「エネルギー安全保障」のための「国策民営」

こうした復興と成長の過程において、電力を核とするエネルギー産業こそが「協調経済」を司る行政の軸であり、この分野では、総動員体制における「国策民営」の影が際立って明白であった。まず、総動員法による国策会社「日本発送電」は、発電・送電を分離せぬまま、地域ごとに九つの大規模会社に分割される。[2] これは、できるかぎり競争を避けて利潤を確保しようとする財界側の思惑と、一律に統制しようという官僚側の思惑の妥協という、総動員体制の特徴がもっとも純粋に保存されたかたちだと言えよう。

こうして、とりわけ電力事業においては、「国策民営」という統制派官僚の基本戦略が継承される。もちろん「高度国防国家」による「総力戦」は、もはや国策ではなくなった。しかし、

「国策」という概念が消滅したわけでもないし、「国策民営」という経営理念がなくなったわけでもない。「国防国家」から「文化国家」へと看板は塗り替えられ、新たな看板にはさらなる化粧が施されたが、「国策民営」という錦旗が霞が関から降ろされたのではない。

戦後の復興から成長への過程は、石炭から石油への「エネルギー革命」の過程でもあり、エネルギー源における石油の比重が高まるにつれ、輸入への依存が問題とされてきた。そもそも石油が輸入に依存しているということが、戦前においては、陸海軍の武官のみならず企画院あるいは商工省の官僚にとって「高度国防国家」の根本的なネックであり、「資源小国」での「エネルギー自給率」の向上は、戦前の企画院・商工省からバトンタッチされた課題でもあった。そうした官僚にとっても、原子力はきわめて魅惑的であった。ウランという資源は、部分的には国産可能と思われたし、使用済み核燃料からより純度の高い核物質を生成させるという「核燃料サイクル」もまた魅力的であった。ウランそのものは、「輸入依存」をまぬがれがたい「枯渇性」資源だとしても、ウランを燃やした核のゴミを加工して高度の核燃料が作れるのなら、それは、「準国産」のエネルギー資源だ、ということになるからである。[3]

こうした「準国産」のエネルギー資源を確保しようとする国策は、もとより第二次大戦後の東西冷戦と無関係ではありえなかった。一九五三年末アメリカは、大国による核の共同管理をめざして、〝核の平和利用の技術を公開する代わりに、核兵器の原料となる高濃度の核物質（プルトニウム）の精製を国際的に監視する〟というシステムを提唱し、その数カ月後の日本では一部議員らの活躍（暗躍）によって、いうなればドサクサ紛れに原子力平和利用の研究予算が計上される。これを受けて一九五五年に「原子力基本法」が制定され、翌五六年には、最初の「原子力開発長期基本計画」が立案される。これは、かつての「革新派」商工官僚・岸信介が満洲国で施行した「産業開発五ヶ年計画」を踏襲したもので、五ないし六年を単位とする経済計画であった。[4]

そこでは「資源小国」たる日本がエネルギー自給をめざすために、核燃料サイクルを可能とする「増殖炉」の国産化を最終ゴールとし、それまでの「つなぎ」として民間用に商業炉を輸入する、と定められた。しかし、民間の商業用原発の輸入が、ひとたび軌道にのった後もなお「つなぎ」の脇役にとどまる保証はなかった。

エネルギー革命から原子力へ

日本経済が高度成長をとげた後の一九七三年、石炭から石油への「エネルギー革命」の完了とともに「石炭の後処理も先が見えてきて」、通産省（現・経産省）は、「後処理だけでは予算が獲れない」ことを憂慮して、鉱山石炭局と（電力を管轄する）公益事業局とを統合し、「資源エネルギー庁」を立ち上げた。[5] あたかもそれを見計らっていたかのように、オイル・ショック（産油国の協調による原油の値上げ）が日本にも襲いかかったのであった。

通産省は、これをうけて翌年には産業構造の「長期ヴィジョン」を打ち出し、「計画主導型の市場経済」をうたいあげる。まさしくこれは戦前の企画院・商工省の「国策民営」の洗練版であり、こうしたヴィジョンをも支えとして霞が関は、折からの田中角栄の「列島改造」構想に相乗りして、石油への依存を減らすために、水力発電用のダム建設と原発の新設の指導に邁進していく。すなわち「電源三法」の整備であり、「総括原価方式」の導入である。

「電源三法」と総称される一連の法によって、発電所が建てられる地方自治体には巨額の交付金が支給され、電力会社は立地難の悩みから解放され、「総括原価方式」による電力販売価格の認可によって、電力会社はコストを料金に自動的に上乗せできる。[6] こうして発電所立地から設備そして料金までをも官が「指導」し、その指導に服していれば「国策民営」企業は儲かる。このようにして一九八〇年代に入ると、電力という「産業の血液」をめぐる官と財の制度的な「協調」のうえで、商業用の原発は新設ラッシュを迎える。

しかし、いかに官の指導下であっても、商業炉であるかぎりコストの問題は避けられない。ところが折しも一九七九年のスリーマイル島の原発事故、そして決定的には八六年のチェルノブイリ事故を受けて、安全対策が厳密になるにつれ、原発建設のコストはうなぎのぼりに高くなり、欧米では原発の新設が敬遠されるようになっていた。[7] さらに日本では、地震列島に特有の耐震強度の厳密化が加わることによって、建設コストがさらにかさむので、原発の新設はそう簡単には進みがたい。ところが日本では、「総括原価方式」という官許の価格決定メカニズムのおかげで、電力会社は、原発の建設コストの上昇分を、そっくり販売価格に上乗せできる。こうして電力会社は、原発を稼働させればさせるほど、自動的に儲かる。のみならず、一基を新設するだけで、重電機やゼネコンなど関連業界にも巨額の利潤が転がり込む。

国による「安心」の捏造

こうして官の指導にしたがい、かつ官を牽制して（場合によっては、抱き込んで）いさえすれば、電力会社は、自動的に儲けることができる。ただし、一般消費者と納税者の厖大な負担によってであり、放射性物質を雪だるま式に産出し累積させながら、である。実際、全国の原発で、放射能漏れ、被曝労働、そして事故が絶えない。

とりわけチェノブイリでの致命的な事故以来、安全についての国際基準が強化され、IAEAは、過酷事故を一炉あたり一万年に一回以下の確率に抑えることを提唱し、「原子力安全文化」すなわち〝採算や便宜あるいは国威など、どういう思惑と対立しようとも**安全を最優先する**〟文化の必要性を提唱した。しかしこの提案は、日本では「原子力は安全だという**安心感が浸透**した文化」の必要性へとすり替えられ、「原子力安全文化」の名のもとで膨大な予算が、安心感を浸透させるための各種の広報・広告へ注ぎ込まれる。

このように安心感を植え付けることが最優先の国策となるにつれ、先に見た〝心理的ブーメラン効果〟は、その極にまで達する。いまや、原発立地の適正性をめぐる裁判においてさえ、地震や災害によるリスクへの言及は、「住民の不安を誘い」「差し止めの訴えに有利になりうる」という理由ですべて封印される。[8] こうして、安全性のお墨付きを乱発する一群の科学者たちによって、

「原子力は安全」という神話が、科学の名のもとで語られる文化が出現したのであった。

ひとたびこうした神話が定着すると、〝事故はそもそもありえない〟という建前ですべてが処理される。事故はありえない、というのが大前提なのだから、トラブルは、どれほど深刻であっても、すべて隠蔽され、ひいてはデータそのものが改竄され、隠蔽し改竄する電力会社には、安全神話の版元でもある監督官庁から厚い手心が加えられる。こうした隠蔽・改竄に耐えかねた現場から、悲痛な内部告発が寄せられても、監督官庁は、それを握りつぶすどころか、会社に通告してしまう[9]。

このようにして、どのように深刻であろうと、「事故」はすべて、かつての大本営発表もさながらに、「このたびの事象」と言い換えられ、〝さまざまな事象は生じているが、事故だけは起きていない〟という安全神話が、あたかも事実の描写であるかのように流布される。こうして、いちはやく高木仁三郎が憂慮したように、原子力の世界に特有の「**検証のなさ**」がしっかりと根付いていった[10]。国策が「ブレない」ことを誇示するために、事実（データ）のほうを国策に合わせる。これが、検証の拒否の正体であり、どこまで意図的であったかは別として、「国策民営」の正体であった。

足尾から東フクシマへ

「国策民営」は、なるほど一九三〇年代以降、統制派官僚（革新官僚）が導入した過去の経営方式である。しかし、8・15を経て過去の遺物と化して博物館入りしたのではない。3・11東電事故での原発建屋の爆発からわずか三週間しか経っていないときに、経産省はひそかに内部文書をまとめているが、それによれば3・11で露呈したのは「現行の国策民営方式の限界」であった[11]。つまり「国策民営」は、今なお「現行の方式」なのである。

しかも経産省のその内部文書においては、「資源小国」日本の「エネルギー・セキュリティ」からすれば、「問題は、「地震」ではなく「津波」であることの説得的な説明」が必要だ、とされていた。なるほど、「エネルギー・セキュリティ」（エネルギーの安全保障）という小洒落た言い方をしてはいる。しかし、ここで言われていることは、佐藤栄佐久福島県知事（当時）に対して、「昭和三〇年代以来の」国策という錦旗をかかげて、プルサーマル（プルトニウム混合燃料の使用）を「力ずくで」推進すると見栄を切った資源エネルギー庁の官僚の主張と連続している。そして、核燃サイクル化は「資源小国」としての国策だ、という大見得は、満蒙の領有は「資源小国」にとっての「生命線」だという、一九三〇年代の武官たちの「説得的な説明」の延長上に、すなわちアジェンダのすり替えとその心理的ブーメラン効果の延長上にある。

こうして振り返るならば、東フクシマは、足尾の惨劇をもたらした明治の「富国強兵」（「富源」「利益線」の確保）のさらなる帰結でもある。そして当時の福島県知事のことばを借りれば、「そこのけ・そこのけ」と「ブルドーザーのよう」に「力ずく」で国策を押し通していく路線は、「生命線」確保のための武力行使の延長上にあり、煎じつめれば、敗戦直前の秀才参謀による

「避難民を轢っ殺してゆけ」という指示にまでいたりうる。

〝原発の絶対的（！）安全性・経済性〟という国の宣伝に、少しでも曇りが出ることをおそれるがゆえに、国は事故や不具合を隠蔽・改竄し、検査に手心を加え、たった三日の立ち入り調査をしただけで老朽炉の延長使用を許可する。こうした3・11への道は、まさしく右のような回路をへて、足尾の延長上に備えられたのであった。

二つの巨大事件・事故の共通点

さて、思ったより長々しくなってしまったが、要約しよう。東フクシマ・東電事故は、安全よりも利潤を優先する企業の無責任と、危険防止のための監督業務を怠った行政の不作為、この二つによって引き起こされた。この事故は、被害が一〇〇年単位にわたる人災であり、その原型は足尾・古河鉱山の鉱毒事件にある。この二つの巨大事件・事故は、

①利潤を最優先にする巨大企業と、官の癒着、

②官の不作為と、不作為についての問責の不在、

③資源小国の「富源」「生命線」というプロパガンダによる、それらの正当化、

という三点で、構造的によく似ている。一九四〇年代の総動員体制とは、まさにこのトリオが定着した独特の〝官僚国家〟であり、その骨組みは、8・15を経てなおも生き残り、原発行政はまさにその典型的事例であった。

さて、歴史をこのように振り返ることについては、あるいは異論があるかもしれない。いわく、〝おまえは、「富国強兵」策の暗い面だけをとりあげて、明治以来の文明開化・近代化をすべて否定するのか〟というわけである。しかし、この手の異論は、言いがかりである。私は、明治以来の近代化がすべて間違っていた、などとは一言も言っていないし、そう考えたこともない。ある民族あるいは国の歴史なりについて、「すべてを否定する」ことなど誰にもできないし、そもそも意味をなさない。

このことは、病気と健康にたとえてみれば、よりハッキリしよう。個人の人生を振り返るとき、それぞれの時期・人生段階ごとに、健康なところもあれば、病んだ部分もある。何から何まですべてが健やかな人生などというものはないし、一切が病んでいる人生もありえない。一見すべてが健康そうにみえても、MRIをとってみたら重篤な病気を抱えていることが判明したり、あるいはその逆ということもある。こういった点にかんしては、集団もまた同様である。

「資源小国」であることをことさらに強調して推進された「富国強兵」の歩みについて、私はこの第Ⅱ部での素人としての歴史的回顧において、あるマクロな断層撮影を試みた。その結果、非常に隔たったところの症状をつなぐ、かなり根深い病巣が見えてきたので、それを描き出してみた。この第Ⅱ部で行ったのはそれだけのことであって、明治以降の近代化を全否定するなどといった、大それた妄想とは縁もゆかりもない。そもそも、このように振り返る余裕が持てているのも、「富国強兵」のかいあって、「あらゆる方面に向かって、奥行きを削って間口を張っちまっ」

て、「体面をつくるために、借金を拵えて貧乏震いをしている」（漱石）豊かな国に生まれ育ち、数百万の人々の無念の死と引き換えに獲得された自由な社会にいるがゆえのことである。しかし繰り返せば、このことを認めることと、それをまるごと賛美することは、全く別の話である。

にもかかわらず、私の回顧的な史的描写にかんしては、別の角度から異論がありえよう。いわく、私の描写においては「農商務省」「鉱山会社」「経産省」「電力会社」といった組織・集団が、あたかも一個の行為主体であるかのように描かれているが、そもそも、一人一人の個人と別個に、諸個人が行為するのとならんで、集団が行為するはずもない。したがって、個人の選択の誤りを批判するのと同じ仕方で、集団的な選択を批判することはできないし、個人の健やかさと集団ないしシステムの健全性を類比的に考えるのも不適切である、云々。

果たしてそうだろうか。それでは、一人一人と、官庁・会社などといった集団のあり方を、モラルという観点から改めて考えてみたい。

第Ⅲ部

国家教——見殺しの制度化

足尾から東フクシマへの歴史を、二番煎じ・三番煎じながら辿ってきた。辿ってきたのは、「富国強兵」をめざした歴史を紡いでいる無数の糸のうちの一筋である。めざされた「富国」とは、西欧に範を求めたとしても、たとえばデンマークのような農林立国ではなく、英独のような工業化であり、「強兵」とは、西欧にならった国家直属の常備軍の整備だったとしても、たとえば谷干城が考えたような専守防衛の軍ではなく、いつでも国境を越えて侵攻でき、植民地を確保・維持するための強大な軍隊であった。そうした「富国強兵」にとっての最初の「富源」とされたのが足尾の銅であり、戦後経済において「産業の血液」の供給源とされた原子力発電は、まさにその正嫡に他ならない。

渡良瀬下流の農民は、国家が「富源」とみなした財を供給する企業の利潤のための踏み台として見切られ、最終的に見棄てられた。なるほど形式的には、企業から一定の補償を与えられたような体裁がつくろわれているが、それとて「徳義上」、いわばお情けで、僅かばかりの示談金を支払われたにすぎず、最終的には、肥沃な農地であった土地を国によって二束三文で買い上げられて、強制撤去され、家屋・村落は取り壊された。

農地の「買い上げ」に伴ってあてがわれた土地は、およそ耕作に不向きな荒蕪地にすぎず、村民の大多数はちりぢりに散っていった[1]。感傷は慎まねばならないが、現代よりはるかに社会的なセーフティネットがもろかった明治時代に離散していく世帯の成員の行く末は、きわめて厳しかったであろう。それぞれに散っていった先には、都市の「細民街」「私娼窟」、鉱山などなど、当時でさえ究極の「吹き溜まり」が待っており[2]、看取る者なく孤独死を迎えた者もいたはずである。なんともむごい結末であり、ここには、聴き手を見いだせなかった無念の訴えが、累々と漂っているかのようである。その無念さは、直接に流離を余儀なくされた人たちだけには限られない。二〇年間にわたる鉱業停止の請願運動の過程で、そこから離れていった農民たちにとっても、部分的には「共闘」した近隣地域の農民にとっても、やりきれない結末であったろう。このように直接・間接の被害者すべてにとって、むごい結末を迎えながら、しかし古河鉱山にはなんのお咎めもなく、鉱山業を監督する官庁の責任が問われることもなかった。

東フクシマの場合、目下、そこまではむごいことになってはいない。しかし、無縁なわけではまったくない。3・11の三カ月後、福島第一原発から五〇キロほど離れた山村の酪農家が、まったく空となった牛舎で「原発さえなければ」と壁に書き残して自殺し、その数日後には、緊急避難を繰り返した老婆が、「またひなんするようになったら老人はあしでまといになるから……毎日原発のことばかりでいきたここちもしません　わたしはお墓にひなんします　ごめんなさい」と書き残して自殺した[3]。

そのうえしかも、足尾にそっくりの面も多々みられる。東電は、賠償の支払い義務の多くを税金につけまわしてもらって破産を免れ、役員たちも安泰な生活を満喫し、経産省・保安院の高級官僚も、内部での処分すらないまま、キャリアのはしごを昇りつづけてやがて天下り、安全神話を撒き散らした御用学者たちは、あいかわらず学科ボス・学会ボスとして君臨し続けて、定年後は電力会社へ再就職し、政治家たちは、原発事故など過ぎてしまった天災だと言いはじめかねない風体で、永田町での順位争いに浮身をやつしている、かのようである。

ここには、誰の目にも明らかな不公正がある。官・産・学が連携した、職務怠慢ないし不作為の責任が、うやむやのままになっている。とはいえ、問題は、多層にして複雑なので、そのすべてにわたって考えることはできない。したがって以下、倫理学の立場から、第Ⅰ部で概観し第Ⅱ部の最後でまとめた「不作為の責任」についてのみ考えてみたい。

第六章

集団と責任

足尾でも東フクシマでも、さまざまな不作為によって、最終的には、被害民を見切って、見棄てるところまでいった。その残酷さは、第二次大戦中の避難民を「轢っ殺してゆけ」という、先に見た参謀の指令の冷酷さにも通じる（一三六、一四五頁）。そのようにして見棄てられることのむごさには、多くの側面がある。その唯一のではないにせよ、大きな特徴は、応答を拒否される過酷さにある。必死に問いかけ続けているにもかかわらず、問いかけが発せられている、という事実すら無いも同然に、無視される。このようにして見棄てられるということは、人として扱われていないというむごさの一つの極であり、そのように無視するということが、もっとも根元的な意味で、人として無責任だということの核である。まずはこの点から考えていきたい。

責任《レスポンシビリティ》とは何か

責任《レスポンシビリティ》とは、少なくとも倫理学的にいえば、どう行為し・どういう態度をとるのかについて、呼びかけ・問いかけることができるし、その呼びかけへの応答を期待しうるということ、縮めていえば、行為・態度をめぐって〝呼応可能《レスポンシブル》〟だということを意味する。[4]

したがって責任は、自分の選択にもとづいて行為し、ある態度をとる主体同士で、したがってまた、自分の態度・行為について、またその理由について語りうる主体同士の間で、すなわち人格《パーソン》の間でしか成立しない。酵素であれ、星雲であれ、その動きがいかに複雑・精妙であろうとも、そのものとの間で、こうした呼応可能性が期待できないなら、責任の概念を適用する余地はない。およそ物件・物象には、その動きの責任を問うことはできない。

しかし、人間は責任を問われるし、しかも一人一人の個人だけでなく、人間の集団も、責任を問われうる。もちろん集団に向かって問いかけたところで、個人が口を動かして答えるのと同じ仕方で、集団そのものが巨大な口を動かして答えるわけではない。また集団の動きは、つねになんらかの理由にもとづいているわけでもない。とくに集団の凝集度がきわめて低く、たがいにばらばらの群衆にすぎないときには、群衆の動きの原因を問うことはできても、その理由を問うことはできないのだから、責任を問うこともできない。たまたま人が集まって群衆となり、さらに偶然が重なって、結果的にたとえば将棋倒しになって怪我人が出たとしても、将棋倒しになったことの責任を、群衆に向かって問うことはできない。[5]

しかし、こんにちの企業や官庁、学術団体などの集団は、そうした群衆とは違う。どこまで制度的に組織化されているかについては、違いはある。しかし、どの集団にあっても、その中での立場ごとに任務と権限が決まっており、担当者が入れ替わっても、集団の活動は以前と同様に継続される。[6]

したがって、そのように多少とも組織立っている集団にかんしては、その動き方を予測できるし、過去のデータから帰納的に予測するというのでなく、こうあるべきだという規範をもとに予期することができる。[7] このように、集団としての動き方を規範的に予期しうる程度に組織化されているなら、その集団は、責任の主体たりうる。逆にいえば、責任の主体たりえない集団とは、先の群衆のように、集団として生じたこと（将棋倒し）がたんなる因果連鎖の合成であって、規範的に予期することができないような集団である。

このことは、そもそも呼応可能性という、責任概念の核に由来する。法的には、集団が、一定の条件を満たして法人格を獲得すれば、権利・義務そして責任の主体となる。しかし、より根源的には、集団の挙動について、集団内での任務・権限の分掌の仕方をもとに規範的に予期することが可能だから、集団の責任を問いうるのであって、法人格たる根拠もそこにある。したがって集団は、少なくとも一定の程度に組織立っているかぎり、「法人格」の資格を得ているか否かとは独立に、外部からの問いかけに晒《さら》され、かつそれに応答できるまとまり、つまり責任を問われる主体たりうる。

したがって、それなりに組織立った集団の動きについて、外部からさまざまな評価や注文があるとき、それらを無視したまま何ら応答しないとしたら、あるいは形だけの不実な応答でお茶を濁すだけだとしたら、その集団は、無責任である。

もちろん、評価や注文をした側が満足するような応答をしなかったとしても、それだけで、応答を拒んだとか・不実な応答でごまかした、と非難されるいわれはない。それは、個人同士のばあいと同じである。クレーマーやストーカー、あるいは小児の不当な要求に対しては、毅然として「ノー」を言うことが、むしろ誠実で責任ある応答である。「誠実な応答」とか「責任をとる」という言い方は、特に交渉ごとの席上では、丸ごと肯定ないし受容する、という意味で用いられることもあるが、これは論外である。

先に見たように責任《レスポンシビリティ》は、呼応《レスポンス》の可能性に帰着するが、そこで言われる呼応とは、他のようにもできるなかで、ある行為・態度をとる理由をめぐって、問いかけあるいは呼びかけ・答えることであって、要求をのむ・のまないということとは違う。したがって、ある問いかけ・呼びかけに「ノー」と答えたとしても、そう答える理由を示し、その理由が第三者からみて妥当なものでありうるときには、なんら無責任な対応はなされていない。

それに比して、とりうる行為・態度は別様でもありうるではないか、と懸命な問いかけが発せられているにもかかわらず、問いかけられているという事実すら無いかのように、あたかも室外の風の音がうるさいだけであるかのように、応答しなかったり、あるいは木で鼻を括るように決まり文句を返すだけだとしたら、法的にはともかく倫理的には無責任だと言われても仕方がない。[8]

「構造的な無責任」と不作為

足尾・東フクシマでの不作為にみられる無責任も、その根は応答を拒むこと、応答が求められていること自体を無視して聞き流すことにあった。しかし、ここでの応答の拒否は、AさんがBさんを見棄てるといった、個人の間での無視とは異なる。それは、いうなれば、さまざまな不作為の合成であり、そうでありながら他方で、個々の不作為を誘導する仕組みの作用でもある。そのようにして出現する応答の拒否は、「構造的な無責任」と呼びえよう。とはいえ、構造的な無責任とは、一様な現象ではない。そうした構造的な無責任を形作っている不作為も、その様態・程度にかんしてさまざまである。

第一に、「不作為」と一言でいっても、どういう立場にいるかに応じて、何を行うのを怠ったのかという実質は多様であり、それにともなって不作為の影響範囲も多様である。足尾においても東フクシマにおいても、当事者の立場は、多様である。官庁なり企業なりの組織の一員として関わってきた人もいれば、報道や教育など間接的に当事者であった人もいる。あるいは教育や報道をつうじて間接的に知るだけだが、直接・間接の当事者たちに大きな要求や圧力を課していた人々もいよう。

どの立場にかんしても、そこに置かれたときに行使できる影響力や権限の種類・範囲は、多種多様である。何らかの事故に直接に関わっていた企業であっても、トップや中堅と末端の現場では、その権限はまるで違う。こうした多様性を無視して「不作為」一般で話を進めてしまうと、下手をすると「一億総ざんげ」式に、〝連帯責任は無責任〟を地で行くことになりかねない。

第二に、不作為の様態も多様である。一方の極には、意図的な不履行ないし自発的拒否があり、反対の極には、意図に反して抑えつけられて、不本意ながら不履行のままとどまるという形態がある。そして、その中間には、意図的にでもないが、さりとて抑圧されたのでもなく、事実として傍観するにとどまっていた、という形態の不履行があり、この中間形態にもまた多様な姿がある。

足尾のばあい図式的にいえば、意図的な不履行については、たとえば田中正造の質問を「答弁せず」と突っぱねた山県有朋などが、その見事な典型だろうし、意図に反する不履行にかんしては、足尾の救援活動への参加を父親に禁じられた若き志賀直哉の事例は、ささやかながらその一つの典型であろう。[9] この両極の間に、なんらかの程度には同情しつつも実際には傍観する、さまざまなタイプの不履行があり、これらを枚挙して整理するのは並大抵の作業ではない。

さて、こうしたとき、①こうした多種多様な積極的・消極的な不作為が、いわば合成されて、応答を拒否するマクロな意思決定がなされる、とともに、②そうした合成が可能であること自体が、個々の積極的・消極的な不作為を誘発する。このように〈合成と誘発〉という、双方向の過程がひとつとなって作用するときに、構造的な無責任＝応答拒否・見殺しが出現する。したがって、構造的な無責任、構造的な見殺しは、個々人の間での「黙殺」や「傍観」、あるいは「見過ごし」という行為には還元されえざる、あくまで「集合的」ないし「構造的」な営みである。[10]

足尾と東フクシマは、具体的なかたちとしては多くの点で異なるにせよ、同じかたちの構造的無責任が問題となる。そうした構造的な応答拒否・構造的な見殺しは、〈誘発〉されてもいるのであって、特定の個々人の所業には還元できないが、しかし個々人の不作為なしには生じない。ここでは、最終的には個々の人の間のモラルについて考えたいので、構造的な応答拒否・見殺しに加担する個人の**不作為**とその責任だけを問題にしたい。しかし、こう絞っても問題はなお複雑なので、問いをさらに絞って、**どのようにして不作為のままでいられたのか**、という問いに焦点をあてて考えていきたい。

東フクシマでいえば、たとえば、こうである。企業トップは、どのようにして安全対策の点検を怠ったままでいられたのか。監督官庁が、過酷事故対策の立案も点検も怠り、国策の見直しを怠っていられたのは、どのようにしてなのか。社会は、いかにして、原発立地をめぐる訴訟、被曝労働、事故あるいは事故隠し等々に、またかとうんざりしながらもさしたる深い関心も寄せずに傍観できたのか。こうした問いの一端は、「安全神話」という、第Ⅱ部で見た〝心理的ブーメラン効果〟で説明できよう。しかし、どうしてその効果が生まれえたのかをはじめ、それだけでは説明がつかないことが多すぎる。

試みに右にあげた積極的・消極的、さまざまなタイプ・様態の不作為は、どのようにして生じるのだろう。うすうす気づいていながら、怠っていたのだとしたら、どのようにして、放っておくことを正当化できたのだろう。以下、この問いを、もっぱらモラルないし人間の倫理、すなわち「人の間のあり方」に焦点を合わせて考えてみたい。

「命令に従っただけ……」

ここで話は一挙に飛躍するようだが、アイヒマンを考えてみよう。彼は、ナチス親衛隊の中間幹部だったが、戦後の長い潜伏生活ののち逮捕され、ユダヤ人の大量虐殺のかどで裁判にかけられた。ところが彼は、「自分は命じられたことをしただけだ」という弁明に終始した。しかし彼の所業は、特定民族を組織的に虐殺し続けるという、まさしく「人道に反する罪」に問われる行為であり、問われたのは、彼の意図的な行為つまり作為の責任であって、不作為の責任ではない。したがって彼のケースは、応答拒否という意味での無責任の事例にはあたらないように思える。

たしかに、彼が問われているのは、その行為であって、不作為ではない。彼は「命じられたことをしただけだ」と弁明したが、命令があったにせよ、彼は、無理強いされたのではなく、自分からその行為を行っていた。しかしながら、彼がそう行為するときには、彼は「なぜ私をこのように扱うのか」と問う被収容者の眼差しにさらされていたはずである。にもかかわらず彼は、あたかも釣り人が魚の目を見ても問いかけを受け止めないのと同様に、命を絶たれようとする被収容者の眼差しを無視し続けた。このことを考えるなら、彼の咎《とが》は、倫理学の立場から見るならば、応答が求められていることの無視という点で、不作為というかたちでの責任放棄とつながってもいる。

しかしさらに厄介な問題は、そうした応答の拒否が、たんに個人の資質に還元できない、というところにある。

とりわけユダヤ人虐殺の組織性と規模を考えるなら、被収容者の眼差しを無視して任務を忠実にこなし続けたアイヒマンは、非人間的な冷血動物のように思えるかもしれない。しかし、ナチス的な思考を徹底的に解明し批判したハンナ・アーレントによれば、彼もまた「思考を欠いただけの凡庸な人物」にすぎない[11]。この見立ては、たぶん正しかろう。問題は、どういう点について「思考を欠いた」と言われているのか、である。

ただちに思いつくのは、「命令に従っただけだ」という弁明に終始した、あるいは終始することができた、という事実である。そう弁明して自分を免責するために引き合いに出すのは、自分への「命令」、つまり自分が置かれていた「立場」であり「役割」である。つまり、集団の中で自分が占めていた位置のせいで、そのようなことをしたのであって、自分の個人的な欲求や意図によるのではないのだから、自分には責任がない、というわけである。あれだけ非道な行為を重ねていながら、自分の役割や命令をそのように持ち出せば、免責の弁明になると踏んでいられたのは、アレントが言うように「思考を欠いた凡庸さ」ゆえであろう。

しかし、命令や役割にかんする事実をもって、理由の説明に代えようとすることは、「思慮の欠如」の現れだとしても、しようと思えばできるし、そうすることは、全くの非合理でもない。問題は、ここにある。

法廷でアイヒマンに向けられたのは、「なぜ、したのか」という問いであった。そして、「なぜ……する／したのか」という問いは、……する理由《わけ》を問うているのであって、それを引き起こした原因を問うているのではない。こう問われたときに、やった本人が理由を示せず、まわりの人にも何が理由なのか見当もつかないとしたら、その人物は「わけが分からない」生き物でしかない。その振る舞いのわけが分からず理解のしようもない、という点で、動物や赤ちゃんより始末が悪い。

他人とともに生きていけるためには、少なくとも自分のした行為にかんしては、「……だということが……する理由になると、あの時は思っていた」と、過去形でしか語れないとしても、その理由を示せるのでなければならない。呼応可能な主体であるためには、理由を示せること・分かることは不可欠な条件であり、自ら振る舞っていながらその**理由を示せない**ことは、行為主体であることを放棄することにつながる。

このことは、アイヒマンのような非人間的な組織犯罪にのみ該当する特殊例ではないし、他人事ともかぎらない。「立場を弁《わきま》えて余計なことを考えずに、言われたことだけをやれ」という居丈高な命令がまかり通るときには、命令された人は、結局は自分でも理由《わけ》も分からぬまま振る舞うことになる。「命令にしたがっただけだ」というアイヒマンの言い草がほんとうなら、彼もまたそうした事例のひとつの極限だったということになろう。

実際のアイヒマンがどうだったのかは、今の私には分からない。もしかしたら彼は、自分のしていることの正しさを疑うことなど全くなかったのかもしれない。あるいは、自分のしていることに疑いを感じ、任務の続行をためらったこともあるのかもしれないし、除隊届けをも念頭におきながら思い悩んだこともあったのかもしれない。それは分からない。しかし、そのいずれであったにせよ、任務を続行した以上、そうすることを正当化しうる理由がある、と思ったはずである。そうであるかぎり、今となっては過去形でしか語れないにせよ、「あの頃の自分は、かくかくということが任務を続行する理由になると思っていた」と、語りうるはずである。それをしも、「命じられたから」という答えで代えうると思っていたのなら、理由も考えずに振る舞うだけでいられる、という「思慮を欠いた凡庸さ」をとがめられても仕方あるまい。

個人と集団

繰り返せば、責任の根源は、行為のありよう・その理由をめぐって呼応が可能だというところにある。しかし、そうした呼びかけ・応答は、いかに人格的・個人的な出来事だとしても、真空中でノッペラぼうの個人の間で生じるのではない。純然たる私的コミュニケーションにおいても、個々人は、何の限定も規制もなく・そのつど湧きでてくる感情や欲求のままにコミュニケートしているのではない。そのつど、相手にとっての友人として、愚痴の聞き役として等々、何らかの立場にある者として、それらしく限定されて振る舞う。

そもそも人間は、そのつど一定の間柄において・人の間としてのみ生存しうる。間柄の粗密は違うにしても、一切の間柄を離れて生きることはできない。出家して独り座り続けようとも、売買・贈与なり協業なりの仕方で、活動とその成果を交換しあう関係を離れたら、必要カロリーを摂取することすらできない。いわんや俗世にあるかぎり、現代では人は、企業・官庁なり、NPO・サークルなり、それぞれに組織立った集団を形作り、複雑な間柄を織りなすことによって、はじめて暮らしていける。

そのように組織立った集団は、内部では、さまざまな情報を介して成員たちの活動を調整して組み合わせ、外部に対しては、そうして組み合わせた活動の成果を提供して、集団の活動の続行に必要な情報・資源を調達する。したがって一人一人の個人も、集団**の中で**他人の諸活動と自分の活動を組み合わせるとともに、そうした成果が外部に及ぶことをつうじて、集団**を介して**外部と関わる。個人は、こうした二重の間柄を織りなして、人の間、つまり人間としてある。したがって、ある人の行為・不作為にかんしても、その人がどのような集団に属し・何を背負い・どういう間柄にあったのか、ということを抜きにして個人としての責任だけを問うことはできない。

こうした集団に対しては、外からさまざまなもの・こと・情報が押し寄せてくるし、集団内部でもさまざまなことが生じてくる。集団に属する個人が、これらすべてにひとしく直面しているわけではないし、応ずるべきものと・放っておいていいものをどう選り分け、応ずべきものをどう処理するかについて、全員が判断するわけでもない。また各人が、そのつどあらゆることを考慮して判断を下すということは、不可能である。

先にも見た通り、多少なりとも組織立った集団では、各人が置かれている位置・立場によって、なすべきことも、課題の分担の仕方も決まっている。別の言い方をすれば、そうした集団では置かれている位置ごとに、役割が定まっている。「役割」ということばは、さまざまに用いられるが、ここでは、〝その種の位置にいれば、ひとは、ふつう、こうするものだ〟という仕方で理解されている振る舞い方・そのパターンを指す[12]。

こうした役割は、地位・肩書きと連動する「職務権限」のように厳密には規定されていないとしても、いわゆる「〇〇マンらしさ」「中間管理職らしさ」のように、振る舞い方についての一定のパターンとしても理解されている。そのかぎりにおいて、「らしさ」という言い方が示しているように、役割は、この人は〝どう振る舞うだろうか〟という予測を支えるだけでなく、〝どう振る舞う**べき**か、どう振る舞わねばおかしいか〟という**規範的な予期**をも誘導する。

「役割」による選別と処理

このようにして個々人の振る舞いは、集団の対内・対外いずれの関係においても、役割によって枠づけられ誘導される。集団の内部であれば、それぞれの役割にしたがって、会議で話題にしていい／いけないことを区別し、自分の課題をどうこなすかを判断し、その過程であったことをどこまで・どう報告するかを線引きする。集団は、そうした各成員の協業をつうじて、外部から届いてくるもの・こと・情報の奔流から一定のものを選び出して取り込み、取り込んだものを集団に特有の仕方で処理し、その成果を出力として送り出す。

こうした役割分担の総体が、集団全体として応じるべきものと聞き流していいノイズ（雑音）とに振り分ける複雑なフィルターの働きをしており、応じるべきものをどう処理するかにかんする大まかなマニュアルとなっている。こうしたフィルターによる選別ないし濾過作用や、マニュアルによる誘導について、普段はいちいち気にかけてもいないことが多い。しかし多少とも組織だった集団においては、各成員が、自分の役割をどう理解して・どう引き受けていくかによって、集団内での情報処理の仕方も、外部とのやりとりの仕方も変わってくる。と同時に、各自の役割の理解の仕方・引き受け方は、それまでに形成された入力の取捨選択のフィルターと、入力を処理するマニュアルによって誘導されている。

一応、念のため、付け加えておくが、フィルターやマニュアルが働いていること自体が悪いのではない。それらは、コミュニケーションの可能性を担保する枠組みであり、互いに理解不能になるような〝ワースト・コンタクト〟を回避するには不可欠である[13]。問題は、それらの質と作動の程度であり、それらの作動のもとにある集団と個人の関わり方である。

いま見たように、役割とその引き受け方は、届いてくる入力を選別し、応じるべきものをどう処理するかを左右するフィルター・マニュアルの作動を担っており、それらの作動をつうじて、対内的にも対外的にも、呼応可能性が限定される。そうした限定のもとでのコミュケーション・課題の処理は、場合によってはアルゴリズム（機械的な計算手順）にしたがう処理のように見えるが、必ずその時々の一回性・特殊性がつきまとう[14]。

したがって、毎日・毎回、同じことをしているように見えても、そのつどの役割の引き受け方に応じて、対内的にも対外的にも、協和音が生じることもあれば、不協和音が生じることもある。集団外からであれ、集団内においてであれ、届く声、生じる声は多様であり、ある声は、それまでの内部の声と共鳴して心地よい和音を奏でるが、べつの声は軋みあって不協和音を発する。不協和音は、ときとして葛藤をもたらしうる。

日々の営みにおいて、どういう葛藤が生じうるかということも、その葛藤にどう対処するかということも、その人がどういうフィルターをどう分掌してきたか、それをどう修正する姿勢を保っているか、によって違ってくる。その人が、どういう人であるかの大半は、これで決まる。

しかし、ここで注意しなければならないことは、こうである。各人は、任意にフィルターを形成したり修正したりできるとはかぎらない。どんな人も、そのつどの役割を好き勝手に書き換え、自分専用のシナリオを自作自演することはできない。けれども、だからといって、そのときの役割を示すことによって、理由の説明に代えることもできない。

「答弁せず」――フィルターの作用

集団と個人にかんする以上の事情は、足尾でも東フクシマでも同様である。企業、官庁という集団に属していた人々は、たくさんいたし、属し方も多様である。足尾の場合、農商務省であれば請願文書を処理するだけの幹部官僚、視察をした榎本武揚、彼に随行した官僚たち、あるいは内務省であれば栃木県配属官、県の吏員などなど、その役割は千差万別である。古河にかんしても、足尾の事業所の坑夫頭、事務員、鉱山技師、管理職、本社のさまざまな事務員にはじまって経営陣、そして古河をとりまくさまざまな人々、とりわけ共同経営から手を引いた志賀あるいは渋沢と、あげていけば、構造的な無責任にかかわった役割は枚挙しきれない。

東フクシマでいえば、経産省・保安院の官僚、東電ないし下請け会社の社員、東電を主たる取引先ないし交渉相手とするさまざまの企業や省庁・自治体の社員・職員、原子力にかかわる研究機関のメンバー、そしてマスコミの記者たちなど、事態はやはり同様である。

人々は、それぞれの位置でみな、それぞれに役割を担って、外からの声・その内部での反響にそれぞれに応じようとしていた。東フクシマにかんして第I部でみたことを再度あげれば、

・繰り返されるさまざまな事故、その「処理」、
・安全性を問う立地訴訟、そこでのやりとり、
・地殻変動や地震波などについての新たな研究成果、
・溢水《いっすい》現象についての新たな知見、

こうした多種多様な情報・その内的反響が、さまざまな位置で交錯していた。そこには、〝○○集団に属しているのだから〞と一律に括れるような一様性などあるはずもない。さまざまな戸惑いやためらいがあり、諸種のつぶやきがあり、時としては、異論も続出したはずである。では、こうしたさまざまな外部からの声への対応、その声への内部での反響への対応が、どのようにし

て、構造的な無責任に帰着したのだろうか。

無責任だということは、根本的には、他者からの問いかけへの応答を拒否すること、あるいは不実な応答しかしないことであった。行為の理由を問うてくる声を、とりわけ〝他のようにもできるのに何故そうするのか〟と問うてくる声を、山県有朋の国会での言い方を借りれば、「答弁せず」と門前払いすること、これが、倫理的に無責任だということの根本であった。

しかし、他人からの問いかけを、そのように端から門前払いするのは、必ずしも簡単だとは限らない。当時、田中正造が枯死した作物の束を示しながら国会で鉱毒の被害を訴えたとき、少なからぬ議員は、やはり心を動かされた。山県は、それをしも「質問の旨趣不明」と決めつけて門前払いしたのだが、彼のような人物でも、もし個人的な間柄において一対一で問いかけられたなら、問答無用で門前払いするのは、さすがにためらわれたかもしれない[15]。しかし軍閥の領袖にして藩閥政府の宰相という立場にあった彼は、その立場からは無造作にそうできたのだった。

このように、個人的な間柄でならためらわれたかもしれないことを、その**立場ゆえ**に容易にできるとき、その人が属している集団は、すでに相当に感受性が鈍磨しており、その人はそのことに無自覚になってしまっている。まず、**届いて**くる声を選り分けて格付けするフィルターが、すでにいかんともしがたく分厚くなってしまっている。とりわけ、これまでの慣行からすると都合の悪い声を、額面どおりでなく、悪意に汚染された雑音として解釈する枠組みが、牢固として組み込まれてしまっている。足尾で言えば、いわく「示談金めあて」、「古河への遺恨」、「党勢拡大」。ひとたび、こういったフィルター（色眼鏡）ごしに接するなら、農民たちの必死の請願も、田中正造の肺腑をえぐる質問も、撥ねつけるのは、さほど難しくなくなる。そうしたフィルターのおかげで、個人として向き合うことなく、悪意に解釈することで、届いてくる声を入力するのでなく、ノイズ（雑音）として濾過し排除できるようになる。

しかし、集団の感受性の鈍磨は、フィルターの牢固さだけによるのではない。

「余計なことは考えるな」——マニュアルの作用

もうひとつは、フィルターごしに濾過されて入力された情報を処理するマニュアルである。そもそも、意味をもつことばによるコミュニケーションにあっては、入力される声がどれほど絞り込まれたとしても、その声を〝こういう意味でも解しうる、こういうことの兆候とも解しうる〟というかたちで、入力の処理の仕方は、多様でありうる。

ところが、分厚い濾過フィルターに覆われた集団内部では、多くのばあい「余計なことは考えるな」というかたちで、硬直したマニュアル通りに情報を処理することへの圧力が働く。「**立場を弁えろ**」といった威圧が働くのは、まさに、こうした場面である。こうした威圧によって、論題は限定され、提起できる批判は制限され、なるほど一見したところ、効率的に情報処理がなされているように見えるかもしれない。しかしそこでは、「こうも解しうる・こうも応じうる」という不確定性は、排除すべき内部騒音（内的ノイズ）の発生源とされ、情報的貧困化がその加速度をましている。

そして肝要なことは、外部からの入力を濾過するフィルターと、入力された情報の処理マニュアルは、連動して働く、ということである。「立場を弁えて余計なことは考えるな」というマニュアルが、集団でのコミュニケーションを誘導しているとき、その集団は、外との間に分厚いフィルターをかけて、外からの声の過半をノイズ化してもいる。外界を大幅に喪失したうえで、集団内コミュニケーションを一元化しているのである。

行政官庁であれ、企業や学校であれ、組織化された集団において、こうした分厚いフィルターがかぶさり、牢固とした処理マニュアルが支配的になっている場合、そうした集団は、集団の責任についても鈍感になっている。そうした集団に、なんの葛藤もなく適応していられるとしたら、その際には、ことさらにアイヒマンを持ち出すことはしないが、すでに相当の代価が支払われている。

まずは、自らの営みが、空気の存在のように自明化されている。自分が日々こなしていることが、もはや「なぜ?」「なんのために?」と問われる余地がないかのごとくに、いわば自己目的化されている。多少性急に言えば、安んじてある種の適応・順応ができるには、意味への問いの封殺というコストを支払わねばならない。そして、そのためには、考えるべき論題の範囲をあえて限定せざるをえない。その結果、徐々にではあるが、そこに属する個々人の視野狭窄が進行し、感性・想像力が枯渇していく。

〝この役割を離れていたとしたら、このことを自分はどう感じるだろう〟といった、**反事実条件文**での思慮は停止され、考える意味なきこととして封印される。しかしながら、反事実条件文での思慮は、個人の内的な多元性ゆえの、いわば人間的な必然であり、そうした内的な多元性は、「私」という一人称での統合が可能となり、もうひとりの一人称の語り手との間柄が可能となる、人間の条件である。[16] にもかかわらず、順応の〝努力〟は、ある限界を超えると、個人の内的な多元性を、それと意識することなく自ら抑圧する。アイヒマンが「思慮を欠いた凡庸な人間」でいられたのは、こうした抑圧の成果である。

しかし、そうした順応への努力は、つねにうまくいくとは限らない。フィルターが濾過したはずの声は、思わぬところから響いてくるし、そうした声への感性は、長い順応の中で完全に摩耗させられてしまったようでも、何かのきっかけで作動しはじめる。そのときには、長らく自明化されてきたものが、必ずしも自明ではなくなる。新たな懐疑が芽生え、ささやかな疑義が生じる。それらのほとんどは〝ガキでもあるまいし今更……〟と自ら飲み込んでしまうかもしれないが、しかし、その一端は、それまでとの表情の違い、あるいは思わぬ愚痴として表出される。場合によってはそれが、小さな会議でのささやかな異論の提起につながっていくかもしれない。

多くの集団では、こうした内部での異論が点火剤となって、規模はともかくとして、それまでの情報選別のフィルター・情報処理のマニュアルそのものの見直しがはじまりうる。そうした見直しが起こりうるということこそ、その集団が、外界から学習し、外界との関わりを進化させていくための不可欠な条件である。ところが、フィルターが分厚くなり、マニュアルが牢固としてくると、こうした集合的な学習がきわめて起きにくくなる。

「自分を失う」専門人

もし集団がそこまで鈍磨して、いかなる声をあげても全体としての見直しにいたる気配がまったく生じえないとすれば、異論は、密やかな抵抗というかたちをとるしかなくなる。ひとつは、内部告発であり、ひとつは、レジスタンスである。前者の内部告発は、すでに足尾ではじまっており、東フクシマでは延々と繰り返されたが[17]、これについてはすぐあとで触れる。もうひとつの内部にとどまっての抵抗《レジスタンス》は、察知されにくい単純なサボタージュなどは別として、たやすいことではないし、そうした抵抗の営みが、他の成員にも継承され、あるいは支援されるかたちででき るとは限らない。

いずれにせよ、内部告発ないしレジスタンスを覚悟しないと異論を提出できない、というほどまでに硬直した鈍感な集団に、なお順応することを自らに強いるなら、あらゆる内的な葛藤を個人的に〝自家消毒〟して、反応すべきことと反応の仕方を、自分から局限していかざるをえない。そのように「見ざる・聞かざる・言わざる」という〝三ざる〟に徹していくときに現出するのが、古典的な言い方をすれば「精神なき専門人」（M・ウェーバー）である。

しかし、「精神なき」ということの含意は、かつての時代におけるよりも深刻である。行き着くところは、自らことを処理していながら、あたかも、たんなる〝役割遂行器〟の作動に立ち会っているにすぎないかのように、自分のことを傍観するかのような、限りなく薄い自我の生である。精神病理学の言葉を借りれば、離人症とまでは言わないにせよ、その前駆症状でもあるような、自己の切断（解離）の境地である。黙々と役割に徹して出世したあげく、闇世界への違法融資の渦のなかで自殺した社長のことを、佐高信は、役割に徹した代償として「自分を失った」と評したが[18]、ひとたびそうなると「自分を失った」ままでいるのを避ける最後の一手は、もはや自殺しかない。事態は、そこまで深刻になりうる。足尾はおくとしても、東フクシマへの過程では、核燃サイクル事業をめぐって幹部官僚が不審死をとげるに至っている[19]。

ところが東フクシマにいたる二十年余の過程では、そうした内部告発でさえ、ある位置にいた官僚たちによって握りつぶされ、あるいは逆通報され続けた。責任＝呼応可能性を核とするモラルの世界にとって、これほどインモラルな所業は少ない。ここでは、内部告発しかないまでに追い詰められていることへの理解力が枯渇しており、その程度は、もはや非人間的というように近づきつつある。

もちろん、握りつぶした官僚も、もしかしたら、〝立場上こうするしかない〟と自分を追い詰めてしまったのかもしれない。しかし、たんに握りつぶすだけでなく、告発者を東電に売り渡したということを考えると、どこまでそうした葛藤があったのかは疑わしい。むしろ、逆通報するのが当然と、どこか正当化さえしていたように見受けられる。

もし、そうだとしたら、内部告発者を売り渡すことを、どのように正当化しえたのであろうか。自分が置かれた立場に特有の役割によって、であろうか。しかし、たんに役割を持ち出すだけなら、内的な葛藤の火種を掻き消すことはできまい。では、役割を超えて、何を持ち出すのだろうか。まさか、アイヒマンと同列に「命じられたから」とうそぶきはすまい。

そう考えてくると思い浮かんでくるのは、〝いいことだとは思わないが、全体を考慮すれば、これが現実には最も妥当だ〟といったタイプの弁明である。つまり、すでに「すべてを考慮した」がゆえに、異論はすべて「織り込みずみ」だ、という自信である。

「すべてを考慮したうえで……」

もし、分厚いフィルターによる選別と、牢固としたマニュアルによる処理だけに頼っているのなら、ひとは時として、自分は間違ったことをしてはいないかと、不安になりうる。実際、足尾の記録をひもとくと、農商務省の官僚や大臣も、時には自分たちの処理の仕方に不安になった形跡がうかがわれる。省庁を横断して設置された鉱毒審査会は、たんに世論を鎮静化させるためのカムフラージュにすぎなかった、というのは言い過ぎであろう。いかに自ら恃《たの》むところが甚大であるにせよ、この手の事柄は、特有の専門知なしには自信も空虚になる。

ところが、自分たちが決定を下す過程で、そうした専門知も関与しているとなると、逆に、官僚たちの自信は過剰に強いものになりうる。そうした気配が如実に漂いはじめるのが、鉱毒調査会の後半である。ここでも、設置にいたる過程では、官僚による専決への、官僚自身の不安が、農商務大臣だった榎本をもふくめて、匂ってくる。しかし、帝国大学工科大学（現・東大工学部）出身の専門家が、調査を始めるに先立って「兎に角、存続させる」という結論を下して調査会に臨み、議論の流れを変えるのに大活躍する。このエピソードは、こんにちにいたるまでの調査会・審議会の悪しき原型となっている。

しかし足尾のときには、そうした調査会は、第二次調査会をもふくめて、あくまで即席の、いわばやむをえず設置した臨時の機関でしかなかった。ところが東フクシマにいたる過程では、枚挙に困るくらい各種の調査会・審議会が、恒常的に存在している。

もちろん中には、公共性を確保したうえで、審議・決定過程をより透明にするために、うまく機能している審議会も、多々あろう。しかし、審議会・調査会の事務所管は特定の省庁であり、委員の選定からはじまって、論題の設定、議案の立案にいたるまで、当該省庁の官僚にゆだねられていることが多い。その結果、審議会・委員会は、しばしば官僚の意思決定の隠れ蓑として機能しうる。これまで再三引用した高木仁三郎の証言が物語っているように、原子力行政では、特にそれが顕著であった。

専門家が主たるメンバーとなる審議会がこうした機能を果たすという現象の原型は、先に見たように、足尾の鉱毒調査会だが、そこには古河の会社関係者はもとより、銅山の事業者連合も、まだ姿をみせていない。これは、足尾と東フクシマの、かなり決定的な違いである。なるほど足尾でも、官・政・財そして学を横断して、「銅山派」ともいうべき緩いつながりはあった。しかし、そのつながりは、いまだ諸個人に依存した緩くて偶発的な色彩が強い。それと較べると、東フクシマにいたる過程では、個人的なつながりに依存しない、強固に構造化された恒常的な原子力ムラが存在している。

官産政学 - 複合体による「ベスト・ミックス」

原子力ムラに象徴されるような、官の主導のもとでの官・産・政・学の構造化された連携の原型は、直接には大戦中のアメリカのマンハッタン計画に由来する「産軍複合体（ＭＩＣ）」であろう。その弊害については、戦後のかなり早い時期から軍人出身の大統領が警告しており、二〇世紀後半以降の先進国に多かれ少なかれ共通している。しかし、原子力ムラに象徴される日本の官産政学 - 複合体は、かなり異質な歴史と特質をもっているように思える。

日本のばあい、その前史は、国家総動員体制を経由して、たぶん満鉄という国策会社にまでさかのぼろう。そもそも国家総動員体制が可能なためには、関連諸分野に目配りをきかせた「行政指導」をつうじて「国策民営」の企業を誘導していかねばならない。そうした〝洗練された〟行政指導が可能なためには、政官財そして学界のさまざまな関係者との間で、事前にきめ細かい情報交換と「調整」がなされ、暗黙の「協調」が成立していなければならない。こうした「協調」を作り出す官のノウハウは、たぶん満鉄という巨大国策会社での実験からはじまって徐々に蓄積され、やがて国家総動員体制下の諸種の「統制団体」(いまの事業者連合)に受け継がれていったと思われる。[20]

そうした歴史を念頭におくならば、日本の官産政学の複合体のつながりを、つぎのようにして形成され・機能するものとして特徴づけることもできるかもしれない。

・まず官が音頭をとって、審議会、調査会、部会、ワーキング・グループを組織する、
・官・産・政・学が、恒常的に連携して、各種の勉強会で情報の交換、課題の検討を行う、
・その成果は、逐次、公表し、そのつど各種の公聴会やパブリック・コメントなども受け付けて、外部とのやりとりを重ねるかたちをとる、
・最終的には、公共的に形成された合意というかたちで、中長期の国家政策の骨格とする。

こうした手順を踏んでいるのだから、得られた結論は、「すべてを考慮したうえ」での「ベスト・ミックス」という折り紙をつけられて当然だ、ということになる。

「利害を超えて」という錯覚

しかし、原子力ムラに象徴される官産政学の複合体は、それを構成する各セクションにとって、いうまでもなく共通の利益源である。というのも、①不断の情報交換をつうじて、不要な軋轢を回避しつつ利益を極大化する方途を調整でき、②公共的な合意形成というかたちをとることによって、教育・政府広報・報道をつうじて「世論」の支持をも調達できる、という大きなメリット

は、ただの談合や官財の癒着ではおよそ期待できないからである。

こうした官産政学‐複合体が打ち出す「国策」によって、各セクションは、それぞれの利益を追求する。ごく粗く言えば、①産は、競争を回避して独占的な、あるいは先行した利潤の確保を、②官は、予算・権限の確保・拡大、指導・監督する業界の拡張、天下り先の確保を、③政は、政治資金・票田の確保を、④学は、予算の確保と人員・設備の充実を、「すべてを考慮したベスト・ミックス」の遂行をつうじて、追求することができる。原子力ムラこそ、この典型中の典型である。

このようにどのセクションも、他の諸セクションと癒着しており、複合体ができてはじめて獲得できる利益を、それぞれに享受している。どのセクションも、巨大な利益共同体の一分枝でしかない。その限りでいえば、ここにあるのは官産政学の癒着であり、癒着による甘い汁である。しかし、同じく「癒着」といっても、接待・贈収賄といった個別な腐敗と違って、より深く・より構造的である。そのせいもあって、厄介なことに、当人たちの意識においても、この癒着は、たんなる利得レベルを超えているかのように感じられてしまう。まさに、これが「すべてを考慮して」という、新たな錦旗の霊験である。この錦旗ゆえに、癒着しあって複合的な利益共同体となっている、という事実に対して、人はかなり鈍感なままでいることができる。

霊験あらたかな複合体……

では、「すべてを考慮して」という枠組みは、どうしてここまで霊験あらたかなのだろう。問題は複雑である。しかし、少なくともいくつか言えそうなことはある。

まず第一に、そうした複合体への参与は、単一の集団だけに属していたときには得られない風通しのよさを与えうる。何よりも、単一集団だけで活動していた時にくらべると、集団レベルで見たときの外部とのやりとりは、はるかに濃密になる。実際には、いくつかの〝集落〟間でのやりとりが濃密になって、共通利益で結ばれた大きなムラが出現するにすぎない。しかし、もしムラができていなかったら、各集落では、外からの声を排除して頑なに自分たちを維持しているのではないか、という不安も生まれえた。ところがムラができたおかげで、異質な諸集落とのやりとりを重ねているのだから、そのような心配はない、というわけである。こうして、外部に開かれており、外部からの評価にもきちんと応答している、と安心できるようになる。実際には、諸〝集落〟のもたれあい、各〝集落〟内の統制、ムラの外部の無視でしかないとしても、である。

このように、単一の集団の外とのやりとりが恒常的になることによって、集団内部でのやりとりにおいても、単一の集団だけのときには使われなかったような異質の〝切り札〟を持ち出すことができるようになる。かつてなら、〝ここは、そんなことを持ち出す場ではない〟と即座に撥ねつけられたような話題も、内部で持ち出せるようになる。[21] こうして、異質な集団の複合体は、それまでになかった〝風通し〟のよさを可能にしうる。

このことは、第二に、葛藤の処理も、より包括的な価値のもとへ置き直すことによって、より円滑になされうる。利潤であれ、支持率であれ、ある集団において、もの・情報を扱うさいに、その集団に特有のフィルター・マニュアルの核となっていた価値は、社会にとって機能分化した特殊な価値のひとつでしかない。さればこそ、他の価値と競合してコンフリクトが起きうるのであった。

しかし、ひとたび異質な諸集団の複合体が形成されると、そこでものを言うのは、単一の特殊な価値ではなく、多くの価値を包括する、より高次の包括的な価値だということになる。そうした高次の包括的な価値にコミットしたうえで合意されたことは、「すべてを考慮したうえでの」現実的ベスト＝「公益」という地位を獲得しやすい。つまり、複合体にとっての共通の利益は、特定の集団に固有の特殊な価値ではなく、そうした特殊価値の追求を超越した、高次の価値なのだ、というわけである。

少々抽象的な言い方をすると、機能的に分化していった諸種の相互行為システムが、新たに相互に浸透しあって、諸システムを横断する高次システムが形成されたように見えてくる。こうして官産政学の複合体は、諸々の特殊な個別利害という〝神々〟が「協調」する、新たなパンテオン（万神殿）であるかのように見えてくる。そして、「すべてを考慮したうえでのベスト・ミックス」こそが、この新たな万神殿の主神に他ならない。

こうした相互浸透とともに、個人のあり方にかんしても、アイヒマン的な一次元性に対する免疫がある、という安心感が可能になる。自分が属する集団に特有の、ことの処し方に違和感をおぼえ、内的な葛藤が生じたとき、それを個人的に解決する試みのひとつは、帰属集団への過剰な自己同一化であった。その極限のひとつは、自分を同一化させた集団における価値以外には盲目となって、「自分を失う」(佐高) ことであった。そうなりかねないまでに自己と集団を同一化させたときのあり方を、かりに「単次元的な人間」と呼ぶとしよう。[22]

しかし、いまや新たなパンテオン (万神殿) の伽藍に参内し、「すべてを考慮したうえでのベスト・ミックス」という高次の価値に仕えるとなれば、もはや、かつてのように単一の特殊な価値にコミットするのではない。したがって、アイヒマン型の単次元的な人間にはならずにすむ、というわけである。

にもかかわらず、そこは、新たな、いわば高次のタイプの単次元的な人間がつどう神殿でありうる。それぞれが、官産政学をつらぬく不断の情報交換を行っているがゆえに、誰も外部を無視していないかのごとき錯覚・独善が、相乗的に累進しうる。そもそも、複合体が、現に在るような複合体たりえていること自体が、ある特定の入力を遮断することによって可能となっている。にもかかわらず、そのように遮断しているという事実に盲目になることによって、「すべてを考慮した」という境地に立てているにすぎない。それは、あたかも、特定の組成の空気が存在し続けていることに依存していながら、空気の存在やその組成を改めて自覚することがないかのように、である。

集合的自閉という病理

もし、官産政学‐複合体では外部が無視されていないかのような錯覚が亢進すると、トップのみならず、集団のどの位置にいても、集団としての不作為の可能性に対して、きわめて鈍感になる。電力会社のみならず、経産省・保安院や総理府・原子力委員会、原子力学会、そして、……多かれ少なかれ共通に、こうした病理に深く冒されていたのではないか。3・11は、まさにこの問いを、白日の下に突き出したのである。

右の問いは、杞憂ではない。高木仁三郎が死の床でも憂え続けた、原子力ムラの「検証のなさ」が、何よりもその証拠である。この「検証のなさ」が示しているのは、官産政学‐複合体を構成する集団の、対外的な閉鎖性である。諸集団を横断して検討したがゆえに「すべては想定ずみ」とする自信は、じつは、外部とやりとりをする際の各集団のフィルターの分厚さが、むしろ相互干渉をへて増幅された結果でもある。にもかかわらず、この自信が、頑なまでの「検証のなさ」を再生産し続けてきた。

実際には、先に触れたように、原子力ムラの内部でも、検証の必要を訴える声が発せられていた。まず何よりも、原発の現場の技術者・労働者がそうした声をあげたが、その声は、ことごとく封殺され、そのうちのごく僅かが、内部告発の声となった。ところが、経産省・保安院は、それらの悲痛な訴えを握りつぶしただけでなく、あろうことか告発者を実名で電力会社に売り渡し、電力会社は、内部告発者・その候補者を摘発し処分するのに躍起となる。

しかし、その経産省の内部でも、次章で改めてふれるけれども、じつは検証の必要を問う声が、間歇泉《かんけつせん》のように発せられていた。にもかかわらず、それらは繰り返し抑えつけられ、声を発し続けた人はパージされてきた。こと原発にかんしては、「内部告発」をしたらハブにされて当然、というまでに内部での抑圧が強い。電力会社、経産省のみならず、原子力学会においてもそうである。[23]検証の必要を訴える声を、ここまで抑えつぶしていられる、というのは普通の市民には驚きでしかない。

何が異論を封じるのか

集団内部において検証の必要を訴える良識的な声が、このように押しつぶされていくのには、もちろん、集団内部の力関係が与っていよう。しかし、そこまで「力ずく」で異論をつぶしていく力の源は、「すべてを考慮した」という自負だけで説明できるだろうか。なるほど、人の心理からいって、事前の検討を十分に行ったという自負が強いときには、大抵のことは想定の範囲内に収まる、かのように思いがちである。また、事前の検討が入念であればあるほど、修正には抵抗があろう。しかし、こうした自負だけで、あそこまで「力ずく」の「検証のなさ」を説明できるだろうか。この「検証のなさ」は、果たして、官産政学の複合体ができたおかげで、衆知を結集して「すべてを考慮した」がゆえ、なのだろうか。

もし、本当に「すべてを考慮して」最適解を求めようとして衆知を結集したのなら、得られた結論が最適解かどうかを検証することも、当然、求められるはずである。しかし、あたかも反証の可能性を恐れているかのように、立ち入った検証を避けようとする。時には、鉄面皮を疑われるまでに、検証の必要を訴える声を撥ねつける。

そこには「すべてを考慮した」という自負よりもむしろ、「すべては織り込みずみ」ゆえ「更なる検証は不要」とする、強烈な後光が差している。あそこまで「力ずく」で押し通せるのは、この後光を仰いでいるからであろう。そうすると横断的に衆知を集めて「すべてを考慮した」という体裁をとるのは、「改めて検証することは不要」と告げてくれる後光を輝かせるための演出なのではあるまいか。

では、「更なる検証は不要」と告げる後光は、どこから差してくるのだろう。「力ずくでも」と公言した経産省の最高幹部は、もっぱら「昭和三〇年代からの国策なのだから」ということをその論拠としていた。そうすると、

「すべてを考慮した」うえで**官が決定**した国策は、さらなる検証を必要としない、

という大前提が据えられていることになる。

こうしてみると、どこまで意図的であったかとは別に、ひとたび諸価値が「協調」した万神殿（パンテオン）が形成されると、かえって人は、より頑強に排他的になりうる。「すべてを考慮し

たベスト・ミックス」という高次の価値が誇示されればされるほど、それを認めない者は、およそ非合理で、まともな国民ではない云々、ということになりうる。「すべてを考慮したベスト・ミックス」を認めないということは、たんに、あるひとつの価値を認めないのではなく、万神殿を拒否する不敬の輩だ、というわけである。もし、これが実態なのだとしたら、もう少し詰めて考えねばならない問題が控えている。

第七章

官による「公」の簒奪

足尾から東フクシマにいたる、構造的な無責任を生んだ過程をみると、「自分を失った」と佐高信が評した社長のように、自分をひたすら役割と一体化しようとする振る舞いも見え隠れはするが、しかし、それとはおよそ無縁な振る舞いが目立つ。内的な葛藤の気配など微塵も感じさせず、むしろ崇高な使命を負っていると言わんばかりに堂々と、あるいは傲岸と映るまでに業務に励む姿である。

第Ⅱ部でも見たように、実験用の高速増殖炉（もんじゅ）での重大事故をうけて、政府が、プルトニウム混合燃料の商業炉での使用（プルサーマル計画）に転換したとき、福島・福井・新潟三県の知事たちは、時の首相に対して「ブルドーザーのように、そこのけ・そこのけというやり方」を改めるよう要望した。しかしながら、時の経産省の最高幹部は、言下にこう斥けた。いわく「プルサーマル計画あるいは核燃料サイクルは……昭和三〇年代からの大きな日本の課題である」から「力ずくでも進めていく」と。[1]

何が「公益」なのか

改めて確認するまでもないが、足尾銅山下流の農民たちは、銅山業そのものに反対して政府に物申したのではない。なるほど、江戸時代からの経験を通じて「丹礬《たんばん》（鉱毒）」の害は知られていた。しかし、彼らは、鉱毒の存在をもって、政府に操業停止を請願したのではない。請願せざるをえなくなったのは、鉱毒が、公共の益を損ね・「公益を害して」いるからであり、その請願は「公益に害あるときは」という法令にもとづいてのことであった。

この点では、原発にも似た面がある。反原発は、世論において当初はむしろ少数派だったであろう。世論が一挙に動いたのは、チェルノブイリ事故によって、である。だからこそ通産省（当時）と資源エネルギー庁が、全国紙の一面を買い上げて、安全広告をうたざるをえなくなったのである（ちなみにそこでは「我が国では起こり得ない」とうたわれていた）。原発事故は、足尾の被害民が訴えた「公益に害あるとき」つまり「公害」としても、あまりにも桁外れであるがゆえに、人々は原発に危惧の念を抱くようになった。この場合も問題は、「公益に害ある」ときに、どうするのか、である。

ところが足尾の場合、先にみたように、農商務省・鉱山局長は、広大な農地が荒廃し住民が飢餓に襲われることは「公益を害する」ことにあたらない、と宣言した。何が「公益」であるかは官僚が決める、というのである。欽定ではあれ、すでに憲法が公布され、議会も司法府も設立されていたにもかかわらず、明治維新当初の太政官時代と同じく、行政官が決めるというわけである。かつて高木仁三郎が、彼の主催する原子力資料室を社団法人として登録してもらおうと科学技術庁を訪れたとき、応対した官僚は、国策を批判する団体に社団法人の権利を認めるのは「公益に反する」と宣告して、突っぱねた、という。[2] 見られるように、これはまさしく、足尾のストレートな延長上にある。

このように、「何が公益かは官が決める」という一線を越えさせない頑なさは、足尾から東フクシマにストレートに連続している。しかし東フクシマには、足尾ではまだ顕在化していなかったものがある。足尾銅山は当時、「富源」ゆえに、鉱毒が垂れ流されても「公益を害さず」と強弁したが、だからといって足尾銅山は「非営利」の「公益」事業だ、とまでは言わなかった。ところが東フクシマで、当時の福島県知事に向かって「力ずくでも」と強弁した経産省の最高幹部（資源エネルギー庁長官）は、東電の営利事業を、あたかも営利を離れた公益事業だと言わんばかりの口吻で語っている。

営利企業の事業についてであるならば、いかに癒着の度が深かろうと、官が自ら「力ずくで進める」とは言えない。「力ずくで」「粛々と」と言い放てるときには、その事業が、あたかも非営利の公益事業であるかのごとき思い込みが働いている。しかもそれは、たんなる思い込みではないかという疑問すら生じる余地がないほど深い思い込みであって、足尾では、そこまでの深い思い込みは不可能であった。何がそれを可能にしたのか問えば、それは国家総動員体制のときの、

「国策民営」という概念である。経営を担当するのは民間会社であるが、その事業は国策であり、だからこそ官が指導する、というわけである。「国策民営すなわち公益」という官製の「公益」概念は、足尾にはいまだ存在しておらず、それは総動員体制の「成果」として、今日にいたるまで生き残っている。それが何より証拠には、3・11は、当の官僚にとって「現行の「国策民営」方式の限界」として受け取られたのである。[3]

何が公益かは、官が決める。そして公益にかかわると官が認定した事業には、それが民営であっても、営利企業に与えられない優遇措置を施す。これが、官産政学－複合体のタクトを振るう官の、無言の根本原則である。そして皮肉と言えば皮肉なことに、この根本原則ゆえに、国会事故調によれば、経産省は「事業連合会のとりこ」となり、しかもそのことに全く気づかない、少なくとも気づかないふりをし続けえたのであった。

ここには、どうやら、遅れて急速に近代化したがゆえの、近代日本の、どこか特殊な事情があるように思われる。図式的に言えば、「社会」という「公共性」（パブリックな領域）は、ことごとく「官＝国家」に吸い上げられ、その結果、〝〈社会＝民＝私＝エゴ〉 **vs** 〈国＝官＝公〉〟というきわめて奇妙な二元論が流通し、「官」が「公」とイコールで結ばれることに対する違和感が微弱である。この背景には、やはり特殊な事情があずかっていよう。

「陛下の官吏」における無答責

足尾と東フクシマをつなぐ環は、多様で、しかも複雑に絡み合っている。なかでも重要な環は、つい先ほど触れた「国策民営」という概念である。これは、第Ⅱ部でごく粗く概観したように、一九三〇年代から四〇年代の「革新官僚」たちが、武官たちの満蒙領有計画と呼吸を合わせるかによう に満洲経営・総動員経済を設計し、高度国防国家を構想したときの中枢概念であった。では、「満蒙の領有」を企んだ武官たちと歩調を合わせた彼ら「革新官僚」は、明治から今日にいたる官の歴史の中で、逸脱した鬼子なのか。どうも、そうではなさそうである。

総動員体制とは、一方でソ連型計画経済、他方でナチス型の統制経済の華々しい成果に倣おうとした「革新官僚」・統制派武官によって構想された国家体制であり、官僚制に特有の合理性を追求するものではあった。しかし同時に日本の場合、それとは異質な非合理性が同居していた。ひとつには、超越的な天皇の親裁を希求する非合理な情念との、奇妙な連動である。もちろん、こうした非合理的な狂信は、「革新官僚」・統制派武官が嫌ったものでもある。しかし、そうした情念を無視して切り捨ててしまうと、既存の産業体制を変える情熱・動機づけが調達困難であるのみならず、ネガティヴには、この情念に発する個人テロ・クーデターによる脅しは、「革新官僚」にとっても利用価値がありえた。しかし、これらの非合理的な情念の問題は、ここではおく。

もうひとつは、何カ年計画が次々に立案され、そのうちのいくつかは着手されるが、その進捗具合の検証が真剣になされたようには見えない。ソ連型・ナチス型それぞれに多様であるが、計画目標を達成できなければ、なんらかのかたちで、当該の官僚は、その責任を問われたように見えるが、日本ではそれが希薄だったように見受けられる。[4]

そもそも官僚は、あくまで天皇に、そして天皇を輔弼《ほひつ》する政府に対してのみ、責任を負うのであって、議会に対しては「無答責」である。では官僚たちは「陛下とその政府」への責任を全うしただろうか。武官でいえば、先にみたように（一三四—一三五頁）、陸軍の高級参謀、辻政信と服部卓四郎による粗笨《そほん》きわまりない作戦の強行によって、死なずにすんだはずの十数万の兵士が無残な死を強いられたにもかかわらず、彼らは何のお咎めもなく出世を続けたが、この種の無答責は、なんら例外ではない。そもそも陸軍の最高幹部であった杉山元《はじめ》元帥からして、一九三七年の日中戦争開始時には陸相として「数ヵ月で終結させる」という戦争計画によって大元帥（天皇）の裁可を得ていながら、その後四年もたって「終結」どころか、むしろ泥沼化して収拾がつかなくなった時点で、今度は参謀総長として日米開戦を具申している。「半年といいながら四年経っても収拾できない」ことを天皇に咎められると、「中国は広いですから」で済ませようとし、「太平洋はもっと広い」と天皇に指摘されると、さすがに沈黙するが、しかし具申は取り下げない。これは、「陛下の官吏」としてさえ、およそ責任ある官の態度とは言い難かろう。[5]

統制経済を指導した文官たちも同様である。彼らは、たとえば国家総動員法にもとづいて基幹産業の国有化を企てたが、財閥の総反発にあって頓挫し、一九四五年になって、つまり爆撃によって工場が全滅した段階にいたって、ようやく中島航空機一社の「国有化」にこぎつける。[6] これは、「民有国営」の延長上で「国有化」しようとすることの無謀さの典型であるが、そうした無謀な計画を強行した官僚たちがその責任を問われた形跡はない。

ここには、どうも日本の官僚制に特有の事情が与っているのではあるまいか。では、明治以降の官僚制について、試論・仮説の域を出ないが、素人なりに考えてみたい。

ヨーロッパ近代の官僚制

「西欧近代の」と切り出しても、どの時期の・どのネーションを念頭においているのかによって、話は相当変わってしまうであろうから、日本との簡単な対比はできない。しかし、そのことを重々弁えたうえでも、明治以降の日本の官僚制には、かなり独特のものがあるように思われる。

雑な言い方になるが、西欧近代の官僚は、絶対君主の統治を執行する廷臣に由来していよう。しかし、絶対君主の権力は、絶対ではない。君主がいかに「私が国家なのだ」と豪語しようとも、君主の行う統治に対しては、つねにそれを牽制し制限しようとする社会が存在していた。権力のスケールは絶対君主からは数段劣るようになったとはいえ、小さな一国一城の主としての貴族層がおり、自治都市の市民団、職能団体があり、地方の郷紳《きょうしん》・名望家層などのネットワークがあり、時代とともに主たる顔ぶれは変わるにせよ、独自の社会を形成している階層が、典型的には中世の身分制議会に由来する議会を足場にして、絶対君主による統治に対抗していた。しかも、そうした諸種の社会は、ヨーロッパ成立以来の宗教的な紐帯《ちゅうたい》を多かれ少なかれ共有していた。宗教的な紐帯については後に検討するが、いずれにせよ右のような対抗関係の中では、絶対君主による統治を執行する官僚たちもまた、〝宮廷 vs 議会〟に象徴される**多極性**から自由に、一元的に振舞うことはできなかったはずである。

そのうえで近代化とともに、絶対君主による統治は、議会によって制限され、やがて議会の多数派に支えられた政府が代わって統治するようになる。行政は、政権の政治的意思決定にもとづいて行われるのであって、専門性をもった官僚もそれに服することになる。しかし、権力の多極性のもとにおかれてきた歴史は、官僚に対しても、独立した専門性と、政治的意思決定への従属性という、二つの面をもたせたように見える。これはイギリスの場合であるが、官僚のあり方を表すのに「十分に説明してから沈黙する」という言い方がある。[7] これなどは、まさにその二極性を表していよう。

こうしたシステムにおいては、行政の重大な失策があれば、もちろん政権がその責任を問われるが、そのときには、政策の執行を担った官僚も、独立の地位をもつとはいえ、また無縁ではありえまい。かつて官僚が絶対君主の統治を補佐するさいに重大な過誤をおかせば、君主からその責任を問われたように、行政において重大な過ちをおかすなら、議会あるいは市民社会によって糾弾される可能性があろう。[8]

「奇妙な二頭立ての馬車」

以上の概観が、極端に的を逸していないとすると、西欧のこうした経緯と対比してみたとき、近代日本の官僚制は、かなり異質に見える。そもそも行政とは、立法府が制定した法を施行する実務のことであり、さればこそ当初は「行法」と称された。にもかかわらず、近代日本の官僚は、その当初から、立法府に対しては責任を負わない。

そもそも明治政府の成り立ちからして、維新の元勲たちが、そのまま絶対的な官僚であった。かれらが、「機関説的天皇と政府・議会」を一方に、「統帥権的天皇（大元帥――引用者）と軍部」を他方に配した「奇妙な二頭立ての馬車」を仕立てたとき、「この二頭立ての馬車は彼ら支配エリートが乗りこなすつもりであって、天皇はそのための巧妙なシムボルにすぎなかった」（渡辺京二[9]）。

多極性が希薄な日本の政治風土にあって、そもそも天皇は、近世西欧の絶対君主のように自ら統治を行うよりも、はるかに象徴的な機能に徹していた。なるほど天皇は、西欧の文化では考えられぬまでに宗教化され、神格化された（その副作用は、「二頭立ての馬車」の設計者たちの思惑をすら揺るがせた[10]）。しかし、議会の参与なしに行使しうる、いわゆる「大権」は、現実の統治にかんしては、ほとんど行使されず、天皇が行使したのは、具体的な統治での大権であるよりも、むしろ精神的な機能であった[11]。したがって、天皇にのみ責を負う官僚は、実質的にはかなりフリーハンドに近い。独走したのは「軍部」すなわち軍事行政にかかわる武官だけではない。武官をもふくめ、無答責の官僚たちが、ないし無答責の官僚的意志決定システムが、独走したのである。

戦後になって天皇主権は否定され、官僚は「公僕」になったのだから、「陛下の官僚」に特有の「無答責」性も消滅した、はずである。しかし、実際に消滅したのだろうか。むしろ実質的には存続し続けている、ということはないだろうか。

かつて官僚が天皇と天皇の政府に対してのみ責任を負っていたときにも、先の渡辺京二の観察が示すように、西欧の絶対君主にくらべると、天皇はじつは当初から象徴的機能がはるかに強かった。その天皇が、もはや統治権も任免権ももたなくなったとしたら、かえって官僚は、何に対しても「無答責」となったのではあるまいか。いうなれば、長期にわたって在外生活をしている主人にかわって家産を管理していた執事が、主人の引退にともなって実質的に所有権を獲得する、というのにも似ているのではあるまいか。

「無答責」体制が実質的には存続している、というのは、制度論的には暴論であり、良識をもって任務にあたっている官僚諸兄姉には、失敬な言い方である。そのことは重々承知しているつもりだが、しかし、第Ⅰ部で見たように、「俺たちは認可しただけ」で押し通そうとする経産省の幹部官僚の態度は、「無答責」であることを自明の前提としているかのようにも見える。

もちろん、首相による指揮監督や議会による調査など、「公僕」としての執務のあり方は、制度的には多重のチェックのもとに置かれてはいる。しかし、3・11にいたる経産省・保安院の措置の扱われ方を見ても分かるように、日本独特の大部屋主義（誰も個室をもたずに大きな部屋で共同執務するやり方）による責任のありかの拡散もあずかって、「公益を害する」行政を行ったことの責任が問われることは、ほとんどないようにさえ思える。[12]

恣意的に解釈される「所掌事務」

無答責体制の骨格は、実質的には存続しているのではないか。この疑いの、実質的な核は、高木仁三郎が慨嘆し続けたような「検証のなさ」にある。あそこまで検証を受けつけない頑強さは、結局、「無答責」を当然としていることと表裏一体なのではあるまいか。

検証を突っぱねることができるかぎり、いかに独善的かつ恣意的な意思も、罷《まか》り通りうる。こう言うと、官僚諸氏には不愉快に響くだろうが、そう見てみると、個々の政策に先立って、行政システムそのものに大きな独善性・恣意性がつきまとっている。ここではこれ以上の素人談義を控えてひとつだけあげるなら、肝心の各省庁の「所掌事務」が、行政作用法といった法律によって定められるよりも、官僚自身による解釈に委ねられており、その解釈しだいで、所掌事務は、したがってまた権限も、とめどなく拡大ないし移動しうる[13]。

システムがこうした恣意の余地を大きく残しているときに、社会的・公共的な検証のメスが入らなければ、所掌事務は自己増殖をはじめ、いわば〝自動継続・自動拡大〟しうる。そこに、組織としての集合的なエゴイズムが働けば、無益な事業も自己目的的に継続され、天下り先を確保するためだけの事業が増殖することにもなる。実際、悲喜劇に終わったとはいえ、「事業仕分け」の過程で改めて浮かび上がってきたのは、まさにそうした実態であった[14]。

こうした「検証のなさ」によって、個々の政策決定における恣意性は放置される。ある政策は、目下の主目的に適合していたとしても、じつは思わぬ副作用を伴っていたり、立案時には浮上していなかった要因ゆえに、当初の目論見とは違う結果を生んだり、ということは、どのような政策決定でも避けられない。にもかかわらず、社会的・公共的な検証のメスが入らないことによって、あるときは「猫の目」と揶揄されるまでの朝令暮改を繰り返し、あるいはそこまで行かずとも、実り乏しいジグザグをいたずらに重ね、逆にあるときは「関東軍」に擬せられるまでの頑迷な独善が罷り通る。とりわけ、強大な官産政学の複合体ができている領域では、国策は「不可侵」と言わんばかりに独走を重ねる。

虚ろな至聖所と「国」の威光

しかし、官僚といえども、高度の専門性が発揮できるのは、特定の行政分野にかんしてであって、他の諸領域については、政治家・市民と大差ないはずである。しかし、ひとたび公益の何たるかを官が定める、という段になると、「以後、改めて検証する必要はない」と言わんばかりの権威性を漂わせる。この権威は何に拠《よ》っているのだろうか。もちろん、そこには先にみたように、官産政学の複合体をバックにして「すべてを考慮した」という建前はあろう。しかし、その建前そのものが、官の振り付けにしたがっているとしたら、振りつけるときに、官は何の権威に拠っているのだろうか。

こう問うと、はなはだ奇妙な光景を前にする。先にみたように（一八六頁）、「すべてを考慮して官が決めた国策は、改めて検証されるには及ばない」ということが、暗黙の大前提とされるときには、「官の決定は、どうしてそこまでの権威ないし信憑性を主張できるのか」と問うことができるはずである。ところが、その問いが、どうも虚空に吸い取られて霧散するしかない、かのようなのである。

では事態は、たとえば貨幣が流通する根拠と同じなのだろうか。貨幣の流通には、〝現に流通しているから、流通する〟という、根拠らしからぬ根拠しかないように、官の決定の権威も、いわば自己指示的でしかないのだろうか。そう思われるふしも、あるにはある。しかし、どうもそれだけではなさそうである。

「すべてを考慮した」うえでの高次の共通価値を主神とする、新たなパンテオン（万神殿）の比喩をもう一度使って言うと、こうなる。すなわち、この万神殿のもっとも中枢の至聖所は、じつはガランドウで誰もいなければ何も安置されていない。しかし、虚ろであるにもかかわらず、あるいは虚ろであるがゆえに、融通無碍に至聖でありうる。もちろん、そこには誰もいないのだから、「責任者の顔が見えず、誰も責任を取らない」（佐藤栄佐久）。しかし、その至聖所には額がかかっており、ただ一文字「国」と刻まれており、聖なる託宣は、国の名によって宣布される。官の決定が「ことさらに検証されるに及ばない」のは、国の名による託宣だから、ということに尽きる……。

ひとたび「国」の名が唱えられれば、それだけであらゆる反証を超越している、かのごとく、というのだから、これはほとんど宗教に近い。しかも、たんなる比喩を超えて、かなり現実味を帯びてもいる。足尾から東フクシマまでを貫く、巨大で構造的な無責任は、どうも、このことと無関係ではなさそうである。

「国の決定」「国の事業」というように、ひとたび「国の」という形容が付されると、それらの決定は、あたかも「すべてを考慮し、すべてを織り込み済みの最終判断」であるかのような響きを帯びてくる。その要点はこうである。どのような判断・選択にも、それぞれにメリット・デメリットがあり、したがって人々の間で、とりわけ利害関係者の間で、賛否は分かれうる。ところが、ひとたび「国の決定」とか「国の事業」となると、もはやそれらのメリット・デメリットはすべて考慮済み・織り込み済みであって、言い立てられるデメリットもたんに「受忍すべき」代価のひとつでしかない、と言わんばかりの威圧が働きはじめる。これが、足尾から東フクシマにいたる歴史のどの過程にも見られる特徴のひとつであった。

こうした威圧を、佐藤福島県知事（当時）は、いみじくも「ブルドーザーのように、そこのけ・そこのけ」と形容したが、これは「すべてを考慮した」ということだけからは出てこない。そこには、まるで国の決定は「神聖にして犯すべからず」と言い出しかねないまでに居丈高なものがある。ひとたび「国が決めた」となると、どうして、ここまで威圧的な後光が差してくるのだろう。ここにはどうも、近代日本において、「国」という観念が帯びている独自の特質があるように思われる。素人ながら少し原理的に、時を遡って考えてみよう。

「国民国家」の形成

近代化とは、人々が国家によって統合され、「国民国家」が形成される出来事でもある。それは、国家が際立って屹立してくる過程であり、諸種の共同体の機能・権能が国家によって吸い上げられていく出来事でもあった。

中世あるいは近代初期の、「国民国家」が形成される以前の社会は、村落共同体・ギルド・自治都市といった諸種の「共同体」によって構成されており、人々にとっては共同体への帰属が、生活の基盤であった。後に絶対王政を敷くにいたる君主も、当初は有力貴族の一人でしかなかったが、しかし常備軍と官僚を組織して、他の貴族や諸共同体の権能を奪おうとしはじめる。もちろん当初は、貴族・自治都市・ギルド・村落共同体は、中世以来の自治権を手放すまいと抵抗を重ねていたが、しかし次第に、それまでの権限・権能を剝奪され、新たな法制化をへて国家に吸い上げられていく。

こうしてひとたび国民国家が形成されたなら、税の納付先は、もはや領主（殿さま）でなく国であり、賦役をつとめるのは、殿さまのためではなく国のためであり、何より近代国民国家以前には庶民に無縁だった兵役が義務化される。こうした「国民国家」の成立は、まずもって近代西欧が経験したことであった。

明治以降の日本の近代化も、西欧と同様である。精確な史実については史家の教えを待たねばならないが、そのペースは西欧よりもっと激しかったように思われる。明治初年代から一〇年代の、地租改正に抵抗する一揆、郷士・博徒・農民の蜂起も、それぞれ、国家による共同体の権能の吸い上げへの抵抗という側面を持っていたと思われるが、[15] いわば各個撃破され、新たな横のつながりを築けぬまま、ひとり国家が屹立し、旧共同体のつながりは、たかだか個人的な立身出世をサポートする後援団体の機能へと収縮する。[16] これが明治前半の巨視的な風景と言えよう。

国家による共同体の破壊

足尾は、国家による諸共同体の権能の、こうした吸い上げの極致でもある。その際立った象徴が、国家による堤防の破壊である。谷中村は、もともと川が氾濫しやすい沃土地帯に堤防をめぐらせてできた村落であり、堤防の護岸は、村民の絶対的ともいえる義務であった。ところが足尾の鉱毒で上流の山が禿山となって以来、村はしばしば大洪水に襲われ、一九〇二（明治三五）年には二度の洪水で堤防が決壊する。しかし県つまり内務省は、復旧工事を行わずに全村耕作不能の状態を放置し、やむなく村民は自力で水留めを行う。県は、翌春になって村民の要請によって工事にとりかかるが、「誰が見てもおざなり」で、堤防は工事途上のまま流失し、その翌年に再び復旧に着手するが、今度は、あろうことか従前からの護岸を削りとってしまう。[17]

堤防が決壊に瀕した時には、真夜中であれ人手を出して共同で護岸にあたることは、村落で生きるかぎり、いわば絶対的な義務であった。しかし国家は、そのようにして村人が仮留めした堤防を守るどころか、むしろ削りとって、村落を氾濫に任せたのである。これはまさに、国家による共同体の破壊が行き着くところまで行った、極め付きの光景である。

しかも、うんざりさせられることに、話はこれだけでは終わらない。時あたかも日露戦争直後であり、国家は、国民に兵役を要求した代わりに、戦死者には「名誉の戦死」という称号を、遺族にはなにがしかの弔慰金を与えた。谷中村からも五十数名が徴兵されたのだが、そのうちの一人の戦死者遺族に対して、国は、立ち退きの合意書に署名しないかぎり弔慰金を支払わない、という挙に出たのである。[18]

洪水にさらされた村落共同体では、村のために護岸に協力するのが、いわば絶対的な義務であったが、あたかもその義務の延長上であるかのように、農民兵士は「お国のために」、見も知らぬ外国へ出征した。しかし、その堤防は国家によって削られ、あまつさえ召集されて戦死しても、国家の意のままに退去しないかぎり、支払われるべき弔慰金も支払われない。古河鉱山という一営利企業は「強兵」のための「富源」だとする国の政策によって、村落共同体はここまでの犠牲を強いられる。明治の日本は、ときには徹底的に村落共同体を掘り崩すことをつうじて、国民国家になりえたのだった。

非国家的な自治

共同体の解体は、なるほど明治期日本で国民国家が形成される過程だけの特徴ではない。先に見たように、中世以来のさまざまな自治的なつながりが弱体化され、国家へと統合されていくという過程は、西欧諸国が一足先に経験している。では西欧において、絶対王政のもとで権力が一元化され、中央集権国家が形成されたのちは、もはや国家とは異質な、あるいは国家に包摂されない自治的なつながりは、存在しなくなったのだろうか。ひとたび国民国家が形成されたなら、もはや国家を掣肘《せいちゅう》しうる横のつながりは、霧消したのだろうか。時代と地域によって事態は多様だろうから、詳しいことは専門家の教えを請うしかないが、そう断定するのは、やはり即断であろう。

西欧の近代前期では、貴族の邸宅で、やがて街のコーヒー店などで、諸種のサロンが形成され、そこでの恒常的なコミュニケーションが、いわゆる「公論」「輿論《よろん》」をになうネットワークを形成していった[19]。史実の詳細については歴史家の教えを乞わねばならないが、集権的な国民国家の確立とともに、そうしたネットワークが一挙に切断され消滅し、国家を掣肘するコミュニケーションの回路が霧散した、とは考えられない。

そうだとすると、国民国家の成立とともに、ひとり国家が全権力を掌握して屹立し、あとはバラバラにされた個人が浮遊するだけになった、というのではあるまい。したがって「国家と諸共同体」という多元性は、すべて「政府と市場」という二元性へと純化され、公共的な事柄は、ことごとく国家が一元的に管理するようになった、という見方も一面的にすぎよう。

国家と非国家的自治という、緊張をはらんだ多元性は、国民国家以前とは違うかたちではあれ、

（したがってかなり骨抜きされてではあれ）、西欧社会では、なお存続しているように思われる。国家の管理対象とはならない自発的な結社、とりわけ政治結社・宗教団体以外の、諸種の公益団体と、それへの参与の重要性は、近代以降もかなりのものがあったはずである。[20]

それと較べると、明治期の国民国家の形成における、国家への包摂のさまはかなり異様である。先に、官僚制の歴史にふれたときに、日本では近代的な官僚制の成立過程において、西欧の絶対王政にみられたような「君主による統治vsそれを牽制する議会」という二元性が希薄であることをみた（一九四―一九七頁）。このことの含意を、改めて、少し時間を遡って確認してみたい。

「日本国＝神」という河上肇の炯眼

一九〇一（明治三四）年、神田キリスト教青年会館での「足尾鉱毒地救済演説会」で、大学生であった河上肇は、着ていた上着を脱いで寄付し、翌日多くの衣類を救済会に届け、「特志の大学生」として新聞に報じられた。彼は、その後大学院を出て、大学講師、新聞記者をへて京都帝大の講師として経済学を担当する傍ら、興味深いエッセイをいくつか書いている。まず、京都に移って数年後の一九一一（明治四四）年に彼は「日本独特の国家主義」を雑誌に発表している。書かれたのは、時あたかも、広大な谷中村一帯が強制収用され、二七〇〇名以上の村民の多くが、三々五々、火山灰と石のみ多い那須野の荒蕪地に散らばっていったときである。

こうした情況において、河上肇は、こう論じる。いわく、「日本人の眼中・脳中・心中、最も高貴なるものは、国家を措《お》いて他あらず。……国家は、彼らがあらゆる犠牲を供する唯一神にして、彼らは国家を犠牲とすべき他の神あることを夢想だも《ママ》するあたわず。彼らにとりて最上・最高・最大の権威を有する者は国家にして、国家以上に権威を有する者あるべしとは、彼らの決して想像しあたわざる所なり」[21]。

そして彼は、「かくの如く、日本人の神は国家なり」と続け、憲法をこう解説する。「天皇は、この神たる国体を代表し給《たま》う所の者」・「国家神を具体的にしたる者」だから、「天皇は神聖にして犯すべからず」と明記してあるのだ、と。つまり、天皇が神だから日本国が神聖視されるのではなく、むしろ日本人の神は国家だから、天皇が神聖視される、というのである。彼によれば、だからこそ、帝国憲法の第一条は、ちょうど「我は全能の神を信ず」というキリスト教の古典的な信仰箇条の冒頭にも似て、「日本国民の信仰箇条中、最も重要なるもの」だ、というのである[22]。もちろん、これは憲法学的には無理な解釈だろうが、しかし戦前・戦後の連続性を考えるうえで重要な示唆を与えている。

しかし、そうはいっても、国家が神として礼拝されているというのは、比喩としても誇張がすぎるのではあるまいか。なるほどその当時、国家は、国内にあっては村人が総出で仮留めをした堤防を削りとり、国外にあっては、旅順攻略にみられるように、大量の機関銃が待ち構えているコンクリートの要塞にむかって、小銃一丁で突撃することを求める。こうした国家は、たしかに「あらゆる犠牲を供する神」に擬せられよう。しかし、洋の東西を問わず、近代の国民国家は、国家が国民を保護する代わりに、国民には納税と兵役を求めるシステムであり、実際、旅順で見られたような大量の「肉弾」突撃は、その十年後にはヨーロッパで何十倍もの規模で再現されたではないか。

では、明治以降の日本で国民国家が「神」だというのは、河上の誇張にすぎないのだろうか。そもそも河上は、明治国家のどういう点に「日本独特の国家主義」を見てとったのだろう。その国家主義は、もはや国家を神とする宗教だ、と認定したのは、どうしてなのだろう。

前者について彼は、こう述べる、「日本現代の国家主義によれば、国家は目的にして、個人はその手段なり」。それに対して、「西洋人の主義」によれば「個人が目的にして、国家はその手段たり」[23]。こうした「個人か国家か」という点での西欧との対比は、すでに自由民権運動の時代に中江兆民などによって強調されてきたし、この対比は、今日でもなお重要性を失っていなかろう。しかし、明治以降の日本において、個人を国家のための手段とする考え方が支配的になったとしても、それだけをもって、国家が神であったと断ずるのは、いささか飛躍がすぎるであろう[24]。では、日本では国家が神だというのは、いたずらな誇張にすぎないのか。それを考えるためにも、河上の別の小論を見てみたい。

「社会を家となし居る」ヨーロッパ

河上は「日本独特の国家主義」を著して数年後、留学中のヨーロッパから、「鍵附の戸と紙張の障子」と題した、興味深い小文を新聞に寄稿している。そこで彼は、生まれてはじめて暮らしたヨーロッパの都会の住宅では、各人の居室が厳重な鍵で遮断されていることに辟易とした、という感想から書き起こし、こう述べる。「西洋人は室をもって居る、しかし西洋には家がない。……家を有せざる彼らは、或《あ》る意味において社会を家となし居る。……彼らは公園を家として居る。……彼らはまたカフェーを自分の家として居る。彼らはここに来てトランプを遊び、新聞を読み、手紙を書く。……公園やカフェーでは、多勢の者が皆一緒である。……（西洋人は）家をもたぬ代りに社会を家とせる趣がある[25]」。

巨視的に見れば、これは、いち早く国民国家へと統合されたヨーロッパの風景、しかも一東洋人の目に映った風景でしかない。しかし、「社会を家となし」、自分たちの〝居場所である社会〟を共有している市民たちの生活への眼差しには、注目していい。しかも、興味深いことに、西欧人は「社会を家となし」ているが、日本にはそうした社会がない、という河上の観察は、当の西欧人によって裏書きされてもいる。

「日本では、社会（society）というのはほとんど全く政府筋のものである。イギリスで田舎の名門といえば、官職を引き受けるものも引き受けないものもあるが、引き受けた場合にも、それですこしでも家門の名誉が増すわけではなく、それどころか逆に官位の方に箔が付くのであるが、そういった名門に当るものが日本には皆無である。……皇室（というより皇室の名において行動する者なら誰でもいいのだが）は古い封建制の廃墟の上に新たな官僚制を築いたが……この官僚制こそ国家そのものでありまた社会でもある」。

これは、明治初年から日本に滞在したイギリスの外交官チェンバレンが書き残したものだが[26]、ここで言われている“society”は、近代西欧でのいわゆる「社交界」にすぎず、「国家と社会」というかたちで問題になるような巨視的な社会ではないかもしれない。しかし、チェンバレンが社交と「官職」との距離を強調しているように、彼の念頭にある「政府筋」とは異なる社交は、「国家 vs 社会」というときの「社会」のひとつの横糸となっている。したがって、チェンバレンが指摘した「政府筋」でない社交界の不在は、国家行政と拮抗しうる社会の希薄さの兆候であったこともまた否定できまい。

「社会を家となし居る」、あるいは居場所となる社会を共有している、という河上肇の観察は、たまたま彼が滞在した時のヨーロッパだけのことにすぎないのか。どうもそうではなさそうである。ここでは現代の一事例をみてみたい。ヨーロッパの歴史的な都市は、第二次大戦で大きく破壊されたにもかかわらず、中世以来の街並みを保っているところが多い。

法学者の名和田是彦が調査したドイツの諸都市では、住民は、自分の持家であっても、ドアや塀のペンキの塗り替えはもとより、場合によっては樹木の剪定《せんてい》にいたるまで、当該地区の評議会の承認なしには手を付けられない。「地域評議会」は、市議会と同様に住民の直接選挙で構成され、大は都市計画から小は個々の建物の建築許可にいたるまで、「区域内で公共的利益に関わることすべてについて協議する権利」を有しており、日本の住民自治会にくらべると「異質な存在と思えるくらい強力」な機関であるが、住民なら誰でも出席して自分の私的利害を主張できるし、そう奨励されてさえいる。評議会のメンバーは、そのように私的利害を主張する住民の面前で「地域みんなのために決定する」のだという。[27]

コモンとしての社会

河上肇や名和田是彦の所見が、どこまで一般性をもつかという判定は、専門家にお任せするしかない。しかし、これらの所見は、共通するある大切なことを示唆していると思われるので、ここでは、そのことだけに注目したい。河上が暮らした街でも、名和田が調査した都市でも、住民たちは、なるほど「同じく〇〇国民」として統合されているかもしれない。しかし、この町・村、この組合・社中というつながりは、〇〇国という国家に由来するよりも、むしろ、特定の誰ものでもなく・どの領主の領地でもない、いうならば「共有地（コモン［ズ］）」に由来しているのではあるまいか。それぞれに個別利害を主張し合ったうえで、なお「我々みな」のためになることを選ぶという自治は、そうしたコモンを共有することではじめて共に暮らしていけるのだから、という意識があって可能になっているのではあるまいか。

近代以降は、なるほど、「〇〇国あっての××町、××社中」という形で国家に統合されたかもしれない。しかし、長い歴史のなかで、「われらが××」は、どの国の領土で・どの国の行政のもとにあったかということとは、少なくとも相対的には独立した、持続的な単位だったはずである。その際に住民たちは、水路や道路、広場や公園、あるいは一定の資源・仕事場を、いわば共有地（コモン［ズ］）として共有する朋輩同士として、水平につながる間柄を生きていたと思われる。

仮に、こうした水平的な朋輩同士として共に暮らすあり方を「コモンとしての社会」と呼ぶとすれば、そうした水平的なつながりが一挙に断ち切られて、バラバラにされた個人が一夜にして「国民」として均質化され、垂直的に統合された、とは考えにくい。そうした水平的なつながりは、そう容易には国家に糾合されがたい結合力を、それなりに保持し続け、むしろ、人々を「国民」として一元的に統合して「国家のための手段」とすることに抗う基盤となった、とみるべきであろう。そうしてみると、もうひとつ別の面での、西欧との対比が問題になってくる。

キリスト教の神と日本の神

河上の「鍵附の戸と紙張の障子」でも名和田の報告でも言及されていないが、西欧の都市・村落・組合が、コモンを共同利用する水平的な社会であったとき、そこには教会があった。なるほど名和田が描いている現代では、全世界的に「世俗化」が浸透しているのだから、もはや教会に言及する必要はないかもしれない。しかし、河上が描いた一世紀前のヨーロッパについてであるならば、そこで人々が礼拝していた神と、その超越性にふれないわけにもいくまい。

これも雑な話にはなるが、キリスト教の神は、宗教史的にも比類なき超越性・絶対性を特質としている。そうした絶対的な超越神が信じられているところでは、神以外の何ものも神聖ではありえず、こと政治にかんしても、「カエサルと神」が同列に置かれることは、少なくとも理論的な言説においては考えられない。絶対王政は、その成立期に王権神授説をもって、自らの政治的な絶対性を基礎づけようとしたが、そこでは王も王国も絶対神の被造物にすぎないのであって、王や王国そのものが神聖だということはありえない。西欧において、国家があらゆる権能を一元的に吸い上げえなかった背景には、こうした宗教的な伝統があったはずである。もちろん、国家と社会という多元性を、国家と教会との緊張関係と重ね合わせるのは暴論であろう。しかし、社会が、容易には国家に一元化されえないとき、その背景には、国家が神の地位を占めることはできない、という長い歴史があったことを無視するのも乱暴にすぎよう。

それと比べると日本では事情がかなり違う。西欧的な超越神は不在で、代わりに「八百万《やおよろず》の神々」がさきわっていた。その伝統に忠実たらんとした本居宣長によれば、「尋常ならず、すぐれたる徳のありて、かしこきもの」が神なのであって[28]、森羅万象と隔絶した超越性は、そこにはない。

そのように、自然も人為をも超越する絶対的なものがない宇宙において、「皇国」は「万の国にすぐれて尊き」ことが、宣長によって学の根幹におかれたのである[29]。その結果、「万の国にすぐれて尊い」「皇国」は、すべてを凌駕する価値の座にもなりえた。実際、国学平田派の高弟、佐藤信淵《のぶひろ》によれば「皇大御国は、大地の最初に成れる国にして、世界万国の根本」であり、それゆえ「全世界をことごとく郡県となすべく、万国の君長みな臣僕となすべし」という話になるし、[30]吉田松陰をはじめ多くの幕末志士に多大な影響を与えた水戸学の会沢正志斎《せいしさい》によれば、日本は「大地が最初に成れる」のを通り越して、それ自体が「神州日本」だ、ということなる。[31]

なるほど、「万の国にすぐれて」というかぎりでは、「ドイチュランド、ユーバー、アレス（すべてを凌駕するドイツ）」というのと同列で、ことさらに「神」が突出してくる余地はないかもしれない。しかし、超越神が不在であるがゆえに、「万の国にすぐれて尊い国」は、神の座を占めて、「神州」になりえたのである。[32] こうした「神州」「神国」の「威霊」の賛美は、超越神信仰のもとでカエサルと神が峻別されるところでは、少なくとも理論レベルでは考えられない。

ヒトラーは、「総統（導き手）」として自分を崇拝させることまでは出来たが、自分を神として礼拝させることはできなかった。そのヒトラーは、天皇が神として礼拝される日本の文化を羨望したと伝えられているが、[33] 国策は「力ずくでも」強行すべきであって、国策への非服従は、すなわち「非国民」「国賊」だとする近代日本の潮流の起源には、こうした日本独特の「国家」の神聖化も与っていたはずである。

では、河上肇による欧州の都市生活の描写と、名和田是彦によるドイツの都市評議会の調査をもとに考えてきた結果を少しまとめてみよう。

「国家教」の出現――国家による公共性の簒奪

国家と社会の二元性がまだ生きており、国家が社会のすべての機能を吸い上げてはいない段階の西欧では、歴史的に見れば、超越的絶対神との垂直的関係が強く影響しており、社会経済的には、近代以前からの「コモンとしての社会」における水平的な関係がいまだ一定の力を発揮している。こうまとめることができよう。したがって逆にいうと、

①歴史的に、超越的絶対神の座が空位であり、

②社会経済的に、水平的な朋輩同士としての共存が希薄である、

そのような社会では、政治思想としての「国家主義」は、「国家教」と化しうる。すなわち国家が神の座を占めるかのような現象が、日常となりうる。

こうして出現する「国家教」の眼目は、社会としての公共性《パブリック》が、すべて国家に吸い上げられてしまうところにある。すなわち「公私」の別は、「官民」の別に吸収され、それに代えて「〝公＝国＝官〟 **vs** 〝民・私＝エゴイズム〟」という二項対立が新たに発明され、一切はここへ流し込まれる。こうして国家教のもとでは、「国策 **vs** エゴイズム」という正邪二元論が捏造される。一言でいえば、それは「官＝国による**公共性の簒奪**」である。

厳密な意味でそれは宗教と言えるのか。宗教性が強い側面もある。戦没兵士の霊を神として祀る靖国神社－国家神道はその極致である。[34] しかし、超人間的なものを祀る宗教であるか否かは、

ここでは本質的な問題ではない。大事なことは、「公を官が簒奪」し、それによって国の決定は不可侵とされることであり、そのようにして宣布される不可侵性は、宗教に特有の「知性の犠牲」（M・ウェーバー）と、少なくとも部分的には重なりあう。これがポイントである。

そのときには、カリスマ的な独裁者がいなくとも、「国策」の不可侵性は、そうした独裁政権と同等に、あるいはそれ以上に強力かつ円滑に浸透する。約言すると、・あたかも国家が、一切の人為に先行する神聖な実体に根差しているかのような表象が流布し、・国家＝官が、公共性をそっくり簒奪し、その結果、「国家の決定」に対しては、宗教現象に類する「知性の犠牲」が捧げられる。

こうした政治文化を、本書では「国家教」と呼ぶ。それ以上の含意は、ない。では、こうした国家教は、現実には、どういう姿をとってきたのだろうか。

国策崇拝と「知性の犠牲」

ただでさえ社会が希薄ななかで、国策が、〝絶対、神聖にして不可侵〟であるかのように罷り通る。これこそが、前章でみた「検証のなさ」の核であり、それが、巨大にして複合的かつ構造的な無責任を現出させていた。では、3・11にいたり着く「検証のなさ」が、いかに非合理であるか、またその非合理性が、どのように・どれほど「国の決定」に対して、宗教現象に類する「知性の犠牲」を捧げているのか、くどいかもしれないが、再確認しておこう。

今から半世紀以上も昔、原子力は、あたかも永久機関を実現する「夢のエネルギー」であるかのようにもてはやされ、超小型の原子炉を内蔵した小児型ロボット（鉄腕アトム）が大人気を博していたが、ちょうどその頃（一九五六年）、わが国の最初の「原子力基本計画」において、「夢の増殖炉」と当時呼ばれた核燃サイクルの国産化が最終目標と定められた。核廃棄物から高濃度ウランやプルトニウムを生成させる技術を国産化しよう、というのである。

しかし「夢の増殖炉」が夢でしかないことが徐々に明らかになり、一九八三年には原子力最先進国アメリカが高速増殖炉の研究予算を否決し、八八年にはイギリス、九一年にはドイツが、高速増殖炉の大型実験炉を閉鎖し、原発大国のフランスでさえ二〇一〇年には実験炉に終止符を打っている。日本は世界で唯一「核燃サイクル」の旗を掲げ続けたが、実際には数年ごとに計画が改定されるたびに、実現の見込みは一〇年単位でより遠い未来へと先送りされ、結果的には当初の基本計画からは全くかけ離れたものになっている。

にもかかわらず、経産官僚の手になる「エネルギー基本計画」では、その年（3・11の一年前）のバージョンにおいても、なお、こううたわれている。「核燃料サイクル」は、発電での原子力の優位をさらに高めるのだから、「中長期的にブレない」確固たる国家戦略として、引き続き「国が前面に立って取り組む」と。[35] もちろん、すべての経産官僚が、こうした国策強行派だったのではない。実際、経産省のある若手官僚たちは、海外の事態の推移と日本の事業の進捗を分析し、核燃サイクルの実験炉に注ぎ込まれてきた莫大な国費（「一九兆円」）の妥当性を検証する必要性を訴えた。しかし、それだけのことで彼らは左遷され、中心人物は霞が関を去るはめになった[36]。

半世紀も前、高速増殖炉がいまだ技術的に可能だと思われていた頃に、その実現をめざすプロジェクトを組むことは合理的であったかもしれない。しかし事態が右のようになってもなお、技術的な合理性も、経済的な合理性も一切無視して、検証の必要性を訴える内部からの声をつぶせる、というのはかなり異様である。そこで働いている思考は、官僚諸氏には失礼だが、もはや「知性を犠牲」にする宗教の領域で浮遊しはじめている、と言わざるをえない。

こうした知性の犠牲には、当然のことながら、先にふれたようなさまざまな因子が与っていよう(第Ⅲ部第六章)。官僚によく見られる自信過剰、いったん握りしめた所轄事項・権限を手放すまいとする執着、あるいは国策を担ってきた先輩の顔をたてて自分もゆくゆくは、という打算等々、さまざまな因子が、実際には複雑に働いているのかもしれない。しかし、そうした全てによっても、思考があそこまで非合理の圏域で空転できた、という事実を説明するのは難しい。そこでは、やはり、宗教的な情熱をもって「知性の犠牲」が捧げられていたとしか思えない。もちろん、官僚諸兄姉が、「神州日本」を自覚的に崇拝する国家教徒だと言っているのではない。しかし、「国策は不可侵」と言わんばかりにあらゆる異論を切り捨てることができたとき、その根本には、国家教が通用しているということが、無意識にではあれ、大前提とされていたはずである。

思考がこのように「知性を犠牲」にする圏域にシフトしていくと、それだけ事態は、戦前とよく似てくる。満蒙が「生命線」であることは資源小国日本にとって再考不能な根本前提であるとし、〝国策は神聖にして不可侵〟といわんばかりに「力ずくで」満蒙の領有を進めた国家運営は、8・15の文字通りの「焦土」をもたらすまで、指一本触れえないかのようだった。そのようにして国策が、その「不可侵」性ゆえに検証を超越するようになればなるほど、中期的に「ブレない」国策に合わせて、事態の描写のほうが融通無碍に書き換えられていく。ちょうど第二次大戦において、退却が「転進」と言い換えられ、「強要された全滅」が「玉砕」と言い換えられたように、原発での事故は、すべて「事象」と言い換えられ、〝さまざまな事象は生じたが、事故は起きていない〟と強弁が重ねられる。まさに、このようにして3・11にいたったのである。

ここまで非常識に真実を隠蔽し、真実の描写をゆがめてでも、検証の必要性を拒絶できるということは、〝不条理なるがゆえにわれ信ず〟とまでは言わないが、おのが知性を「ブレない国策」という至上の価値の祭壇に犠牲として捧げる行為に近い。丸山眞男が「超《ウルトラ》」と冠した「国家主義」は、まさしく国策崇拝の域に達しており、そうであるがゆえにまた、第Ⅱ部でみた〝心理的ブーメラン効果〟をより強烈にしたのであった。何よりこれが、国家教の重要な側面である。しかし、もちろん、それだけではない。

「犠牲はやむなし……」

崇拝は、なんらかの犠牲を伴う。真実を隠蔽・歪曲してまで「国家の決定」を護持しようとして「知性の犠牲」が捧げられるときには、国家による決定の犠牲者が出るけれども、国家崇拝が宗教性を帯びれば帯びるほど、犠牲者は、「生贄」とまでは言わないとしても、「気の毒ではあるが、やむをえない」として見棄てられる。

その嚆矢《こうし》は、すでに足尾の〝幕引き〟において如実に現れていた。鉱毒に冒された村落を買収して水没させ、被害民を離散させるという「最終解決」が〝粛々と〟実行されたとき、当時の代表的な新聞はこう報じた。いわく「（田中正造）翁には気の毒なれども、法律の結果、余儀なき事」だ、と。[37] ここには、田中正造がかろうじて同情の対象として言及されるが、彼が生涯をかけて寄り添おうとした被害民には一言の言及もない。官政財一体となっての所業についても、一言の言及もない。あるのは「法律の結果」ゆえ「余儀なし」という追認だけである。こうして代表的な新聞もまた、足尾の最終処置の報道にあたって「谷中村問題は、いよいよ解決すべくそうろう」と断定してはばからない。申し訳のように「気の毒」ということばはあるが、それも単に「翁に」であって、一人ひとりの被害民にではない。被害民は、ここではすでに見殺され、視野の外へ放逐されている。

しかも、そのときには直接的な犠牲者以外はすべて「法律の結果」を追認し、そのことによって共通に受益する者たちとして、一括されている。国家の決定を至上とする国家教は、このようにして直接の犠牲者とそれ以外の者たちとを裁断し、後者を一律に国益の受益者として平準化する。国家教がたんなる形而上学ではなく、強力な政治文化であるゆえんである。

では、原発の場合、どうなのだろうか。たしかに、足尾と東フクシマでは、被害の性質が違う。したがって犠牲者が見殺しにされるその仕方も、受益者の囲い込み方も異なっている。しかし、だからと言って、東フクシマには国家教の影はない、ということにはならない。見るべきことは多岐にわたっているが、ここでは、ひとつだけ挙げておこう。足尾の場合、被害民の窮状は、ある一定の時期に断続的にではあれ、かなり詳細に報道された。しかし東フクシマの東電事故の被害者にかんして、事故当時の居住地域や避難先が多様であったことも与って、その状況にかんする情報は個別化して分散し、報道も断片化しがちであり、逆に視認が困難になっている。

それに加えて、どの原発でも日常化している被曝労働は、ほとんど報道されず、かぎりなく視野の辺境へ追いやられ、それと同様に未来の被曝者、累積放射能に曝《さら》されるであろう未来世代に注目が集まることもほとんどない[38]。このようにして直接・間接の被害者の状況がことごとく視野の周縁に追いやられ、それ以外の人は、みな同じ「国益」を享受する「受益者」であるかのように描かれがちである。

もちろん3・11以前にも、とりわけ一九八六年のチェルノブイリ事故以来、被曝労働の過酷さや、放射性廃棄物が累積する危険については、しばしば語られてはきた。しかし、少なくとも3・11にいたるまで、そうした危険にかんする情報に対しては、それらを視野の外部に放逐しようとする強力な圧力が働いていた。すなわち、〝原発の危険性を語るのは、反体制派、すなわち国家の転覆をはかる過激派だ〟とする、排除の圧力である。[39] この排除の圧力は、〝原発を廃止したらエネルギー危機になる、あるいは地球温暖化が加速する〟といったかたちで、均質な「国益」を宣伝することとセットになって機能する。

まさしくここに、国家教のもうひとつの姿がはしなくも露呈している。国策への異論は、政策への異論ではなく、国に対する反逆とされ、まるごと排除の対象となる。これは、国家教の教義である。

国策批判者は「非国民」

谷中村の取り壊しの強行を、「(田中)翁には気の毒なれども、法律の結果」と新聞が報じたとき、そこでは〝気の毒ではあるが、もはや抗う根拠がない〟と暗に語られている。なるほど「抗う根拠がない」という言い方は、多義的である。あるときには、相手が強力すぎるので、なお抵抗することは非合理だ、ということを意味する。しかし、この場面で「気の毒だが、法の定め」と語られ、「問題は、いよいよ解決すべくそうろう」と結ばれているときには、そうではない。事ここに及んであえて抗うのは、もはや反逆である、と宣告されている。まさしくこれが国家教の姿に他ならない。

「国家の決定」には、「知性の犠牲」を捧げてでも従うべきあって、「国家の決定」に抗うことは正当化できない。これが、国家教の教義であり、したがって国策への抵抗は、いわば不敬、神聖冒瀆なのである。

基本的な政策をめぐって対立が生じるのは政治のつねであり、その対立は、ときとして暴力的な衝突にエスカレートする。こうしたことは、どこでも起こりうる。しかし、国策に服従しないなら、その者は抹殺されて当然だというのは、少なくとも一たび近代化された国家では、きわめて異常である。近代の国民国家が生成途上にあったフランス革命でのジャコバン独裁や、遅れて近代化したドイツでのヒトラー、ロシアでのスターリンの独裁に典型的に見られたように、政敵を平然と〝粛清〟しうる狂信的な政治思想は、かなりの宗教性を帯びてくる。[40] 宗教にあっては、ひとたび瀆神と認定できたなら、悪魔ないしその手先として抹殺の対象とすることもありうるから、である。

こうして国家教にあっては、国策の批判は、たんなる政策批判を超えて、神聖冒瀆に類するものとなる。しかし、こうした国策の神聖化は、必ずしも近代国家の骨格を壊すまでの独裁・強権国家を必要とはしない。これが、国家教の肝要な点である。すなわち、国策の批判という神聖冒瀆に対しては、国家の名をかたる個人テロという対抗手段がありうる。「天に代わって」不義を討つと（勝手に）自任する「天誅」が、天の裁定を仰ぐ必要がないのと同様に、国家教における国策批判者への「天誅」もまた、国家による強権的な弾圧とは少なくとも法的には別である。[41]

こうした政治的な個人テロは、かつては日本でも顕著であった。そもそも幕末の尊皇派は、「神州日本」を夷狄《いてき》に踏みにじらせるというかどで開国派に「天誅」を加えるところから政治活動を開始したのであって、この「天誅」という手法は、明治以降も、「壮士」を名乗る不平士族に受け継がれ、近代日本の右翼ないし国粋主義の際立った特徴のひとつを形作ってきた[42]。

国策に楯つく「国賊」「非国民」には、私的に「天誅」を加える。こうした政治的な個人テロの嚆矢は、満洲事変に二年先立つ一九二九年の、山本宣治の暗殺であった。その前年に日本政府は、「神聖なる国体（国の本質）」の転覆をめざしていると認定した政治団体に対して未曾有の弾圧を行い、当時の法律をも無視した拷問を行っていた。山本は、その団体とは無関係であったが、弾圧における拷問の実態を暴露して質問をしたところ、それに対する司法大臣の答弁は、こうであった。「山本さんの院内における御言葉が、院外に於《おい》て責任なしとする憲法の保障の下に、無責任に議場でお話になるとは、私は思いませぬ。申されたことに対して責任をもたれる御覚悟であろうと拝察致す[43]」。

今の私たちには分かりにくい答弁であるが、「院外に於て責任なし」というのは、議会での言論の自由を保障した明治憲法の条文に明記された言葉である。しかし、司法大臣は、憲法に記された保障を逆手にとって、こう切り返したのだ。いわく、憲法にはそう保障されているが、政府による不当弾圧を暴露したからには、院外においても責任をとる覚悟があるのだろうな、と。これは、そこまで政府を批判するなら、院外で何が起きても知らないぞ、という無言の脅しに他ならない。事実、山本宣治は、この無言のシグナルに反応した警官あがりの右翼によって、ひと月もたたないうちに暗殺されたのであった。

このように国家教のもとで、国の意向に正面から逆らうことは、「国賊」「非国民」だけに行いうる神聖冒瀆であり、憲法による保障などを無視して、その存在を抹殺しても、何ら問題はないというのである。国にまつろわない者へのバッシングは、その後、「憂国の至情」に動かされた個人テロの簇生《そうせい》へと受けつがれ、日本は言論の自由が露骨に圧殺される時代を迎える。こうした右翼ないし国粋主義の運動にあっては、軍隊を動員したクーデタでさえ、実際には同時多発的な要人テロでしかなかった。

戦後の個人テロと脅迫

しかし、それは主権在民の憲法をもたない戦前の話であって、戦後は、断絶しているのではなかろうか。残念ながら、必ずしも、そうとは言い切れない。政治的見解の相違は、見解を異にする集団・党派の対立をひきおこす。繰り返せば、これは、どの社会でも起こりうる。しかし対立する陣営の個人を脅迫して沈黙させ、沈黙しない場合には危害を加える。これが、幕末の「天誅」以来、近代日本の国家教に典型的な現象であり、個人テロはそのもっとも可視的な形態であった。

そう考えてみると、なるほど戦後一五年たっての浅沼社会党委員長の暗殺などを例外とすれば、山本宣治の暗殺にはじまる個人テロの系譜は、途絶えたかのようにも見える。しかし、〝国をおとしめる〟と認定した個人に対して、個人的な威圧・脅迫を私的に加える、という右翼の〝伝統〞は、いまも生きて働いている。昭和天皇の戦争責任に言及した本島等・長崎市長（当時）は、山のような脅迫状を送り付けられたあげく、一九九〇年に右翼によって銃撃される。[44] 二〇〇三年にバクダッドのストリート・チルドレンの保護活動に携わっていて、自衛隊のイラク派兵に抗議する現地勢力の人質となった高遠菜穂子さんは、彼女の人道的活動を知っていた現地の多くの人々のおかげもあって解放されたけれども、あろうことか日本に帰国してからは、「自衛隊派遣を妨害した国賊」というバッシングにさらされ、右翼からはお定まりの「天誅」予告が多数寄せられた。[45] そして現在では、たとえば、軍慰安婦をめぐって、報道関係者や研究者、教育者への個人的な脅迫が絶えることがない。

しかし、そうした右翼の個人テロの伝統は、「神州日本」を拝跪《はいき》する狂信的な国粋主義に特有のものではあっても、たとえば核燃サイクルという「国策」を護持する国家教とは別物ではあるまいか。もちろん、違いはある。しかし、ちょうど戦前の「皇道派」と「統制派」が両々相まって「国策」の絶対性を現実のものとしたように（一九一頁）、官僚が「知性の犠牲」を捧げて維持しようとする国策は、反対者に「非国民」「売国奴」とレッテル貼りして脅迫する個人テロの伝統と相まって、強力な排除効果を発揮している。実際、ネット空間では、脱原発を説く論者に対して、しばしば「非国民」「国賊」という攻撃が繰り返されてもいるのである。

さて、足尾から東フクシマへ走っている巨大な地下水脈を辿って、話が多岐にわたってきたので、このあたりで振り返って、大きな論点を再度まとめておこう。

①足尾から東フクシマにいたる流れは、なすべきことを行わない「不作為」を重ねる「構造的な無責任」でつながっており、その核は、外からの問いかけ・呼びかけを撥ねつけるところに、もっとも具体的には「検証の必要性」を拒否するところにある。

②しかし、そうした応答の拒否は、当人たちにあっては、ノイズ（雑音）とメッセージとの正当な振り分けであるかのように意識されており、かつ、そうした振り分けが、自分の所属している集団・そこでの自分の位置によって正当化できるとされている点で、その無責任は「構造的」である。

③そうした構造的な無責任を生みだしているのは、たんに自分を「役割」と同化させてしまう小心さだけでなく、「すべてを考慮して」という、官産政学‐複合体ゆえのコミュニケーションの見かけの多面性、そして近代日本に特有の「国家教」である。

第八章

国家教はどのように存続してきたか？

しかし、８・15とともに日本は、主権在民の議会制民主主義の国に生まれ変わり、天皇だけが統帥できる陸海軍は廃止され、官僚は「陛下の官吏」から「公僕」に変わったはずである。それとともに教育勅語も廃止され、「神州日本」の「国体」といった神話的観念は、おしなべて教室から退場した。このように明治以来の国家教が機能していた枠組みは、すべて改変されたのではないか。そして思想史的にも、国家教を生みだし支えてきたものをえぐり出す営みが重ねられてきた。[1] それなのに国家教がなお生き続け、かつてと同様の構造的無責任が罷り通るなどということが、どうしてありうるのだろうか。こう問うと、いきなり大上段に構えるようだが、今日にいたるまでの構造的無責任の系譜について、検証がどこか不十分だったのではあるまいか。

８・15以前と以後

富国強兵のための「富源」ゆえに足尾鉱毒の被害民を見殺しにする国策は、満蒙は「帝国の生命線」であると画定した後、ひたすらその線にそって「満蒙の領有」から「華北安定」（という名目の延長での中国侵略)、そして「ABCD包囲網」の突破(を名目とする英米への宣戦布告)へと連続的につらなってきた。こうした一五年戦争総体の検証が、やはりどこか決定的に欠けていたのではあるまいか。国家教の最大の罪過と、そこへ帰着していったプロセスの検証のどこかが欠けていたために、国家教の少なからぬ要素が、手つかずで生き続けてきた、という可能性はないだろうか。

たしかに日本は、8・15を境にして「富国強兵」の一方の柱だった「兵」を廃した。これは直接目に見える巨大な変革である。しかし、このひとつだけをもって、戦前のすべてが更新され、そこから平和で豊かな「文化国家」がはじまるかのような集団的錯覚が働いていなかっただろうか。いうなれば、「国防国家」マイナス「軍部」プラス「科学」、イコール「文化国家」であるかのように、である。[2]

この単純な足し算・引き算では、重要なことが見落とされていたのではないか。そのために、この足し算・引き算を行った後も、国家、(武官以外の)官僚、巨大企業、技術者・科学者共同体は手つかずであり、結局、官産学の複合体も、公共性の官による簒奪も、したがって国家教の核心部も、そのまま生き残ったのではあるまいか。あの引き算・足し算において、たとえば「財用を濫り、民を殺して、亡びざるの国なし」という、血の出るような田中正造の叫びは、ほんの少しでも顧みられただろうか。ほとんど顧みられなかったとしたら、なぜ、そうだったのだろう。

こう問うと、一九四五年の、第二次世界大戦の終結をもって、日本と似た課題を負ったドイツとの比較は、やはり避けて通るわけにはいかない。

日本とドイツ——戦争責任の取り方

戦前の日本とナチス・ドイツは、その政治体制も、戦争に突き進んでいった過程も違っていた。しかし、ともに戦争をはじめた側であり、また戦争遂行・占領地統治にさいして、慣習的にも戦時国際法的にも許容しえない非人道的な蛮行を行ったという点で、ドイツと日本は、同じく戦争責任を問われた。ごく大雑把にまとめてしまえば、賠償と〝再発防止〟の責務である。

前者の賠償にかんしては、これまた雑な区分だが、二通りある。ひとつは国家間賠償であり、もうひとつは個人・私人に対する国家補償である。日本もドイツと同じく、国家賠償は行った。ただし日本の賠償は、少なからぬ国家に対して、平和条約の締結の遅れを利用して「値切るだけ値切っ」たうえで、日本企業の現地進出に資するような支払い形態でなされたのだけれども[3]、国家間賠償という点にかんしては、ドイツとのさしたる違いはない。違いは、個人・私人に対する国家補償にかんして、である。

日本は、相手国政府の請求に応じて交渉を行って賠償を支払ったが、政府を経由しない請求はすべて門前払いにしてきた。これは、二〇世紀前半までの国際法で主流をなす見解に棹さしたものであって、明白な国際法違反ではないかもしれない。しかしドイツは、そうした、いわばミニマムの支払い義務を超えて、政府による請求を経ない個人・私人への国家補償をも支払い続けている。この違いは、大きい。とりわけ第二次世界大戦のように、戦闘範囲も被害も多様で大規模な場合には、そして戦後の国家・国境の変動が著しい場合には、被害を受けた個々人への補償は、特定の国家への賠償だけでは困難である。そうである以上、ドイツのように、強制収容所に監禁した個人や、戦時中の軍需工場で強制労働をさせた個人に対して、政府間の賠償とは別個に、国家補償に応じたのは、きわめて理にかなった責任ある対応である。

国家単位のみならず個人単位でも賠償に応じるか否か。この違いは、きわめて大きい。とりわけ、国家間の外交レベルにとどまらず、草の根の民衆レベルでの和解にとっては致命的といっていいくらい大きい。これについては『「責任」ってなに?』(講談社現代新書)という本で多少くわしく論じたので、本書ではふれない。ここで考えてみたいのは、ドイツの取り組みのもうひとつの面、「再発防止」のための取り組みである。

「非ナチ化」という取り組み

何をもって「ナチス」の核心と見るかについては、専門家の間でも意見は分かれる。しかし、細部ではどう見解が分かれるにせよ、その反ユダヤ主義・アーリア至上主義にみられる民族差別、「総統」原理の名による一党独裁、この二つを両輪とする排他的な全体主義がナチスの特質を形作っており、この特質が、他国への侵略とユダヤ人の計画的な大量抹殺を容易ならしめた。このことは否定さるべくもない。

したがって、戦後のドイツ社会が負う〝再発防止〟の責務とは、ナチスの特質を生み出し支えた諸要素を、自ら検証し、それを封じていくことに他ならない。この責務を果たそうとする取り組みは、戦勝国がナチス党員やナチ活動家を摘発し、審理を行って懲役・財産没収・公職追放などの罰を科す、いわゆる「非ナチ化裁判」に協力する、というかたちではじまった。しかし、ドイツ人自身による「非ナチ化」はそれだけでは終わらなかった。

戦勝国が主導する当初の「非ナチ化裁判所」での審理や裁定には、当然予想されるように不備が多く、裁定のバラツキも大きくて、少なからぬドイツ人の反感を買ったと言われている。しかし、ドイツ（当時は「西ドイツ」）の司法当局は、独立を回復し戦勝国が撤収したのちにも、ナチス犯罪の摘発をやめずにドイツの裁判所で裁くことを続け、一九七九年には連邦議会が「ナチスによる殺人罪の時効を撤廃する」法案をついに可決する。ドイツでは、こうした過去のナチス犯罪の執拗な告発・審理とならんで、ヒトラーの『わが闘争』の復刻などを法的に禁止するだけでなく、アウシュヴィッツの存在を否定する極右の長大なパンフレットなどの刊行をも禁止し、歴史の「修正」を法的にも許さない姿勢を保ってきた。本書では、当初の「非ナチ化裁判所」のみならず、ナチスを支えた要素の復権を防ごうとする、こうした広範な努力を一括して「非ナチ化の取り組み」と総称することにしたい[4]。

こうした広義の非ナチ化には、たとえば、悪いことは全てナチスのせいにしようとする風潮を助長するなどの弊害を伴った。しかし、ナチスを生んだ要素を、社会をあげて克服しようとする努力は、個々人への国家補償と相まって、徐々にではあるが、近隣諸国の民衆の信頼の回復につながっていった。この事実は否定できない。ドイツの歴代政治指導者が、日本の首相に対して繰り返し、「歴史をごまかさない」こと・「近隣に友人を持てるようになること」を忠告したのは、こうした取り組みを踏まえたうえでの、同じく枢軸国であったがゆえの友情にもよろう。では、この国は、そうした忠告に耳を傾けただろうか。

日独伊、それぞれの戦争責任

3・11にいたるまでの過程において、先に多少くわしく辿ったように、戦前からの国家教の威力は、かなり強く働いていた。つまり、広義の非ナチ化にあたるような、いうなれば「脱国家教」の取り組みは、日本ではかなり弱かった、ということになる。

もちろん、日本の国家教は、ナチズムとは違うし、日本の戦争責任は、ナチス・ドイツのそれと同じではない。とりわけ日本は、特定民族の「絶滅」を「国策」に掲げたことはないし、国内はもとより占領地からも、特定民族の人々を狩り集めて絶滅収容所に送るようなことはしなかった。その点では日本は、枢軸国のなかではむしろイタリアに似ている。しかし、戦闘終了後の民間人の大虐殺や、「三光（殺し尽くし・掠《かす》め尽くし・焼き尽くす）作戦」、さらには捕虜および占領地住民を監禁しての人体実験、あるいは軍の「慰安所」への植民地・占領地からの女性の動員など、どう値引きしても「人道に反する犯罪」に数えられざるをえない戦時犯罪をおかしたという点では、イタリアよりもナチス・ドイツに似ている。

のみならず、自国民への暴虐という点でも、日本軍は並はずれていた。通常の戦争行為の遂行においては、ドイツ軍もイタリア軍も近代的な軍隊であった。補給を断たれて敵に包囲された軍隊は、降伏することを許されたし、捕虜になることは全力を尽くした証ではあっても、なんら恥ずべきことではなかった。しかし「神州日本」の「皇軍」では、補給を断たれて敵に包囲された軍隊は、作戦の失敗を表面化させないために全滅を強いられ（そうした全滅は「玉砕」と言い換えられて真実が隠蔽され）、もはや攻撃手段を失った戦局では、非正規召集兵（主として学徒兵）が、志願の体裁をとってではあるが、自爆攻撃を促される。それだけではない。日本軍は、自国の民衆が天然の壕に避難すれば、そこから民衆を追い出して兵が占拠し、東京に向かう予定の戦車部隊には、先にもみたように（一三六頁）、空襲をうけて避難する民衆を「轢っ殺してゆけ」と指令する。

このように、ひとたび国が決定した「国策」が、個々の作戦命令までふくめて、「神聖にして不可侵」であるかのように威力を帯びたときには、状況が不利になればなるほど、力のより弱い・より発言権の少ないものへ、理不尽なしわよせが集中する。なるほど法的には、こうした反人間的な国策・軍事政策を裁くことは不可能であろう。しかし、いかに殺戮をこととする軍隊とはいえ、曲がりなりにも法治国家の軍事組織において、なぜこうした非人間的なしわよせが堂々とまかり通ったのだろう。このことの検討が、十分になされただろうか。

すべては軍が悪かった?

ドイツでは、「ニュルンベルク裁判」・「非ナチ化裁判所」という〝勝者による裁き〟とは別に、それらが終結した後も、ドイツ人自身の手によって、ナチス・ドイツの非人間性を公共的に検証する営みが重ねられた。ところが日本では、「東京裁判」という〝勝者による裁き〟が結審した後に、軍国日本の、皇軍の、非人間性が、公共的に検証されてきただろうか。

なるほど、敗戦後しばらくは、高級軍人への怨嗟が渦巻いており、いわゆる〝吊るしあげ〟に典型的に見られるような報復感情の直接的な噴出があったし、いわゆる「転向」者の摘発を足がかりとする「戦争協力者」の告発も盛んだった。しかし、「国家教」ゆえに可能となった構造的な無責任を、社会的につまり水平的なコミュニケーションをつうじて、たがいに我がこととして検証しようとする営みが手薄だった、ということはなかったろうか。その結果、非ナチ化に対応するような「脱国家教」の営みが脆弱だった、ということはないだろうか。

そもそも振り返ってみたとき、満蒙は「帝国の生命線」といったキャンペーンが張られた頃、石橋湛山は『東洋経済新報』によって、「満蒙放棄論」を繰り広げていた。どうして、それに耳を傾ける人が少なかったのだろう。そのキャンペーンにおいて「満蒙は十万将兵の血が浸みこんだ地」とうたわれているが、そのように「血が浸みこむ」過程のただ中で、「旅順よりも谷中の滅亡」と田中正造が訴えていたことに思いいたる人がさらに少なかったのは、どうしてなのだろう。国家教に突き動かされてきたとき、根本的な問題は、結局、一握りの「軍部」の専横に局限されてしまったのではなかろうか。

構造的な無責任体制を解剖するという課題は、一部の軍人の狂信を暴露することへと矮小化され、〝すべては、非科学的な軍が悪かったから〟であるかのように片付けられてしまったのではないか。もし、右に述べたような草の根の社会的な検証が地道に重ねられたなら、それでことを処理することはできない、ということも明らかになったかもしれない。しかし、そうした社会的な検証が希薄であったために、狂信的な軍部の消滅をもって戦前と断絶したかのような思い込みが蔓延したのではなかろうか。もしそうだとすると、国家教に支えられた構造的な無責任は、そのまま存続し続けたことになる。

こうして先にふれたような、「国防国家」マイナス「軍部」プラス「科学」、イコール「文化国家」と言わんばかりの単純な引き算・足し算だけを経て、もっぱら「豊かな文化国家」をめざす復興・成長へとなだれ込んでいったのではあるまいか。では、この足し算・引き算で、何が無視され、何がひどく軽視されてきたのだろうか。それは、一言でいえば、国家教の祭壇に**生贄とされた人々の声**である。

一般に、それまで空気のように、とりたてて意識もしていなかった考え方・感じ方を、改めて対象化して吟味することは、容易ではない。とりわけ、その考え方・感じ方の宗教性が強いときには、そうである。そのような場合、当の考え方・感じ方を対象化して吟味するには、その考え方・感じ方からすると排除されるものが、眼前に現れていなければならない。国家教のもとでの構造的無責任にかんしても、事態はまさにそうである。国家教の祭壇に生贄とされた人々の声が響くとき、はじめて国家教の構造的無責任が、そして国家教そのものが、他ならぬ国家教として対象化されうる。国家教を対象化して吟味するには、国家教に特有の構造的な無責任によって犠牲とされた人々の声に耳を傾けねばならない。

8・15にいたる前の長い近代史において、足尾で見殺しにされた被害民をはじめ、さまざまな人々が国家教の祭壇で構造的無責任の生贄とされていた[5]。なかでもひと際目だっていたのは、当時の官によってずばり「廃兵」と呼ばれていた傷痍《しょうい》軍人、そして戦争未亡人、戦没兵士遺児たちである。高級将校には手厚い恩給が支給されたが、末端の一兵卒の恩給ははなはだ薄く、遺族への公的な支援は必ずしも十分ではなく、あまつさえ貧しい農村では戦争未亡人は、夜這いの標的にさえされていた[6]。

8・15の後は、そうした犠牲者は、質・量ともにより拡大して巷にあふれかえった。上記の人々に加えて、膨大な数の軍属・民間人の戦死者とその遺族たち、沖縄県と都市部を中心とする大勢の被災民・戦災孤児たち、そして無一物で逃げ帰ってきた開拓引揚者たち……。枚挙しはじめればきりがない。ある著名な辞典編者のことばを借りれば、そのように「餓莩《がひよう》〔餓死者〕、路に横り、怨嗟の声、巷に満つる」なかで、しかしながら「欲望の解放」が謳歌され、解放された欲望のはけ口となった裸踊りのダンサーや売春婦の少なからぬ部分は、戦争未亡人や戦災孤児だて、民衆による日比谷焼き討ちが燃えあがったのであろう。[8]が燃えあがったのであり、日露戦争にあっては、弾薬庫が空になったうえでの薄氷の講和に対し線」の確保として迎えられていた。だからこそ、仏露独の三国干渉にあれだけ国粋主義的な憤慨ことになろう。実際、翻って省みれば、そもそも日清戦争がすでに「義戦」を通り越して「利益ことは、敗戦が決定的になるまでは、国家教のことをさほど問題とは思っていなかった、という15を境にして、つまり敗戦の焦土に立って、はじめて被害者意識が前面に迫り出してきたというた……を返せ」式の補償の分け前の要求に結晶したのではあるまいか。しかし、そのように8・むしろ国家教にかんしては、自分たちは**被害者**だ、という自己認定だけが肥大化し、「失われ

肥大化した被害者意識

少なかれ、国家教の信徒でもあった、ということの対象化も不十分だったのではあるまいか。国家教の実態を正視しようとする構えは、かなりお座なりであり、その結果、自分たちが多かれ生き残った男たちの欲望のはけ口とされる。この事実に象徴されるように、国策の絶対化つまり体」護持の保証がないかぎり、交渉には一切応じない。こうした「国策」の直接の犠牲者たちが、「帝国の生命線」は、日本を「焦土にしても」譲らないし、いかに戦局が絶望的になろうと「国りお座なりであり、そのことを怪しむ声もかなりか細かったように思える。ったのではあるまいか。[7]けれども、こうした人々の思いに耳を傾けようとする居住まいは、かな

そのような「国民」として国家に統合されてきた、という根本の事実は、自明とされて問題化されなかったがゆえに、国家教の祭祀において生贄とされた人々の声に耳を澄まそうとするよりも、むしろ聞き流すほうに傾き続けてきたのではあるまいか。先にもふれたように、8・15以前にも夥《おびただ》しい不遇の死者・被害者が生み出されていた。しかしアジアの死者はもとより、戦没者遺族、戦争未亡人、廃兵にすら視線は向かわない。仮に視線の先で出くわしたとしても、「気の毒ではある」が「国策には犠牲がつきもの」なのだから、われわれ私人が手を差し伸べられなくても咎められるいわれはない……と済ましてきたのではあるまいか。もし、そうだとしたら、そのように見て見ぬふりができるということが、すなわち**社会が希薄**だということに他ならない。

「過去に目を閉ざす」日本

それとも敗戦直後は、食うのに手一杯で、戦争寡婦・戦災孤児の姿がよく見えなかった、というのだろうか。もしそうだとしたら、戦前に「廃兵」がどれだけ困窮し、戦争寡婦がいくら夜這いの標的とされても、それらが目に入らなかったのも、食うのに手一杯だったから、なのか。そうではあるまい。

あるいは敗戦からかなり経って、戦後復興・高度成長をとげて豊かになってからは、まだ貧しかった時代に「食うのに手一杯で見えなかった」とされてきた見殺しに、改めて目がいくようになっただろうか。どうもそうは思えない。その最大の理由は、戦争責任をめぐるドイツとの著しい違いである。ドイツは先にみたように個人への国家補償を実施するだけでなく、広義の非ナチ化に努めてきた。しかし、日本の戦後は、それとは異質である。そのことがもっとも象徴的に示されたのが、戦後四〇年の記念行事であった。

そのとき西ドイツの保守党に属する大統領（当時）は、まず、六〇〇万人のユダヤ人死者からはじめて、ドイツの「戦争と暴力支配がもたらした死者たちすべて」に対する罪責を告白したのち、こう述べている。「今日の（私たちの）人口の大部分はあの当時子供だったか、まだ生まれてもいませんでした。……しかし、……罪の有無、老幼いずれを問わず、われわれ全員が過去を引き受けねばなりません。全員が過去からの帰結に関り合っており、過去に対する責任を負わされているのであります」。そしてかれは、こう続ける。「問題は過去を克服することではありません。さようなことができるわけはありません。……しかし過去に目を閉ざす者は結局のところ現在にも盲目となります[9]」。

それに対して同じく戦後四〇年に、当時の日本の首相は、率先して靖国神社に公式参拝しただけでなく、「国に殉じた人に国民が感謝しなければ、誰が国に命を捧げるか」と演説してまわった[10]。靖国神社とは、戦死した天皇の軍隊の兵士だけを「英霊」として祀る宗教施設であり、国家教が、まさしく宗教と融合する臨界点に他ならない。しかも、彼が「殉教者」に仕立てあげた死者たちの大多数は、「人の嫌がる軍隊」に召集され、無謀かつ無責任な戦争指導によって非業の死を強いられた民衆である。この首相の視野には、そうした民衆が「国家教の殉教者」に仕立てあげられて映っているだけで、西ドイツの大統領とはまったく逆に、そうした下級兵士によって殺され、あるいは奪われ、犯された無数の被害者はまったく映っていない[11]。

声のか細い人々へのしわよせ

戦後四〇年という節目での、戦争責任をめぐる日独の政治的指導者の際立った対照は、声のか細い人々に無体なしわよせがどれほど集中したかということに、どの程度の感受性をもっているかの違いでもある。そして、われらが日本の政治指導者におけるその感受性の程度は、その後も遺憾なく発揮された。

ここでは、ひとつだけ例をあげるが、ちょうど各地の原発で事故隠しとデータ改竄が盛んになっていた頃、日本の経済界は、財務官僚が引き金をひいたバブルの後遺症にはじまる不況に悩まされていた。そのとき国は、「規制緩和」という別の思惑ともセットにしてだが、財界とコンビを組んで〝人入れ稼業〟の合法化へと舵を切った。つまり、人件費を削るという財界の要請にこたえて、契約労働者の派遣事業を合法化したのである。要するに、新卒求職者という、立場が弱く・連帯しづらい人々に、一挙にしわよせを集中させたのであった。ここには、そうしたしわよせを黙認した社会の鈍感さも与っているが、その鈍感さは、現になされている非道なことを見殺しにするというよりも、それが招来することの酷さにかんする構想力の貧困という色彩が強かったかもしれない。しかし、そうであったとしても、私を含めて、その当時労働法の保護下にあった正規の被雇用者たちの鈍感さは、改めて問われねばならない[12]。

その結果、何年働いても、どこまでスキルアップしても、いわば〝万年パート社員〟としてしか処遇されない、大量の働き手が生み出された。こうした人々の〝はしり〟の世代は、すでに三〇代を終えようとしていながら、年収二〇〇万超で家計を維持し子どもを養育しつつも、正社員のように企業横断的・職種横断的な組合をたのむことすらできずに、窮乏生活を強いられている。にもかかわらず、ひとたび国が決定した「規制緩和」の国策は、そうそう〝ブレる〟気配を見せず、社会においてもそうした国策の変更を求める声はそう太くはなく、労働法の保護を享受してきた側からの支援の輪もほとんど拡がっていない。

戦前・戦後を貫く国家教

こう見てくると国家教は、思っていたより宗教性が強いのかもしれない。本書で「国家教」と名付けた政治文化が、どこまで厳密な意味で宗教と数えうるのかは、先にお断りしたように（二一五頁）、ここでは立ち入らない。しかしそのうえでも、右のように戦前と戦後をたどってみると、そのある相は、宗教現象になぞらえうるように思われる。河上肇による「国家教」の捉え方にしたがえば、国家が「あらゆる犠牲を供する唯一神」であり、一切の私的な営みは、国家のおかげでこそ成り立ちうるのだから、国家の定めはすべてにわたって神聖にして不可侵ということになる。仮に「国家教」をここまで強く捉えても、戦前・戦後を貫く国家教の連続性を認めうるかもしれない。

その大筋は、こうである。国家という神は、戦前の日本では「国の大義」に殉じて死ぬことを求め、その求めに叛《そむ》く者を罰する厳父であり、本質的に「隠レタル神」であった。それに対して戦後の日本では、沖縄県を半恒久的軍事基地として差し出すという巨大な犠牲のうえでのことだが、国はもはや兵役につくことを民に求めず、死を強要しない。むしろ国は、商売繁盛・家内安全を保障して、「国民を幸《さき》わう慈父・慈母」めいた顔を前面にのぞかせるようになった。しかしそれでも国は、「すべて考慮した」うえでの「最善」を託宣する神として、服従の対象であり、かつ恩恵の源であり続けた、云々。

実際、苦しい時の神頼みもさながらに、〝国に任せておけば悪いようにはならない〟といった国家依存は、少なくとも**おこぼれに与れば**何とかなるという但し書きがついてだが、戦後にも継承されているように思われる。もちろん、国策には多少の**犠牲が伴う**。しかし、それは世の常でやむをえない。気の毒だが運が悪かった、というわけである。国を貶める「国賊」「売国奴」は出て行けという、非国民バッシングの背後には、こうした国家への依存も働いていよう。社会の脆弱さ・セーフティネットの寸断とともに、いわれなく不遇な生活を強いられる人々が増えるにつれて、こうした国家依存が一層強まることが懸念されても、依存が消えるとは考えにくい。

さらに宗教社会学的にいうなら、至高の主神は、信者の日常感覚からすると難解であるがゆえに、しばしば実践的には背景に退き、代わって分かりやすい陪神ないしは霊などへ格下げされた祖先神などが信仰の中心になる。これはM・ウェーバーの重要な知見のひとつであるが[13]、ちょうどそれと類比的に、明治期の国家教の祭司・神官たちは、「神州日本」の崇拝の傘下に、「家内安全・商売繁盛」を祈願する土俗信仰を取り込むのに成功した、と見ることもできるかもしれない。さて、こうした類比の適否はここではおいて、本題にもどろう。

情報の選別・処理と「知性の犠牲」

外からの問いかけ・呼びかけを取捨選択し処理していく際に、そこで作動するフィルター・マニュアルが、「役割」、「すべてを考慮したベスト・ミックス」、そして「国策」と重武装になっていけばいくほど、それらを駆使する人物は自信ありげに見えてくる。自分が置かれていた位置に固有の役割だけに依拠する人物は、ちょうどアイヒマンがそうだったように、折にふれ小心な振る舞いをみせる。しかし「すべてを考慮」したベスト・ミックスを、ひいては「ブレない国策」を楯に、「そこのけ、そこのけ」と肩で風を切っていく人物は、まるで崇高な使命を背負っているかのように、自信ありげに振る舞う。しかし、その振る舞いがこのように自信ありげになっていく度合いは、じつは「知性の犠牲」の度合いと比例してもいる。

外から届いてくる情報を選別・処理して伝達していくときに、人は誰しも、戸惑うことがある。もしかしたら、大事なメッセージを、誤ってノイズ（雑音）であるかのように排除してしまわなかっただろうか。あるいは、メッセージの意味を取り違えて別の部署に伝えてしまったのではなかろうか、といった具合に、である。こうした**誤りの可能性への可感性**こそが、公共的な検証にさらされる用意の有無を左右する。

もし、人が、自分の役割に徹してことを処理するだけであるなら、誤りの可能性への可感性は、必ずしも枯渇しているとはかぎらない。ことと次第によっては、〝いまの役割を離れても、なお同じことを言う用意があるか？〟といった問いかけに応じうる。他人にそう指摘されて自ら訂正するかどうかは別として、少なくとも、その問いかけには動かされうる。しかし「すべてを考慮した」となると、おいそれとは、そうはいかない。いわんや、「ブレない、確固たる国策」を楯にしてきたとなると、その誤りの可能性を認めることは、場合によっては、回心に近い経験が要求されよう。けだし、国家教における「知性の犠牲」が、宗教的なるものと接するゆえんである。

一般的にいえば、情報がつぎつぎに押し寄せてくるなかで、それらを選別・処理するフィルター・マニュアルは、いわば「知性の節約」の装置として不可欠である。したがって、そうした装置なしに、情報の奔流に直に対応していたら、知性が働く余地すら危うくなる。したがって、先に「役割」について指摘したように（一六五頁）、そうしたフィルター・マニュアルそれ自体が問題なのではない。問題は、それによる「知性の節約」が、「知性の犠牲」にまで亢進し、視野を切り詰めてしまうところにある。

情報の選別・処理のマニュアルが、国家教におけるように重武装になると、それは、たんに社会環境のみならず、自然環境からの入力の処理の仕方にも影響してくる。論理的に必ずそうなる、と言っているのではない。しかしながら、そうした重武装化とともに、誤りの可能性への可感性が枯渇してくるだけでなく、知らずして視野が狭められ、見えてくるものが限られてしまう。こうした影響は、いわゆる「希望的観測」ないし「楽観的思考」と呼ばれる現象からはじまって多岐にわたるが、ここでは一つだけ指摘しておきたい。すなわち、「因果系列の単線化」とでも呼べる現象である。

そもそも現実の因果関係は、きわめて錯綜している。降雨ひとつとっても、そこには枚挙していけば限りないほど多様な因子（変数）が関与しており、それら因子間の相互関係もまたきわめて複雑である。たんに、単純な典型的事象であれば、原因から結果への系列を、ごくかぎられた数の因子のあいだの、一方通行の因果関係として描けるというにすぎない。

もちろん、そのように単純化された因果系列を抽出し、数理的に表現できるようにしたことは、近代科学の重要な成果であり、現代生活を支えている技術は、この成果に負っている。しかし繰り返せば、そのように単純な因果系列として描けるのは現実のほんの一部でしかない。したがって、そうした簡潔な因果法則をもとにして自然に介入していく技術も、そこでは算入されていなかった諸因子の関与によって、さまざまな随伴結果・副作用を伴う。そして、自然への介入の度合い・範囲が大きくなればなるほど、副作用も多様になり複雑になる。しかし、情報処理のフィルター・マニュアルが重武装になってくると、かえって、そのフィルターで入力できる因子にかぎって、特定の因果系列を追うだけ、という可能性が大きくなる。繰り返せば、論理的にそうだと言っているのではない。しかし、そうなる可能性が高い。だからこそ実際に、二〇世紀の後半になって、「複雑系」（初期状態のごく微細な揺らぎが、終期状態を多様に変えてしまうシステム）こそが、自然の本来の姿だという反省が生じてきたのである。

換言すれば、ごく限られた因子間の決定論的な「単線の因果法則」だけをもとにして自然を操作しようとするのが、一九世紀型の工学（エンジニアリング）であり、そうした工学は、そもそもの思考の構造からして、随伴結果・副作用の多様性・複雑性に盲目である。自然科学そのものが、いまや一九世紀型の工学を脱して「複雑系の科学」に脱皮しようとしている。にもかかわらず、「原子力ムラ」は一九世紀型の工学のヘゲモニーのもとで成り立っており、複雑性の無視によって酷い結果がもたらされても「想定外」で済まそうとする。

しかも、悲惨なことに、これは、原子力ムラだけに特有なことではない。ここでは立ち入る余裕はないが、財政、外交、運輸、建設、農林、文教その他、すべてにおいて状況が根本的に変化し、これまでの国策の副作用が目立っているにもかかわらず、国家教で重武装した「ブレない国策」は、特有の「検証のなさ」を誇示しつつ、一九世紀型の「単線思考」でことを処理しようとし続けている。その意味では、原発の今後に、この社会がどう取り組みうるかは、これら山積している重大問題の行方とも無関係ではない。本来なら、この問題についても触れるべきかとは思うが、最後に、モラルの問題にしぼりながら、ここまでの考察のまとめを試みよう。

終章

国家教に膝を屈しないために……

見殺しの制度化

第Ⅰ部の事実確認からはじまって、話はかなり多岐にわたったので、ひとまず整理しよう。3・11東フクシマの原発事故は、官産政学の癒着による構造的な無責任、集合的な不作為が累積した結果であり、その原型は、はるか遡って足尾にまでいたる。足尾鉱毒事件では官が、まずアジェンダを「富源」の公益性にすり替えて、鉱山事業が「公益を害する」のを防止する責任を糊塗し、ついで鉱毒問題を治水問題にすり替えて、村落を取り壊して被害者を視野の外へ放逐する。村落の解体は、たかだか、国策の受忍すべき副作用にすぎない、と言わんばかりに、である。

国は、足尾の被害民をこのように見殺しにするだけでなく、被害民を支援する動きを弾圧し、見殺しの黙認を強いる。あまつさえ国は、村落の解体に同意しない住民には、「名誉の戦死」扱いをすら停止して見せしめとするなど、行政のあらゆるルートを使って見殺しを推進した。こうした国の施策は、一言でいうなら、きつい言い方になるが、国家による「見殺しの制度化」とも呼べよう。ここには同時に、見殺しを強いる国家を牽制しうる社会の希薄さが与っており、社会が希薄な人の間にあって、**見殺しの黙認**を求められる圧迫感が、一層のしかかってくる。[1]

では、こうした見殺しの制度化、あるいは制度をつうじての見殺しは、戦前だけのことなのか。これまでの考察からすると、明らかに「ノー」である。国は、「国策」の至高性を押し立てて「そこのけ・そこのけ」とばかりに原発を設置し続けておきながら、監督責任を怠り、3・11に直面すると、もっぱらアジェンダを「想定不能な」未曾有の津波のみに集中させて、それまでの不作為責任を糊塗する。のみならず原発の今後についても、「国策」を押し立てて、被曝労働・未来世代の被曝といった犠牲を、視野の周縁へ追いやって、人々にも見て見ぬふりを促す。

それはまるで、自分たちが見て見ぬふりをしている（というと言いすぎなら、十分に予感しつつも目を塞いでいる）という後ろめたさを、人々にも抱かせようと強いているかのように、である。ここには、明治期あるいは昭和前半期とは違うけれども、見殺しの黙認を暗に強いられているという圧迫感が漂っている。そうした圧迫感のもっとも象徴的な事例は、いじめを見て見ぬふりをして、やりすごしているとき、である。そうしたとき、多くの人と空間的にはともに居ながら、じつは私たちは互いにバラバラでしかない、ということが如実に露呈する。本来、形容矛盾なのだが、「無縁社会」という言い方でもっとも自然なのは、こうしたときである。

しかし、それでもいじめ自殺に直面すると、嫌でも、見て見ぬふりをしていたことに思いいたらざるをえない。これは、私たちが、もっとも気づきたくないことのひとつである。そのうえさらに、見て見ぬふりをするよういざなわれ、それに従うのは嫌だと思いつつも、結果的には見て見ぬふりをして見殺しに加担したのであれば、それこそ、思い出させないでくれ、と抑えつけたくもなろう。しかし、3・11は、否応なく、このことを思い出させたのである。

それぞれ置かれていた立場は違う。しかし、それぞれに、見て見ぬふりをし、いざなわれるままに目を逸らし、ひいては目を逸らすよう働きかけていた。こうした事態こそ、「不作為の責任」が問題となる、もっとも根源的な場面に他ならない。アジェンダをすり替えて、応答を拒否し、あまつさえ不作為責任を糊塗する、というのは、まさにインモラルである。しかし、このインモラルな所業は、個人のモラルの問題だけでは片づけられない。最後に、これを一瞥しておきたい。

「知性の犠牲」ゆえのデータの捏造

いかに「千年に一度の大津波」と言い立てようとも、3・11はたんなる自然災害ではない。一部で確認したように、れっきとした人災である。ただし、特定個人の怠慢にのみ帰すことができない、集合的な不作為が引き起こした事故であり、集合的な不作為を改めようとしない構造的な無責任が引き起こした事故であった。

この無責任さは、繰り返せば、個人の怠慢には還元できないが、しかしだからといって自然災害になるわけではない。諸種の情報が入出力される際に、個々人が属している集団・そこで置かれている位置に特有のフィルターが問題なのであって、自然環境からの「想定不能な」入力が問題なのではない。問題は、外界からの情報を、メッセージと雑音に振り分けるためのフィルター、そして取り込んだメッセージを処理するためのマニュアルにある。

こうした知見に導かれて、このようなフィルター・マニュアルに対して、集団のあり方・その集団での位置が与える影響について考えてきた。まず、目につくのは、「自分は役割を果たしただけ」といったかたちで、結局、〝自分の置かれている位置に期待されている〟と思える取捨選択をするだけ、という事態である。次に問題となるのが、官産学－複合体のように、利害・関心が重なり合う諸集団の恒常的な情報交換をへたがゆえに、実際には自分が属する集団にとって有利であるにすぎないことを、あたかも「すべてを考慮した」うえでのベスト・ミックスであるかのように通そうとする、という事態である。そして、それらの極めつけが、「国が決めた」最善策であるという錦旗を掲げる国家教であった。

情報の取捨選択と処理のシステムが、このようにより強固なものになっていくということは、一方では情報処理が効率的になって、自信が強まると同時に、他方では外から届いてくるものに自分の方から加える操作が亢進する、ということでもあった。すなわち、見えているものの多くを「見る必要はない」と抑圧し、聞こえてくる声の多くを「聞くにはおよばない」と聞き流すことになる。

このようにして、見えているはずのものを見ていない、という視野狭窄が亢進しうるし、さらに厄介なことに、亢進する視野狭窄への無自覚も強固になりうる。必ず、そうなる、と言っているのではない。しかし集団と、ないし集団が掲げる価値と自分を一体化する度合いが強ければ強いほど、人は知性を犠牲にしうるし、一たびこうした視野狭窄が進行していくと、真実から目をそむけ、真実を隠蔽することすら厭《いと》わなくなる。その行き着くところは、データの捏造である。「富源」とされた足尾から、「帝国の生命線」を経て、3・11にいたる歴史は、このようにして亢進した視野狭窄、つまり「検証のなさ」が累積する歴史でもあった。

原発のバランス・シート

未来について確定的なことは何も言えない。しかし、この地震列島・日本において次に事故が起きたなら、たぶんチェルノブイリ級のグローバルな災禍となろう。これは、たしかに、確率の問題かもしれない。しかし原子力事業者の国際機関でさえ、一つの原子炉について過酷事故の起こる確率が一万年に一回以下におさまることを共通基準としている。ところが3・11以前でも、日本の原発は、地震波の多様性・複雑性がよく知られていなかったこともあって、「想定外」の〝事象〟が連発する歴史であった。そうであるかぎり、目下の地震についての知見だけをもとにすれば低確率だとしても、起きたときの災禍を無視することは許されまい。

仮に過酷事故の確率が低いとしても、原発が稼働しているかぎり、定期的な炉内洗浄をはじめとして、被曝労働は避けられない。のみならず、「トイレのないマンション」と言われ続けてきたように、核廃棄物は累積しつづける。この核廃棄物を、国際基準をみたす仕方で地下保存することは、岩盤の性質上、日本では不可能であろう。[2] つねに地盤が大きく隆起ないし沈下を続けている地震列島の地下に保管することは、未来世代のいのちを脅かすことに他ならない。それは、言うならば、現在の他者の世界をでなく、未来のいのちの世界を侵略して、自分たちの豊かさを確保しようとするのに近い。

これらは、決して杞憂ではない。現に、原発を多数誘致した北陸のある市長は、一九八三年に地元で開かれた「原発講演会」で講演し、原発の誘致によって市に入った金がいかに巨大だったかを縷々《るる》紹介したのち、こう語っている。「そういうことで、そりゃあもうまったくタナボタ式の町づくりができるんじゃなかろうか、と、そういうことで私はみなさんに〔原発を〕おすすめしたい」。そしてこの原発のすすめの講演は、こう結ばれている。「えー、その代わりに百年たって片輪《ママ》が生まれてくるやら、五十年後に生まれた子どもが全部、片輪《ママ》になるやら、それはわかりませんよ。わかりませんけど、いまの段階では〔原発誘致を〕おやりになったほうがよいのではなかろうか……。こういうふうに思っております。どうもありがとうございました」（会場に大拍手）。[3]

ここで語られている、未来の犠牲者への言及は、余りにもあからさまではあるが、真実をついていよう。それはちょうど「満蒙は生命線」という陸軍の全国キャンペーンにおいて、講演する将校の口からはしなくも、「他人のものを失敬するのは褒めたことではないけれども」という留保が語られたのと同様である。[4] 当時はまだ、列強が発展途上国の内部に治外法権の経済特区を設けようと競争する時代ではあった。しかし、だからといって、他国への武力侵攻が正当化されはしない。それと同様に、未来のいのちへの危険を無視して原発を進めようとする国がまだ複数存在するからといって、原発推進を不動の国策として護持することが正当化されうるわけではない。

以上のきわめて深刻なデメリットに比べると、原発を脱して、代替エネルギーの開発に向かうことのメリットは、大きい。経済的にいっても、代替エネルギー事業そのものが日本にとって有望な産業分野になりうるだけでなく、生産・流通・消費のすべてにわたる省エネ技術の開発は、日本経済にとってのみならず世界への貢献になりうるだろうし、少なくとも原発輸出などに比べれば経済的な貢献度ははるかに高いはずである。

なるほど、今の私には、このバランス・シートを覆すだけのメリットが思い浮かばないだけなのかもしれない。しかし、いずれにせよ、東フクシマ事故の実態・原因の究明と同時に、原発のバランス・シートの「社会的」な検証が不可欠である。

レミングもさながらに……

そうした検証を怠ったまま、国策は「ブレない」ことを黙認し続けるなら、あとは、かなり悲惨なことになる。日本全体が悲惨なことになるということもあるが、そうなる以前に、私たち一人一人の毎日がいっそう息苦しいものになる。

足尾の被害民は、その必死の訴えにもかかわらず国に無視され、そのあげく最後には非道な仕方で見殺しにされた。そのとき多くの人々は、「気の毒だが」と前振りを入れてではあるが、見殺しを追認した。そうした追認は、暗黙のうちにではあるが、次にまた誰かが「気の毒ではあるが」見殺しにされても、再び「やむをえない」と見切ることを伴う。少なくとも、そうなることが多かった。ということは、少なからぬ人々が、自分に次のように言い聞かせていたことになる。いわく、国家によって見殺しにされようとするとき、手を差し伸べてくれる人などいないのが当然なのだから、ゆめゆめ見殺しにされないよう、気をつけねばならない、と。

そのように日々、自分に言い聞かせて過ごしていくことは、かなりの息苦しさを伴う。ちょうどそれは、荒れた学校に通うよう強いられている子供が、いじめる側になれなくとも、いじめられる側にならずにすむように、日々戦々恐々としているのと似ていよう。

もちろん、そうした見殺しにされる不安など何ともない、という人もいるかもしれないし、うまく立ち回れば見殺しにされる側に回らないですむかもしれない。「寄らば大樹」というほどの大樹ではないとしても、どこかにしがみついて暮らしていければ何とかなる、と思えるかもしれない。しかし、そこにしがみつこうとして適応していくときには、そうすることに特有の不安がある。与えられた「役割」に徹して、よけいなことは考えないようにすればするほど、自分が削られていくかのような不安、どこまで行くのかという不安に襲われる。

それを振り払って前を見据えようとすれば、そのときはそのときで、また特有の無力感がのしかかってくる。そこには、〝構造的な無責任体制を、誰も制御できない〟という無力感が待ち構えており、深刻な破局の他にはもはやこの体制を崩せるものはないのでは……、という無力感ゆえの破局願望さえもが控えている。[5]

そのうえでなお、かりに自分一代は何とか生き残る側に回れるかもしれないとしても、そのように国家によって見殺しにされても仕方がない、と全員が諦めている世の中においては、「責任者の顔が見えず、誰も責任を取らない……中で、お互いの顔を見合わせながら、レミングのように破局に向かって全力で走っていく」という「日本病」（佐藤栄佐久）が、いっそう加速することになろう。[6]

コモンに根差す社会的なつながり

見殺しにされる可能性に由来する不安を和らげ、レミングさながらの集団自滅を防ぐには、少なくともその勢いを弱めるには、どうしたらいいのだろうか。私には一般論として語れるような確たる提案はない。それでももしかし、これまでの考察から言えることは、こうである。原子力ムラを典型とする官産政学の複合体の独走を掣肘し、その独走を支えてきた国家教の威圧に屈しないためには、国家‐国民という縦の統合関係とは異質な、社会における水平的なコミュニケーションと連帯が不可欠である。

では、社会《ソサエティ》が、国家・国民という縦の統合関係とは異質な・水平的なつながりだというのは、どういうことであり、そうした社会での水平的な連帯とは、何なのか。これについても、本書での抽象的な思弁だけからは確たることは言えない。しかし、それでも、それを考えるために言えることはある。そのうちもっとも大きなことは、こうである。社会という水平のつながりは、〝各自のもの（私有物）の所有を確保するために〟という動機に従属するのではなく、むしろコモン（共有地・入会地）への気遣いにも動機づけられて生成し維持される。もし、各自の私有物の確保だけが目的であるなら、「万人は万人に対して狼」という状態を克服するには、国家主権に服する「国民」であることが不可欠となる。しかし社会は、そのような国民として垂直に統合された者同士でつなげられるのとは違って、むしろコモン（有形無形の共有資産）を気遣う者同士のつながりである。

そもそも村落であれ同業者組合であれ、共同体（コミュニティ）の語源となっている「コモン」は、歴史的には、個々の成員の暮らし（＝いのち）にとってのみならず、成員が共に暮らすこと自体にとっても不可欠な、共有地・共有財を意味した（二一〇頁）。そうした働きをする「コモン」は、それを分割して私有することができず、私的所有者が意のままに処分することもできない。それらは、近年はやりの用語で言えば、共にある生（暮らし＝いのち）の基盤として、さらに言えばそうした生（いのち）の響きあいとして、共同でケアし、共同で維持する他はない。

そのように共にある生にあっては、誰もが共有するものごとのおかげをこうむっており、それを分かち合うことにおいてはじめて暮らせる者同士として、互いに対等である。したがって、そこではよほどの条件がないかぎり、犠牲者の悲鳴が聞き流されても当然とされるとは考えにくい。「社会を家となし居る」という、当時の西欧人の共生のあり方から河上肇が見てとったものの一端は、そのように見殺しにされるとは考えにくいという安心感でもあろう。[7]

しかしながら、近代以前あるいはその遺産が残っていた時代ならいざ知らず、現代において、そのようにコモン（有形無形の共有資産）に根差す水平的な関係などが、およそアナクロ（時代錯誤）な夢想以外に、どのように可能なのか。これについても確たることは何も言えない。しかし、あえて思弁を逞しくすれば、次のことまでは言える。コモンの核は、共有地・共有資産そのものでなく、それらを共有しているがゆえに可能となる間柄である、と。すなわち、水平的なつながりを支えるコモンの核は、気兼ねなく呼びかけることができ・気楽に応答が戻ってくることを期待できる間柄であり、かつ、そうした間柄を支える物的・心的諸要素である。それはまた、誤解を恐れずにいえば、「おかげさまで」「おたがいさま」といった言い方で、その働きの一端を暗黙のうちに実感し表現してきた共生の条件でもある。[8]

これだけでは、いまだ雲をつかむだけの言い草でしかないが、こうした意味での「コモン」は、最近、厚生経済学などで「ソーシャル・キャピタル（社会資本）」と呼ばれているものと、少なくとも部分的には重なる。こうしたコモン（間柄とその条件）が枯渇することによって、各人の行為・態度にかんして理由を問い、理由を説明する空間が切り詰められ、その結果、弱いものへのしわ寄せが加速して見殺しがいっそう自明化するとともに、未来世代への侵略、レミング的な暴走が加速することになる。

しかし、そうした雲をつかむような念仏を唱えていて何になるのだ、と苛立ちをもたれる向きもあろう。その苛立ちは、当然である。コモンの定義が目下のように茫漠としているかぎり、そこからは具体的な処方箋は一義的には出て来ない。しかしそれでも、**コモンが僅かなりとも豊かになる**ということが、いかなる事態を意味するか、それを個別的に考えることはできるし、そうした事態を実現するには何が必要かを考えることはできる。

具体的に構想できること

コモンに根差す社会が、あるいはそうした社会で形作られる間柄が、より豊かになるということは、呼応可能性の幅が拡がることを意味する。もちろん、無条件に拡大していくだけであれば、やがて〝何でもあり〟の混沌となって、コミュケーションは解体する。呼応可能性の幅が拡がるときには、そうではなく、これまでの情報選別・処理のフィルター・マニュアルに拘束されない入力・出力が可能となり、それまで聞き流されていた微かな悲鳴も聞き届けうるようになる。

こうした変化が具体的に、どのようにして起こりうるのかは、それぞれが、どういう集団で、どういう位置にいるかによって多様である。しかし、多かれ少なかれ、共通しているのは、こうである。すなわち、それまで〝聞き取った〟というと、面倒なことを押し付けられそうなので、聞こえなかったようにしていたことを、正直に「聞こえた」と報告できるようになる、あるいは

〝ハブ〟にされ・痛い目をみることを怖れて飲み込んでいたことばを、語り出せるようになる、といった変化である。

それぞれが置かれている集団で、こうした小さな変化が可能となるならば、その集団と外部とのコミュニケーションも多重化しうる。しかし、そうした小さな変化が可能となるためにも、外部とのコミュニケーションが多重化する必要がある。このように相互的・相乗的にしか期待できないとしても、そうした双方向の変化が重なった延長上には、さまざまな可能性が望見できる。なかでも考えるべきなのは、以下のような事態である。

ひとつは、適切なメインテナンスのもとにではあるが、そうした諸集団の既存の情報回路では撥ねられてしまう呼びかけ・応答がさまざまに交錯するフォーラムが、新たに形成されることである。もちろん、そうしたネットワークは今でもないわけではないが、いまだ水平的な社会のつながりとしては十分ではない。現に機能しているそうしたネットワークが、今言ったようなフォーラムへ育っていくならば、さまざまな内部からの警報（内部告発）の、いわば実効的な〝駆け込み寺〟にもなりうるだろうし、諸ボランティア・NPO／NGOの活動を媒介し、そうすることによって、もっとも緊急に支援を必要としている人を支援するネットワークを常設化することもできよう。

もうひとつは、いわば官産学を貫く〝シャドウ複合体〟とでも呼ぶべきネットワークである。イギリスなどでは与党が内閣を編成するときに、野党もまた次期政権を目指して、自派の人材を中心に「シャドウ・キャビネット（影の内閣）」を編成して、政策立案・実行の能力を競う。それと類比的に、官が産・学を連ねて諸種の審議会・調査会を編成して官産学‐複合体を束ねていくのと並行して、市民たちと志ある有識者たちが責任を分かちあって「シャドウ複合体」を立ち上げ、それぞれの集団内あるいは集団横断的なインフォーマル・コミュニケーションを吸い上げて、国策の「社会的検証」および各省庁・企業のビヘイヴィアの「社会的検証」を推進していくことである。もちろん、そのためには、日本学術会議や諸専門学会をはじめとするアカデミズムの既存組織が、その社会的責任を果たさねばならないが、それらとも連携しながら、こうした〝シャドウ複合体〟が自由に機能することが必要である。

これらは、圧倒的な新旧の国家教に対抗するには非常にささやかな、しかもたんに机上の論でしかない。けれども、もし、こうした新たなネットワークが徐々に編みあげられ、顔こそ合わせていないにせよ、対面の時と同様に互いに相手の〝表情〟を見て、それをフィードバックしながらコミュニケートしあい、官僚であれ、電力会社の社員であれ、あるいは原発避難民であれ、それぞれに〝表の顔〟の役割に縛られずにコミュニケートしあえるようになったなら、ほんの少しでも何かが変わりうるかもしれない[9]。足尾から東フクシマへの歴史は、こうした試みをも求めている。このことは否定できまい。

結びに代えて

足尾から東フクシマへの流れを辿るなら、足尾の銅は、農作物を直接的に殺し、水俣の有機水銀は、何段階もの「生体濃縮」をへて人々の中枢神経を壊して、死にいたらしめた。しかし、核廃棄物の怖さは、これらの比ではない。しかも水俣において、生態系の複雑性は、紛う方なく明らかになった。自然界では、単線の因果系列がそれぞれ独立に並行して走っているのではない。自然は、とりわけ生態系（いのちの関わり合い）は、相互作用がシームレス（継ぎ目なし）に絡み合った複雑なシステムである。このことが否応なく明らかになったにもかかわらず、原子力ムラは、そして原子力ムラに象徴されるように国は、「単線因果」にもとづいて自然を操作しようとする一九世紀型の工学にしがみついて「国策」にかかわる一切の検証を拒み続けた。

「富国強兵」の一本槍で進んできたこの国は、足尾の被害民の見殺しからはじまって、日清・日露以降の「廃兵」、戦争寡婦・遺児に対しても「気の毒だが、国策の遂行ゆえ」とやりすごしてきた。いわんや、「満蒙の領有」以降、戦闘終了後に虐殺された住民たちや、植民地・占領地で集められた「労務者」「慰安婦」といった人々に対しては、「気の毒だが」で済ませるどころか、視野の周縁に押しやって「見えていない」こと自体を見ないようにしてきたかのようである。

このように明治以来の日本は、犠牲者を制度的に見殺しにして、「誰も責任は取らない」国でもあった。こうした「構造的な無責任」に対して自らに視野狭窄を強いていくことは、日々の学校や職場でのいじめに対しても、見て見ぬふりをすることに重なる。このようにして私たちは、3・11を迎えたのであった。

日本に忠告してくれたドイツの保守派の大統領のことばを借りていえば、足尾の見殺しの黙認にはじまる「過去に目を閉ざす者」は、東フクシマにはじまる「現在に対しても盲目となる」。これに対して、かつての同盟国とはいえ、外国の政治指導者の忠告を受け入れて国家教のこれまでを検証しようという提案自体が、すなわち国を貶めるものだ云々、といった類の扇情的な言説もまた絶えることがない。これがポスト3・11の私たちの状況である。

私たち一人一人が置かれている立場は違う。しかし「国の定めたこと」という呪符によって追い払われ、聞き届けられずに漂っている呻きの気配を察したなら、とにかく立ち止まって耳を澄ますこと。これがポスト3・11を生きる者の課題である。

あとがき

3・11と、そこにいたる過程にはらまれた問題を、倫理学の立場から考えようとした本を、なんとか脱稿できて、正直ほとんど脱力状態にある。これまでも多くの本を書く機会を与えてもらったが、今回ほど往生した本はない。

本書のそもそもの発端は、二〇一二年の一二月に日本学術会議で行われたシンポジウム『原発災害による苦難と、科学・学術の責任』での発題である。自分なりに準備はしたつもりだったが、話してみて、また質問を寄せられて、なお考えねばならないことが山積していることを痛感した。その後、あれこれ想を練っていたのだが、翌春、その昔『いま働くということ』の刊行でお世話になった筑摩書房の石島裕之さんから、一冊の本にする価値があるという言葉をいただいた。これが本書のはじまりである。

＊

あれから、もう二年以上たってしまったが、既に着手していた仕事のあい間をぬってここまで来る過程は、躓きと溜息の連続であった。馴れない（そして不向きな）調べものに没頭しては空振りに終わったり、アイディアが湧いて書き進めてみては大幅にボツにしたり、という繰り返しで、ここまで辿り着けたのは、ひとえに石島さんの忍耐と声援のおかげである。記して感謝の意を表したい。と同時に、戦後七〇年の節目ということもあって既に進行していた別の仕事の公刊が後回しになったことについて、関係各位にお詫びしたい。

*

書き終えた段階ですでに悔いていることが少なくないが、その大きなひとつは、〝人格システムと行為（コミュニケーション）システムの相互浸透〟という、システム論の含意をたどる余裕がほとんどなかったこと、もうひとつは、資本主義が「国民経済」として国家形態で総括されることの現実性に立ち入る余裕がまったくなかったことである。二つとも、今日の社会科学の枢要な論題であるのみならず、行為とその責任、構造的な無責任といった問題を倫理学的に考えていくときにも、避けて通れない課題であり、なお仕事をすることが許されるなら、もう少しだけでも責をふさげれば、と思っている。

*

「はじめに」でも記したように、いまなお住み慣れた町を追われ、長年の生業を奪われて仮住まいを強いられている人が、ゆうに一〇万人を超えている。東北人はもとより口数が少ないので、そうした人々の声が聞きとられることも少ない。この本は、なお足らぬところのみが目立つ本ではあるが、言葉になりにくいつぶやきが、声として聴きとられるようになるための、なんらかの一助になりうるなら、まさに学者冥利につきる。

七〇回目の8・15を前にして

大庭 健

注

はじめに

1――汚染水の行方、とりわけ海洋への流出については、空本誠吾 二〇一四、などを参照。東電・経産省ともに汚染水の情報公開について、より制限を課しているようにも感じられるが、それにはふれない。

2――3・11の直後に東電に巨額の緊急融資をした巨大銀行は、（そしてご丁寧なことに東電自身もが）原子力損害賠償法に記された但し書きを楯にとって、賠償負担を国費すなわち税で肩代わりしてもらうことを要求していたが、さすがにそれは通らず、新たにつくられる「原子力損害賠償支援機構」が、交付される国債をもとに東電の行う賠償を財政的に支援する形になった。しかし、これとても、東電が温存されるために、負担を未来世代の納税へと先送りしたにすぎない。詳しくは、大鹿靖明 二〇一三、第8章、第10章参照。家計で言えばとうに破産している巨額な国の借金を、このようにさらにふやすことは、未来世代の生活の重大な侵害（ひいては広義での侵略）であり、こうした「解決」が罷り通ることについて、経営倫理・ビジネス倫理の専門家からも異論が出ないのは、あるいは出されてもほとんど反響がないのは、かなり奇怪である。

3――佐藤栄佐久 二〇一一、二〇五頁。もう少し具体的には、第Ⅱ部一五五頁以下。

4――「構造的な無責任」を考えるさいの枠組みについて、ごく簡単には、大庭健 二〇〇五、第4章をごらんいただきたい。

5――国会事故調、五頁、一二頁、他。民間事故調、三八三－三八四頁、他。政府事故調は、責任問題は扱わない（！）という特異な調査姿勢をとっているので、「人災」という概念を用いていないが、それでも東電・省庁・委員会の過酷事故への備えの不備を指摘している。こうした指摘・批判が皆無にちかいのは東電報告のみであり、このことは一見当然のように感じられるかもしれないが、多少でもモラルを顧みるなら、逆に当事者による調査だからこそ、あってしかるべきである。

6――ゴルバチョフ 一九九六、三八二頁。「チェルノブイリ原子力発電所の事故は、わが国の技術が老朽化してしまったばかりか、従来のシステムがその可能性を使い尽してしまったことをまざまざと見せつけ」た、という回顧で始まる節では「所轄官庁の縄張り主義と……原子力部門の閉鎖性」が問題とされ、「所轄官庁には、それがなければ知識が死をもたらす危険の源泉になりかねない〔ところの――引用者〕道義心がきわめて希薄になっていた」と述べられている（三七七頁、三八〇頁）。

第Ⅰ部導入部・第一章

1――因果と確率の問題、より一般化すれば因果と相関の概念的関係という問題は、哲学的には非常に厄介であり、したがって不作為の責任が問われるとき、これまでの刑法において危険の予知可能性が厳格に制約されてきたことには、たぶん十分な理由があろう。しかし今回の事態のように、津波やハリケーンのような外部事象・テロのような人為事象による過酷事故の発生確率を一万分の一年／炉以下に抑えることが求められ、危険の記述そのものが確率論的な語彙によっているときにも、従来のような制約に合理的な理由があるかどうかは、哲学的にも極めて疑わしい。法理的な検討としては、古川元春・船山泰範 二〇一五を見られたい。

2――フライトレコーダーの話は、原稿を書いたときにはたんなる比喩のつもりだったが、長年福島第一で働いていた元社員によれば、原子炉の作動状況にかんするフライトレコーダーに該当する「過渡現象記録装置」が、東電によって開示されていないとのことである（朝日新聞・特別報道部 二〇一四、二〇五頁以下）。お隣の中国で突貫工事の新幹線が大事故を起こしたとき、中国政府は即座に重機を動員して事故車両を丸ごと土に埋めてしまった。このとき国際社会は一様に驚きを示したが、今回の原発事故にかんしては一応の調査をしているだけに、「不起訴」で押し通すことは、より陰微で問題をはらんでいるとさえ言えるかもしれない。

3――原子力行政は、当初は、内閣府におかれた原子力委員会が一手に司っていたが、一九七四年の原子力船の事故をも引き金として、原子力行政を監視し、安全規制を担う機関として一九七八年に、原子力安全委員会が設置された。形式的には通産省・科学技術省（ともに当時）からの独立性を備えていたが、調査権・罰則権はなく、そのうえ事務局は、通産省または科学技術庁の官僚が分担しており、監視対象である保安院（現経産省）からの指示を受けるなど、実権はほとんどないに近い。国会事故調、五〇八頁、他。

4――井野博満 二〇〇八、八三－八六頁。なおこのセクションの叙述の大半は、本書および井野博満 二〇一一によっている。

5――この委員会で、大活躍をした東大原子力工学科の教授が、のちには東電・福島第一の延長稼働を、たった三日の立入り審査で決定したのであった。
6――井野博満 二〇〇八、一〇八―一一二頁。
7――当初の工事の杜撰さについて、現場技術者の証言としては、菊地洋一 二〇一一、二六二頁以下。
8――菊地洋一 二〇一一の他、より詳しくは、配管技術者として福島第一原発で長らく現場監督をつとめた故・平井憲夫氏の陳述参照。恩田勝亘 二〇一一、とりわけ四五頁以下。
9――国会事故調、六六頁。その詳しいいきさつについては、四六九頁以下を参照。
10――国会事故調、四七四―四七五頁。
11――原子力安全委員を務めていた石橋克彦・神戸大名誉教授は、新基準による算出においては「既存原発が不適格にならないように、Ss［基準地震動――引用者］が過小評価できるような仕掛けになっている」ことを問題にしたが、改善されないので、原子力安全委員を辞任したという。石橋克彦 二〇一一、一一九―一二〇頁。
12――国会事故調、七〇―七二頁。
13――オガ屑や間伐材などによるバイオマス発電は二酸化炭素を排出するが、元の森林に吸収されるので化石燃料と区別される。それに比して地熱発電はマグマが有している熱を利用するのだから、化石燃料や核燃料のように燃焼廃棄物を生成させない。地熱にかんして日本は、アメリカ、インドネシアにつぐ世界第三位の熱資源国であり、しかも「高温岩体発電」という優れた技術を開発していながら、商業発電としては小規模にしか事業化されていない。これはかなり奇妙な事態である。簡単には、真山仁 二〇一三などを参照。地熱をふくめエネルギー源一般については、植田和弘・梶山恵司 二〇一一参照。
14――やや専門的なことを言えば、中性子を減速させるためにも原子炉内部は大量の水が必要となる。これに対して、核燃サイクルの目玉とされてきた高速増殖炉では、中性子を減速させてはいけないので、冷却剤として水の代わりにナトリウムを用いざるをえない。このことが高速増殖炉の実用化を阻んできた原因のひとつである。
15――ちなみに、原子炉で発生する核エネルギーの三分の二は、水蒸気を冷やすさいに冷却水に吸い取られて海に棄てられる。かつての蒸気機関に毛が生えた程度の効率であるばかりでなく、周辺の海水温をつねに上昇させ続け、生態系に多大の影響を与え続ける。小出裕章 二〇一一、二〇一二。
16――各種事故調の他、主として、ＮＨＫスペシャル 二〇一三、ＮＨＫスペシャル 二〇一五によっている。また、これら四種の事故調査委員会の報告の比較検討にかんしては、日本科学技術ジャーナリスト会議 二〇一三をも参考にした。なお、ほぼ同様の記述にかんしては、以下、国会事故調の頁数だけを記した。

17——国会事故調、二〇五頁、二一九頁、田中三彦 二〇一一、二六‐二七頁。なお田中が指摘している格納容器スプレイ系の作動については、各種の事故調査報告ではほとんど論じられていないが、その理由については私には判断できない。

18——国会事故調、八四‐八五頁、他。

19——国会事故調、八六頁、四五六頁、他。

20——一素人によるたんなる推測にすぎないが、もしかしたら、電力会社と省内の推進派の圧力が激しくて、このときの担当者としては、口頭で伝えるのが精一杯だったのかもしれない。

21——国会事故調、四五八頁。

22——国会事故調、四五八‐四五九頁。このときも保安院では、溢水勉強会の成果が引き継がれていなかったこともあって、東電に対して対策を促していない。

23——武藤副社長。国会事故調、八八頁、他。

24——倉澤治雄 二〇一三、一〇五頁。

25——政府事故調は、福島第二原発では、第一原発と同じく津波被害をうけながらも、非常用復水器（ただし、福島第一の旧式のそれとは異なって、蒸気圧をもとにした動力によるＲＣＩＣ）の作動している間に、蒸気逃がし弁（ＳＲ弁）を使って圧力容器を減圧し、低圧注水に切り替えたことを微細にわたって確認している（一七八‐一七九頁）。この記述は、「想定外の津波が事故の原因だった」という基調音と不協和であるだけでなく、「個人の責任を問わない」と断っておきながらも、しかし第二原発の当直員との比較をつうじて（一七九頁注）、暗に福島第一での操作ミスを示唆しているようにも読める。しかし、政府事故調も断っているように、福島第二では地震の発生時から一貫して外部から受電できていたのだから、比較がどこまで意味をもつかは疑わしかろう。

26——その時点では、二号機の電源盤の一部が無事であることが確認され、「あとは電源車から二号機のパワーセンターに電気を送り込めれば、一号機も三号機もすべて状況は好転する」という観測がひろがったという（ＮＨＫスペシャル 二〇一三、一二二頁）。ことほど左様に、電源回復は、事故の進展の回避策の最大の根幹であったが、一号機の水素爆発のあと悪循環の進行の中で、パフォーマンス色の濃い放水が繰り返され、肝腎の電源回復作業は、長時間中断されてしまった。NHKスペシャル 二〇一五、三〇六－三〇七頁。

27――この過程にかんして詳しくは、NHKスペシャル 二〇一三、五八－六九頁、NHKスペシャル 二〇一五、二一－五三頁。

28――しかも、この種の伝達ミスは、三号機の緊急時冷却装置にかんしても生じており、それが、やはりメルトダウンを加速したと推測されている。NHKスペシャル 二〇一三、一四三－一四四頁。

29――国会事故調、二二一－二二三頁。

30――国会事故調、二二九－二三〇頁他、田中三彦 一六頁以下。

31――東電事故調も政府事故調も、配管破断に反応する警報が作動していないことを理由にこれを否定しているが、国会事故調によれば、小さな亀裂などによる漏洩（小破口・冷却材喪失）では、警報が作動しないけれども相当量の水・水蒸気が洩れ出すという。さらに、保安院が行った「故障の樹状分析」によっても、小破口・冷却材喪失は、全電源喪失以前の炉圧・水位の実測値と整合的である。ただし、漏洩の箇所・規模については、複数の可能性があり、厳密な現場検証がないかぎり、特定は事実上不可能であるという（国会事故調、二〇五－二一一頁）。

第Ⅰ部第二章

1――国会事故調、一〇三頁。NHKスペシャル 二〇一三、四六頁。

2――国会事故調、一〇四頁。NHKスペシャル 二〇一三、六二－六三頁。

3――政府事故調・中間、四一〇頁以下、国会事故調、四六二－四六三頁。東京新聞原発事故取材班 二〇一二、一八三頁以下。

4――国会事故調、一一六頁以下。

5――東京新聞原発事故取材班 一八二頁以下。このワーキンググループで「短時間＝三〇分」を押し通すことに疑問を感じた委員は、高速増殖炉「もんじゅ」の建設裁判では、差し止めを求める原告側の証人になったという。

6――政府事故調、三三四頁。国会事故調、四六三頁。（ただし、政府事故調では、「参考にしたのであって、まる写ししたのではない」という弁護が添えられている）。

7――東京新聞原発事故取材班 一八七－一八八頁。

8――国会事故調、一一七頁。

9——手元にあるのは、朝日新聞一九八六年六月四日の朝刊二四面の全面広告のコピーだが、他の新聞でも同じだと思われる。

10——現に東電は、明らかに深層防護を念頭においたうえで、過酷事故対策を「コストに見合わない設備要求や既設炉へのバックフィット、設置許可取り消し訴訟の再燃など」と列記して、経営を脅かすリスクととらえている（国会事故調、四七四頁、他）。したがって、目下たんに推測するしかないが、当時、深層防護にかんしては、電力会社、経産省・保安院等々のあいだで、さまざまな綱引きがあったことは十分に考えられるが、例えばNHK　ETV特集取材班 二〇一三を見ても、必ずしもよくわからない。いま一番必要なのは、当時〝内側〟にいた人の証言である。

11——一〇年も秘匿されてきた過程にかんしては、佐藤栄佐久 二〇一一、一四六頁以下。

12——高木仁三郎 二〇〇〇、一四六頁。

13——高木仁三郎 二〇〇〇、一四七頁以下。

14——堀江邦夫 二〇一一、二四七頁以下。ある作業員はその日の被曝量が多かったのだが、「一〇〇ミリ（レム）以上の値を書いたら始末書をとられちゃう」ので「八五って報告しといた」という（二五二頁）。樋口健二 二〇一一。より詳しくは恩田勝亘 二〇一二、第一章。

15——佐藤栄佐久 二〇一一、一六七頁。

16——「内部告発」という用語自体がすでにどこかしら陰湿な語感をともなうが、もともとは、組織が〝臭い物に蓋〟をして自らのおかした不正を隠蔽しているときに、組織の成員が内部から「警報を鳴らす」ことであって、社会の腐敗を防ぐには不可欠の選択肢である。しかし通報者を、組織からの報復に抗して保護する環境を整えないかぎり、見て見ぬふりをしないとわが身が危ない、という圧力に抗することは難しい。

17——経産省・保安院は、告発内容を、告発者の実名入りで東電へ逆通報し、まさしく前注で指摘した危惧が、そのまま実演されたのであった。このときの保安院の次長は、その後資源エネルギー長官を経て、通産次官にまで出世階段を上り詰めて〝原子力ムラの村長〟の異名をほしいままにし、退職後は屈指の原発メーカーに天下りしている。国が定めた制度を信用して内部通報した者を、会社に売り渡して、不正の隠蔽を幇助し、その業界に天下るなどという大胆な道は、生半可な人物では到底歩めまい。しかし、これは当該人物のモラルの退廃のみならず、そうしたインモラルな選択が組織への忠誠として評価される、という組織のモラルの空洞化の問題でもある。組織のモラルのこうした空洞化によって、どれほどの人々が、嫌気がさして逃げ出したことだろう。この損失は大きい。

18——佐藤栄佐久 二〇一一、一六四頁。「重大な法律違反」の疑いを認めていながら、自分たちが握りつぶしていた間に、補修がなされたから告発しない、というのである。「重大な法律違反」を疑っていながら握りつぶしたのだから、本来なら保安院こそが告発されるべきである。そう考えると、内部告発が福島県知事へ転送されたこと自体が、保安院からの内部告発だったのであろう。

19——高木仁三郎 二〇〇〇、一五四頁以下。高木のこの慨嘆は、スタッフ細胞をめぐるデータ捏造に見られるように、いまや彼のいう「技術者」を超えて一般化せざるをえないようである。

20——大鹿靖明 二〇一三、三三六頁。

21——津波前の強震による破損について、二号機のベント弁用の圧縮空気を送る配管の故障にかんしては、NHKスペシャル 二〇一三、二七三頁以下(NHKスペシャル 二〇一五、一五三頁以下)参照。一号機建屋の水蒸気爆発を引き起こした格納容器からの蒸気漏れにかんしては、容器上部の辺縁部の密閉の緩みが問題視されているが(倉澤治雄 二〇一三、一七六頁以下)、これについても地震の影響は無視しえまい。

22——上澤千尋 二〇〇八、一三二頁以下。

23——枚挙に暇がないが、簡便には、例えば志村嘉一郎 二〇一一、とりわけ第二章、神林広恵 二〇一一など参照。かつて日本陸軍は、退役軍人の組織などを通じて、軍に非協力的にみえた新聞の不買運動を組織してマスコミに圧力をかけたが、現代では広告の削減が巨大な圧力になっている(斎藤貴男 二〇一四、二二五頁以下)。

24——この圧力については、『現代社会』の教科書執筆のときの私のささやかな経験から、間接的にではあるが語ることもできる。のみならず、この手の圧力は、公教育での教科書とは独立に、人文・社会系の研究者へも及んでいたようである)。小中学生への副読本などについて具体的には、大島堅一 二〇一一、一五八頁以下、斎藤貴男 二〇一四、九八頁以下などを参照。

25——たとえば、恩田勝亘 二〇一一、七〇頁以下など。

26——佐藤栄佐久 二〇一一、二二七頁以下、起訴までの詳しいいきさつについては、佐藤栄佐久 二〇〇九。

27——高木仁三郎、六二頁以下。しかも、そのおまけとして、外務官僚が日本の核政策を説明するときに、未開の国の王さまよろしく「マイ・カントリー」を主語として語ったという、笑えないエピソードも添えられている。

28——したがって以下、構造的な無責任を論じるにあたって、国の措置、具体的には官庁が講じた措置に言及するが、その際に官僚個々人について論じるつもりはない。箇所によっては、官僚は皆……と一括りにしたうえで官僚個人を論じているかのような筆遣いが散見するかもしれないが、論じたいことは、あくまで「構造的な無責任」という集合事象なので、その点はご理解いただきたい。

第Ⅱ部導入部・第三章

1――東フクシマの原型を求めたときにただちに思い当たるのは水俣の公害事件である。チッソと厚生省およびチッソ擁護の「とんでも」論文をものした一連の研究者たち、という構図が、そのまま3・11に連なっているだけでなく、通産省（当時）から経済企画庁に出向して水俣事件を扱っていた官僚が、後になって当時のことを「高度成長期の真っ最中というか、はしりぐらいのところ」だから「産業性善説ですよ」と回顧している（NHK取材班 一九九五、一六一頁）ように、すでにそのときも鉱工業を管轄する通産省がいわば黒幕であった。しかし、ここではあえて水俣を通り越して足尾にまで遡る。その理由は、水俣にかんしてはよく知られており概説書・研究書も豊富であることに加えて、ふたつほどある。その第一は、東フクシマの原型を探るにあたっては、産官の構造的な癒着・産官学ムラの独走の実態を、戦前・戦後を貫く連続性において、したがって8・15とは何であったのかの問い直しとして、問題にしたいことである。第二には、水俣でチッソが排出し続けた有機水銀は、魚介類を介して人々の中枢神経を直撃して悲惨な障害そして死をもたらしたが、東フクシマの放射能も足尾の鉱毒も、そのような仕方では被害者を直撃してはいない。このように加害作用が直接的でないことが、被害者への人々の関わり方にも影響していることをも問題にしたい。これが第二の理由である。

2――足尾銅山をも含め、日本の鉱山業全体については、田中直樹 一九八四、市原博 一九九七などによる。明治以前の足尾銅山について簡潔には東海林吉郎、菅井益郎 一九八四、四頁以下。

3――当初は官営の三池と、旧藩が請け負う高島という、筑豊の二つの炭鉱が圧倒的産出量を誇っていたが（市原博、二五頁）、前者は、鉱山をすべて官有とした翌年（明治七年）には、早くも土佐藩士・後藤象二郎に払い下げられ、その後、資金難ゆえに一八八一（明治一三年）に同じく土佐藩の岩崎弥太郎（＝三菱）の所有となる。後者はやがて一八八八（明治二〇年）に三井に払い下げられる。

4――古河市兵衛（一八三二－一九〇三）。生糸の売買、幕府・諸藩への貸付を行っていた小野組に雇われて生糸売買で才覚をあらわしたのち、三井組・島田組・小野組が新政府に乗り換え、政府三為替方となるに及んで頭角をあらわす。しかし明治七年には、新政府による為替方の締め付けによって、島田組・小野組は倒産し、三井組のみが政府高官の保護をえて生き延びる。古河は、小野組倒産後、独立し、生糸売買と鉱山に手を染める。

5――もう少し詳しく経過を追うと、古河は、鉱山の払い下げを申請するために、渋沢が頭取を務めていた第一国立銀行（三井組・小野組の出資）に融資を仰ぐが、無資力ゆえ融資を受けられず、相馬藩家令・志賀直道の名義を借りて、明治八年に草倉鉱山を、また共同経営に担ぎ出して明治九年に足尾銅山の、払い下げをうける。こうした実績をうけて明治一三年には、渋沢も共同経営に加わるが、その後も、資金不足は渋沢の銀行を頼り、人夫不足は栃木県庁に働きかけて囚人の労役に頼った。

鉱山での労働力について付言すれば、藩が経営する小規模鉱山では、もともとは農閑期の農民の副業（田中直樹、二四〇頁）であったが、しだいに農民とは隔離されて集住する坑夫への依存が高まったらしい。他方、幕府が直営する大規模鉱山では、すでに囚人が主たる労働力であり、新政府になった後の官営鉱山の坑夫の過半は囚人であった。民間に払い下げられたのち、とりわけ炭坑では需要が増大し、経営規模が拡大してくると、自前で集めうる労働者では到底間に合わず、官庁から囚人を派遣してもらって使役するようになる。三井に払い下げられた三池では、一八九六年にいたっても全採炭夫の七五％が、また幌内では一八八八年の時点で八六％が囚人だったという（市原博、二七頁、田中直樹、二四四頁によればもう少し少ない）。国営鉱山を政府要人の知己に、格安で払い下げ、その労働力として囚人、とりわけ反政府運動で処罰された政治犯を提供して、三井・三菱という巨大財閥を育成したのだから、まことに明治は偉大な時代であった。

6――福沢諭吉 一八七五（一九九五）、二七三頁。

7――足尾鉱毒事件の概観は、主として、東海林吉郎・菅井益郎 一九八四、森長英三郎 一九八二、大澤明男 二〇一二などによっている。

8――一八八二（明治一五）年には早くも渡良瀬川名物の鮎の激減が報じられ（『自由新聞』一〇月一日、『下野新聞』一〇月一一日）、一八八五（明治一八）年『朝野新聞』八月一二日を皮切りに、鉱毒がその後たびたび報道される。『讀賣新聞』明治二〇年八月五日、『郵便報知新聞』明治二三年一月二七日。森長英三郎（上）三〇－三一頁、大澤明男、一五一頁による引用。

9――足利市『近代足利市史』別巻・史料編・鉱毒、四六－四八頁、東海林吉郎・菅井益郎 一九八四、二八－二九頁および大澤明男 二〇一二、一六一－一六三頁による引用。

10――農商務大臣による答弁書、『正造全集』⑦五〇〇頁。

11――大澤明男 二〇一二、一六六－一六七頁。

12――東海林吉郎・菅井益郎 一九八四、三一頁、大澤明男、一七一頁。

13――内水護 一九七五、二四二頁、森長英三郎（下）、三八四頁、大澤明男 二〇一二、一九六頁による引用。

14――古在由重 一九七四、一八七頁。大澤明男、一六七頁による引用。

15――内水護 一九七五、一五－一六頁、森長英三郎（上）五二頁、大澤明男 二〇一二、一七二－一七三頁による引用。

16――高木仁三郎、二〇頁、二四頁。

17――『正造全集』⑦五〇〇頁、東海林吉郎・菅井益郎 一九八四、三四頁。

18――大澤明男、一九二頁。農商務大臣・陸奥宗光の二男は、古河市兵衛の婿養子として市兵衛の鉱山事業を引き継いだだけでなく、陸奥の秘書を務めていた原敬は、後に古河の会社の副社長となった（大澤明男 二〇一二、六七八－六八五頁）。明治の金融界の雄、渋沢栄一は、共同経営を脱してからも古河を後援していたし、さらに古河の相談役の役割を演じていた井上馨は、前注4に記したように三井組だけが明治の新政府による為替方の締め付けを免れたときにも三井の便宜をはかり、西郷隆盛から「三井の番頭さん」と呼ばれたと伝えられているが（渡辺京二 二〇一一、三五一頁）、彼は伊藤博文の盟友として長州閥に君臨し政財界の大御所的な存在であり、陸奥宗光の上司・渋沢栄一の上司としても古河の相談役の位置にあったという（大澤明男 二〇一二、四九頁）。

19――そのためには浚渫を行って河底にたまる鉱毒を除去することも必要となる。この作業を省いた「鉱毒予防工事」では事態がなんら改善されないということは、昭和に入ってなされた調査によっても見事に裏付けられている。森長英三郎（下）三八三頁以下。これは、放射能の撒き散らしの怖さの先取りでもある。

20――農商務省の回答については、『正造全集』⑦五〇一頁。吾妻村の上申書については前注9参照。

21――『東京日日新聞』二月一〇日号、森長英三郎 一九八二（上）、六一頁による。

22――経産省のある官僚は、行政の責任を問われたときに「俺たちは認可しただけだ」と応じたという（七尾和晃 二〇一一、五四頁以下）。さらに言うならば、足尾のときの農商務省は〝安全保安院〟という別局をもっていなかったので監督責任を問われえたかもしれないが、東フクシマではそうではない、というのかもしれないが、保安院が実質的に経産省の一部局でしかなかったことは、第Ⅰ部での確認からしても否定できまい。現に保安院は3・19

の日米の秘密会議においても、経産省からの緘口令に従って情報の提供を拒んでいる（朝日新聞・特別報道部 二〇一三、二〇二頁）。

23――これら各種の綱引きがあったであろうことは政府答弁からも推測できるが、私が参照できた範囲では、その実態を解明した研究には出会えなかった。どうやら今後の研究にまつしかなさそうである。

24――「古河と被害民との間の示談は、……ほんとうは鉱山局（政府）の示唆により動きだしたのではないか」（森長英三郎 一九八二（上）、六三頁）と疑われているが、知事側の「契約書草案と、あとで実際に結ばれた古河側作成の示談契約書を比較すると、……知事の仲介が、古河と協議した農商務省の意向にそっていたことがうかがえる」という（東海林吉郎・菅井益郎 一九八四、三三頁）。

25――中沢丙一編『足尾銅山鉱毒事件仲裁意見書』（内水護 一九七〇に所収）、その詳しい大意は大澤明男 二〇一二、一九六－一九八頁によって引用した。

26――「拒否すれば、夜間壮士を使って殴打・負傷させるなど、恫喝とか恐迫《ママ》を手段とし」て示談は強要された（東海林吉郎・菅井益郎 一九八四、三八－三九頁。大澤明男 二〇一二、二三七頁、二七九頁。

27――これは、はるか後の水俣で、チッソに多少の迷惑料を払わせて幕引きにしようとした行政の姿勢に、そっくり継承されている。水俣病の公式確認（一九五六年）の三年後、厚生省・食品衛生調査会がチッソからの有機水銀が原因であるという答申を提出し、公的な原因認定がなされようとしていたその矢先に、通産大臣（当時、のち首相）の池田勇人は、「結論は時期尚早」と決めつけ、調査会の部会は解散させられる。それを待っていたかのようにチッソは、その翌月、形ばかりの排水処理装置を設置して、水俣病患者互助会と極端に低額の「見舞金契約」を交わすが、その中に「将来、水俣病が工場排水に起因する事が決定した場合においても、新たな補償金の要求は一切行なわない」という条文を織り込んだ。この「天地に恥ずべき」（石牟礼道子 一九六九（一九七二）、二七二頁）見舞金契約は、名実ともに古河の「永久示談」の再現である。

28――東海林吉郎・菅井益郎 一九八四、三七頁、大澤明男、二〇一頁。なお示談にいたる詳細な経緯については関口幸一「足尾鉱毒事件における示談の考察」、渡良瀬川研究会編『田中正造と足尾鉱毒事件研究』第二号、一九七九が詳しいという（同上）。

29――森長英三郎 一九八二（上）、七五頁。

30――『正造全集』②、高岩安太郎『足尾銅山景況一班』明治三〇年、森長英三郎 一九八二（上）、七三頁以下による引用。東海林吉郎・菅井益郎　一九八四、三六頁。

31——明治三〇年の政府答弁からも、河川の浄化は、それ以前に帝国大学医科大学の調査・勧告にもとづいて作られた沈殿池によることがわかる。

32——四県連合足尾銅山鉱業停止同盟事務所「足尾銅山鉱毒被害概表」（一八九七）によると被害総額は二七八二万円にのぼり、足尾銅山の年間売上高のほぼ十倍になったという。東海林吉郎・菅井益郎　一九八四、四六頁。森長英三郎　一九八二（上）、八六頁、大澤明男　二〇一二、二二三頁。

33——荒畑寒村、五四頁。

34——東海林吉郎・菅井益郎　一九八四、五八－五九頁。大澤明男、二四七〜二四九頁。

35——大澤明男　二〇一二、二四九頁、三三七頁、他。

36——「讀賣新聞」明治三〇年三月二十八日（内水護　一九七五、四六－四七頁）、大澤明男　二〇一二、二五九頁による引用。榎本武揚は、一八九七年（明治三〇年）三月に、被災地を自ら視察した六日後に農商務大臣を辞任しており、鉱毒の監督責任を実質的に認めた数少ない高級官僚のひとりだったと言えるかもしれない。

37——『正造全集』⑦五〇一頁。

38——東海林吉郎・菅井益郎　一九八四、七一－七五頁。大澤明男　二〇一二、二六二頁。

39——五日会（編）『古河市兵衛伝追録』大正五年（復刻、大空社、一九九八）、大澤明男、二六四頁、二七二頁による引用。渡辺の回顧は、「明治一四年頃、……古河家の技師長とも云うべき地位にあった〇〇氏［原文実名——引用者］が来訪されて、これから色々のことの指導を受けたいという申し込みをうけた」ところからはじまり、足尾鉱毒事件との関わりについてつぎのようにはじまる。「鉱毒事件は古河家の興廃の岐れる処であった。その時農商務省あたりの意見では……鉱毒があると看做さざるをえぬから操業を停止するということに決まってしまっていた。」彼の回想の基幹は、それを引っくり返すことの困難さと、それを完遂したのは自分だという自負・自賛に尽きている。

40——東海林吉郎・菅井益郎　一九八四、七三－七四頁。

41——のちに一九〇三（明治三六）年になって行われた調査では、古河の責任は不向とされているが（東海林吉郎・菅井益郎、一三五頁）、個々の設備については脱硫塔・沈澱池の不備、堆積場からの潴水等々の欠陥が指摘されている。大澤明男　二〇一二、五三五－五四四頁。

42——木下尚江『足尾鑛毒問題』木下尚江全集①、一九九〇年、教文館。森長英三郎 一九八二（上）、一一八頁。

43——高木仁三郎 二〇〇〇、一三三−一三四頁。

44——『正造全集』⑧四六一頁、大澤明男、三四一頁。

45——大澤明男 二〇一二、三三七頁、三四二頁。こうしたイエロー・ジャーナリズムの輝かしい伝統は、原発を批判する言説をおしなべて「過激派」と括る政治家から、原発建設差し止め訴訟を「プロ市民」の扇動のせいにする自治体の首長にいたるまで、連綿と受け継がれているだけでなく、今日ではネットと融合して、かつてよりも凄まじい威力を発揮しているようでもある。

46——内水護 一九七一、三一九−三二四頁。うち三二〇−三三一頁の引用は大澤明男 二〇一二、二六七−二六九頁による。

47——大澤明男、四五四頁以下。東海林吉郎・菅井益郎 一九八四、一一四頁以下。

48——森長英三郎 一九八二（下）、三四五頁による引用。

49——大澤明男 二〇一二、二七五頁による。

50——これにかんしては、布川了「渡良瀬川改修工事と鉱毒事件」、渡良瀬川研究会編『田中正造と足尾鉱毒事件研究』第一号が非常に詳しいという。大澤明男、五六三頁以下。

51——森長英三郎 一九八二（下）、三四六頁。付け加えるまでもないであろうが、これもまた足尾と東フクシマの共通項である。

52——森長英三郎 一九八二（下）、三四九頁。

53——荒畑寒村、一一九頁以下、大澤明男 二〇一二、六九〇頁以下。

54——東海林吉郎・菅井益郎 一九八四、一七−一八頁、大澤明男 二〇一二、七九三頁。

55——東京朝日新聞 一九〇七（明治四〇）年六月二九日「谷中村だより」。

56——『正造全集』③四六三頁、具体的には『正造全集』④三頁以下「谷中・治水問題」参照。

第Ⅱ部第四章

1——内村鑑三 一九一三（二〇一一）、鈴木範久による解説参照。内村にもみられるこうした農本主義的な傾きは、一九二〇年代後半からのファシズムにおける反近代の思想と混同されるべきではない。

2――福沢諭吉 一八七五（一九九五）、二八一頁以下。

3――それぞれ、『東京横浜毎日新聞』明治一四年一〇月七日、明治一四年六月一九日、松永昌三「民権思想とナショナリズム」（荒川幾男・生松敬三（編）一九七三所収）による引用。

4――「論外交」、『中江兆民全集』14、一三四頁、一三〇頁。「富国」と「強兵」のふたつは「最も相容れ難き事」という兆民の至極まっとうな認識（一二六頁）が広く共有されなかったことは、民権運動の根本的な弱点のひとつであろう。

5――「西海岸にての感覚」『中江兆民全集』13、四二七頁。ただし彼が批判しているのは「株式買占の術を我《マ》〔が〕殖民地に持ち込《マ》」むこと（四〇九頁）であって、かりに「正当」な価格での買収だったとしても、そもそも土地の私有は、あたかもネイティヴ・アメリカンにとってそうであったように、アイヌの社会・経済の根幹にとって破壊的だったであろう。

6――天津条約による相互不可侵体制については、大澤博明 一九九七「日清開戦論」、東アジア近代史学会編『日清戦争と東アジア世界の変容』下（ゆまに書房）参照。原田敬一、五三頁による引用。

7――原田敬一、五二頁。

8――日露戦争では「旅順が落ちるとも」と戦争を批判した田中正造も、日清戦争のときは、清国からの「朝鮮の独立」のための「義戦」とみなして開戦を支持しただけではなく、一九八六年（明治二九年）の議会で「遼東還付の罪責」を追及し、三国干渉に屈した政府を激しく非難している（『正造全集』⑦ 三四九―三六二頁）。その後、彼が、足尾鉱毒問題を生涯負い続けるにいたったのは、このように「国威」「国権」と唱和しているあいだに足下で起きていたことへの無知・鈍感さにたいする慙愧の念があったとも推測できる。

9――山田朗 二〇〇九によれば、開戦三ヵ月後には既に弾薬が不足しはじめたが、それでも兵士一人当たり八九発の発射が可能だった。それに対して、一年後の奉天大会戦では僅か六発にまで減少しており（二九六頁）、満洲総司令官の大山巌も補給が滞っていることを訴えている。原田敬一、二一四頁以下。

10――すでに一九〇四年（明治三七年）、日本は日露開戦の半年後に、韓国の外交権・財政権に介入する「日韓協約（第一次）」を、ついで翌年には講和交渉のさなかに韓国の外交権を奪って統監府を設置する「第二次協約」を押し付けている。「押し付けた」というのは、韓国皇帝は何度も親書をつうじて国際的に協約拒否を通告しているからである。原田敬一 二〇〇七、二二五頁以下。

11――『萬朝報』明治三五年六月一八、一九日。『内村鑑三全集』⑩一八四－一八五頁。

12――石橋湛山 一九八四、八七－八九頁。

13――加藤陽子 二〇〇七、六七頁、九三頁。

14――一九二〇年代末の日本の一年の予算の規模が一五億から一七億円だった頃に、満鉄の資本金は四億四千万に達し、年に七〇〇〇万円の利益をあげていたのだから、どれだけ巨大だったかが知られよう。原田勝正 二〇〇七、一二七頁、石井寛治 二〇一二、一八九頁他。国家の対外投資の実に七割は、満鉄に対してであった。

15――「満蒙」、中国東北部とモンゴルの一部を指す日本側の呼び方だが、正確にどこを指しているのかは、そのつど解釈によって多義的であった。加藤陽子 二〇〇七、二二頁以下。

16――「満蒙」の領有を目論んでいたのは、武官だけではない。現に足尾鉱毒調査会（第二次）の委員をもつとめ初代の満鉄総裁となった後藤新平は、「満洲は事実上帝国の領土」となるようにすべきだと主張していた（鶴見祐輔『後藤新平』第二巻（勁草書房）一九六五年、九一〇－九一一頁。小倉和夫 二〇一一による引用）。しかし、こうしたいわゆる領有論は、「事実上」という言い方に見られるように、中国の主権の承認を前提としており、川田稔が強調するように、一九二〇年代末葉からの統制派武官による満蒙領有論は、この点でまったく異なる（次注参照）。そもそも日露戦争後に日露・日清の条約で認められたのは、①一九二三年（大正一二年）までの二五年間、旅順口・大連を借りる権利（租借権）、②一九三九年（昭和一四年まで、長春～旅順口の鉄道とその支線、炭坑をふくむ鉄道付帯事業を経営する権利（南満洲鉄道の利権）、③日露それぞれが、自国が経営権をもつ鉄道の守備のために一キロあたり一五名未満の鉄道守備兵を、鉄道を挟む幅数キロの地帯に駐留させる権利（鉄道守備兵）の三つにとどまる（加藤陽子 二〇〇七、二二五－二二六頁、一四三－一四四頁）。その後日本は、第一次世界大戦にともなって列強が全精力をヨーロッパに集中している間隙をぬって、「二一カ条要求」によって右の①②の権利を九九年間に（つまり二〇〇二年まで）延長することを中国に認めさせた。この対中交渉を指揮した外務官僚・加藤高明（当時外相）は、かねてから日中摩擦の原因が「満蒙に於ける……日本の優越的地位と条約上の取極とが符号しない」ことにあることを認識していた（伊藤正徳編『加藤高明』（下）一九二九年、一五〇－一五一頁。小倉による引用）。ここで図らずも加藤自身が語っているように、問題は、日本が「条約上の取極と符合しない」形で利権を獲得してきたところにあるのに、条約を逸脱して獲得した権益を認めるように、最後通牒つきで（武力行使を匂わせて）要求するというのだから、恐れ入る他はない。

17――『太平洋戦争への道2』所収、加藤陽子 二〇〇七、一六頁による引用。こうした「満蒙領有」計画は、永田鉄山・東条英樹らを中心として、「総力戦」という新たな戦争観のもとで総動員体制を整備しようとした武官たち（「統制派」）によって、すでに一九二八年には練り上げられており、その際立った特徴は、従来の満蒙分離論においては満蒙が中国の主権下にあると前提され、満蒙での反中央勢力の利用が考えられてきたのに対して、中国の主権を完全に否定するところにある。川田稔 二〇一一、一一頁以下、一四頁。

18――石堂清倫の回想によれば、故郷の公会堂一杯の農民を相手に陸軍少佐が、つぎのように熱弁をふるっていたという。「左翼の組合」が主張するように土地を平等分配しても、五反にしかならない。「諸君は五反歩の土地をもって、息子を中学にやれるか、娘を女学校に通わせられるか。ダメだろう。……満蒙の沃野を見よ。……他人のものを失敬するのは褒めたことではないけれども、**（生きるか死ぬか）**［引用者による強調］という時には背に腹はかえられないから、あの満蒙の沃野を頂戴しようではないか。……諸君は、……一躍十町歩の地主になれる。つまり旦那衆になれる」（石堂清倫『二〇世紀の意味』平凡社、二〇〇一）、加藤陽子 二〇〇七、七頁による引用。このように「満蒙は帝国の生命線」というキャッチは、「他人のものを失敬する」ことを正当化する扇動効果をもちえた。この効果は、満蒙問題に「従来、比較的冷淡」であった「一般民衆が、今や、日清日露戦争当時の状況を彷彿させるにいたった」という恐怖感を、浜口暗殺に首相代理をつとめていた外務官僚に与えたところに、如実に見てとれる。臼井勝美 一九七四、一二七頁。

19――最も典型的には、一九三一年三月（満洲事変の半年前）に参謀本部・第二部長が在郷軍人会で行った講演にみられる。加藤陽子 二〇〇七、一一－一三頁。

20――これは『日本外交文書』によって確認できるだけでなく、「同時代の為政者間には自覚されて」いたが、「陸軍が展開した国防思想普及講演会において歴史の記憶の改変がなされ」たという。加藤陽子 二〇〇七、一四四頁。

21――加藤陽子 二〇〇七、四八－五一頁。

22――関東軍は、中国軍が満鉄を爆破したので自衛のために応戦したと発表したが、これはまったく事実とは違う。実際、満蒙領有計画を立てていた関東軍の石原莞爾主任参謀によれば「満蒙を我が領土とする」ために「**謀略により**機会を作製し、軍部主導となり国家を強引す」とされていた。川田稔 二〇一四、三一頁以下による引用（強調は引用者）。事実その通りだったということについては、当時、満鉄保線区の職員だった人の詳しい証言が残されている。江口圭一 一九八八、六四頁以下。

23——江口圭一、一一〇-一一一頁、強調は引用者。

24——一九二一年のワシントン軍縮会議に際して「一切を棄つるの覚悟」「大日本主義の幻想」を著したとき、石橋湛山は「今の世界において独り日本に、欲なかれとは註文せぬ」と断ったうえで、「王より飛車を可愛がるへボ将棋」の愚を戒めている。その論調の根底にあるのは、「満洲を棄てる、山東を棄てる、その他支那《ママ》が我が国から受けつつあると考えられる一切の圧迫を棄て」「朝鮮、台湾に自由を許す」ならば、「支那を始め、世界の小弱国は一斉に我が国に向かって信頼の頭を下ぐる」ようになり、それこそが列強にとって一番厳しいカードになる、という彼一流の雄大な戦略である。いうなれば世界に先駆けて〝脱帝国主義〟先進国へと脱皮し、第三世界との関係から利をえようという戦略である。

25——「満蒙問題解決の根本方針如何」、石橋湛山 一九八四、一八三頁、一八六頁。

26——高木仁三郎 二〇〇〇、一四七頁以下、一五一頁。しかし、こう振り返ってみると、「兎に角、鉱山を活かそう」という結論からはじめるようになって以来、たんに技術のみならず、学術全般の基礎が崩されてきたのかもしれない。平成のアカデミズムでのSTAP狂想曲は、原発事故・改竄競争の付録でしかないかもしれない。

27——閣議等で多少とも対外的に妥協的な提案がなされるごとに、陸軍大臣は「下の者の動きを抑えられない」という言い方で潰してきた。こうした反対の仕方のうちには、クーデタ（というより同時多発暗殺）をちらつかせた脅しもみられるのだから、丸山眞男「軍国支配者の精神形態」（一九四九）がこれらを指して「縦の指導性の喪失」と一括して論じているのは勇み足であろう（丸山眞男 二〇一五、一七八頁以下）。もちろん、そのように脅すときに自分もまた暗殺の標的とされうることへの不安も働いているケースもあるだろうから、実際の事例は複雑である。

28——もともとは先進国が発展途上国や新興国に投資・技術移転を行うと、やがてそうした地域からの製品が先進国を脅かすようになることをいう経済用語であるが、ここでは、いわゆるエントレインメントによる、愛着行動の相乗的強化のような、社会心理的な再帰的な自己拘束作用を考えている。多分、より適切な用語があると思われるので、この言い方に固執するつもりはない。

29——石堂回想記における「国防思想」の講演した佐官が、「他人のものを失敬するのは褒めたことではないけれども」と断っているのは、こうしたアンビバレンツの表明でもあろう。加藤陽子 二〇〇七、七頁。

30——ミルグラムの実験とは、科学的真理をうるのに手段だという信念をいだくと、ひとは、通常なら控えるような残酷な選択肢をも採用する、という傾向を実証した、社会心理学での有名な実験である。ここでは、より広い範囲でのその含意を念頭においている。

31——一九四一年一二月にいたるまでの詳しい過程については、この間また専門的な研究が進んでいるようでもあり、素人としては本書で立ち入る余裕は全くない。しかし、「満蒙は生命線」という国策が、傀儡国家・満洲国の不安定性を経由して「華北分離工作」へと拡大し、それが「援蔣勢力の打破」へと更に拡大していったという、この基本的な動向は、〝大東亜共栄〟なるスローガンがいかに化粧直しされようとも何人にも否定しがたかろう。

32——牛村圭 二〇〇一、二〇〇四が指摘するように、訴追された人々を「A級戦犯」と一括りにしたまま一歩も出ないような議論は貧弱極まりないし、そうした議論のひとつの出発点ともなった丸山眞男の「軍国支配者の精神形態」（『超国家主義の論理と心理』所収）には、当時参看しえた史料の制約のみならず、「日本の指導者の没主体性 **vs** ナチス指導者の主体性」といった対比にすべてを還元しようとする強弁が目立つ。しかし、だからといって、牛村圭 二〇〇一に開陳されているような個々の軍人の弁護が正鵠を得ているということにはならない。

33——『大川周明日記』四五四頁。しかし驚くべきことに、大川周明が「永久の恥さらし」と嘆いたような「成り行き」への責任転嫁は、原子力行政をめぐっても、延々と繰り返されている。実際、一九五七年に日本初の商業炉を輸入する際の決定にかんして、当時「大本営」とでもいうべき中枢にあった二人は、こう回想している。「どうも我々が原子力に向かっていくという必然性はなかったんじゃないか」、「みんなそれぞれ**既成事実だけでき上がっちゃった**わけですな。……**決めたというんじゃなくて**、**決まっちゃった**」、「歴史的必然性で、しょうがないんじゃないですか」（NHKETV特集取材班 二〇一三、一四五－一四六頁）。その極めつけは、3．11である。民間事故調によれば、「政府の原子力安全関係の元高官や東京電力元経営陣」は「異口同音に」「安全対策が不十分であることの問題意識は存在した。しかし、**自分一人が**流れに棹をさしても（**逆らっても**——引用者）**ことは変わらなかった**であろう」と述べていた、とのことである。（民間事故調、七頁）。大川周明が生きていたら、さぞかし目を剝いたことであろう。

34——川田によれば、石原と永田・東条は、細部では異なるにせよ、「満蒙の権益」は国民向けの看板にすぎず、その本意は対ソ戦を見据えて、単に満蒙だけでなく中国華北地方の資源の排他的な利用をも構想していた。川田稔 二〇一四、一二一頁以下。加藤陽子 二〇〇七、一三五頁。

35——陸軍は、「満蒙領有」のキャンペーンにおいて、満洲事変前後の三年間だけで七八種ものパンフレットを発行しており（江口圭一、三一一頁以下）、これと合わせた全国キャンペーンの効力は、ナチスの宣伝並みとさえいえるかもしれない。

36——「ファシズム派」が最適の呼称かとも思うが、「ファシズム」の定義が必ずしも一義的とも見えないので、本書では一応当時の「革新官僚」を「統制派官僚」と呼ぶことにする。

37——谷中村が国に強制収用されて取り壊された年には、日本の主要鉄道が、主として軍事上の理由から国有化されており、満洲事変の頃にはすでに日本はきわだって国有企業への依存度が高かったという。しかし手許には、非常に古い史料にもとづいた文献しかないので、正確な数字は専門家に教えを請いたい。

38——「お互いを結ぶ何の紐帯もなく、本当の砂山の砂粒同然になってしまった」というゾムバルトのことばを引いて（無縁社会！）、奥村は「現代個人主義経済」を特徴づける。奥村喜和雄『日本政治の革新』育生社、一九三八、五頁、『変革期日本の政治経済』ささき書房、一九四二、五五頁、六八頁他。

39——毛利健三「「危機」認識の諸相と「変革」のヴィジョン」、荒川・生松（編）一九七三、一六四頁による引用。岸信介は、商工省（現経産省）から満鉄に出向して「個人主義」を克服した「協調経済」の五ケ年計画を指導したのち、開戦時の東條内閣で商工大臣をつとめ、軍需経済を切りまわした。

40——毛利健三 一九七三（荒川・生松（編）一九七三所収）、一六一頁。

41——佐藤賢了『佐藤賢了の証言』、藤原彰 一九八八、一五四頁による引用。

42——加藤陽子 二〇〇七、二二二頁。ドイツに較べて、鉄は八分の一しか生産できず、百分の一ミリ単位での精密加工も覚束ない技術水準でしかないにもかかわらず、軍事費がすでに政府支出の三分の一に達し、膨大な国債・公債を抱えた状態で、「弾薬庫がからっぽになった」から「高度国防国家」を構築しようというのだから、恐れ入る。彼らがお手本としようとしたナチス・ドイツは、天才的な建築家（A・シュペーア）を軍需大臣に抜擢したことも与ってか、国内総生産は開戦後も成長を続けて、個人消費支出も落ち込まず、敗戦一年前の一九四四年にいたっても、開戦前の最低水準を上回っていた（吉田裕 二〇〇七、二二二頁）。それに引き換え、その木を見て森を無視した「高度国防国家」への盲動は、いまの北朝鮮の「先軍政治」のお手本だといってもよかろう。

43——浅沼和典 一九七九「日本の資本主義とファシズム」、河原宏ほか 一九七九、四〇頁。

44——安西巧 二〇一二、二五三頁。ただし電力会社が財閥の基幹企業でなかったので統制しやすかったという面も大きい。

45——国営の非効率性が懸念されていたが、「利潤を追求する株式会社は、重要兵器の生産に適合しない」という大義名分のもとで国有化交渉を進めたという。河原宏「ファシズムへの道」（河原宏ほか 一九七九所収）二八－二九頁、浅沼和典「日本の資本主義とファシズム」（河原宏ほか一九七九所収）、四二頁他。ただし陣頭指揮をとった陸軍中将遠藤三郎（当時航空兵器総局長官）の回想によれば、株主の利益のために働かされているという工員の不平が大きな問題だったという（遠藤三郎『日中一五年戦争と私』一九七四、日中書林、三〇六頁）。

46――江口圭一、二〇一頁。

47――最も簡略には、大江志乃夫 一九八二、一七二頁以下、藤原彰 一九八八、二三三頁以下。ノモンハン事件で中央の大本営が日ソ戦争への直結を怖れて、ソ連の主張する国境の外へ移動することを決定し、関東軍の軍司令官・参謀長も同意したが、結局は作戦参謀の服部卓四郎と辻政信の強硬論に引きまわされ、この手合の「かたくなな精神主義と非人間性が、こののちも多くの悲劇をうんだ」とする藤原の所見（二四三頁、二四四頁）は、陸軍の軍人から歴史研究者に転じただけあって正鵠を得ていよう。

48――大江志乃夫 一九八二、三〇三－三〇四頁、他。遺書の全文は、額田坦編『世紀の自決』芙蓉書房出版、一九六八、四六四－四六五頁。

49――服部卓四郎は、ミズーリ艦上での降伏文書調印に先だってマニラに使節として派遣された二名の高級参謀に次いで、真っ先にマッカーサー司令部によって保護され、他の高級参謀らとともに戦史執筆のためと称してGHQ歴史課に勤務し、一切の戦争犯罪の尋問から保護されたのち、自衛隊の創設に関わった。他方で辻政信は、戦後インドネシア賠償などをめぐって暗躍する傍ら、国会議員になって再軍備の急先鋒となった。これらの高級参謀の処世と比べたとき、私は、安達中将には脱帽するしかないし、彼のような軍人がいたことを誇りに思う。しかし、ノモンハンで辻・服部の参謀コンビに煮え湯を飲まされ、名誉も剝奪された須見新一郎連隊長（当時）は、安達中将のことを「頭のカタい男、バカ」と評し、大本営の命令を無視して独断で「降伏すべきでした」と語ったという（村上兵衛 二〇〇五、四二頁）。

50――侍従武官の尾形大佐による批判。大江志乃夫 一九八二、一九三頁以下による。

51――敗戦直前に、宇都宮の戦車連隊にいた司馬遼太郎が回想する大本営参謀の指令である。司馬遼太郎 一九八四、三七六頁。

52――『正造全集』③四六三頁以下、⑯六〇五頁。

第Ⅱ部第五章

1――論者によって程度の違いはあるが、戦後になって「官民協調」（佐橋滋）と名を変えた「国策民営」と、戦前の総動員体制との連続性が明示的に主題化され、「四〇年体制」が語られるようになったのは、皮肉と言えば皮肉だが、八〇年代半ば以降、アメリカのレーガン政権・イギリスのサッチャー政権によって「新自由主義」が導入されて、「規制緩和」が語られるようになってからであった。その後、急速な規制緩和とともに、実施権限・監督権限がさまざまに変容し、行政の在り方は、九〇年代半ば以降、護送船団方式から通産省の用語でいえばトップランナー方式へと変わっていった（七尾和晃 二〇一一、一〇七頁以下）。しかし、エネルギー政策という全経済活動の「川上」にかんしては、依然として「国策民営」が続いていた。

2――この間の経過についてもっとも簡略には、安西巧 二五七―二六七頁。志村嘉一郎 二〇一一、一三三頁以下などを参照。

3――「太平洋戦争に日本が突入した理由の一つに、資源エネルギーをいかに確保するかということがあった」（NHKETV特集取材班 二〇一二、三〇九頁）と、老いたる元官僚が述懐するように、エネルギー源の自給を旗印にした核燃料サイクルへの執念の一貫性には、当の元官僚が「日本では**プロジェクト不滅の法則**というのがある」と語っているように（三〇一頁）、常軌を逸したものがある。

4――山岡淳一郎 二〇一一、九六頁以下。岸は満洲国総務庁次長として経済運営を切り回し、日本の一年の予算が一六億円である時代に、二六億を投入した五ヶ年計画で満洲を鉄鋼生産の拠点に仕上げようとした。同時に甘粕機関によるアヘン取引からも莫大な政治資金を獲得して巨大な人脈を形成し、戦後はインドネシア賠償をはじめとする利権をほしいままにした。岸は満洲を去るときに「いかにして政治資金をうるかが問題」だと説き、「政治資金は濾過器を通ったものでなければならない」と強調している（原彬久 一九九五、七六頁）。

5――七尾和晃 二〇一一、七五頁以下。ちなみに、この年に足尾銅山が閉坑している。

6――電源三法・総括原価方式について、もっとも簡便には、小出裕章 二〇一二、七四―七七頁。また電源三法に伴う土地ころがしの実態については、山岡淳一郎 二〇一一、一五〇頁以下などを参照。またそれらと原発のコストとの関係については、何よりも大島堅一 二〇一一、第二章を見られたい。

7――アメリカでは、スリーマイル島原発事故以来、安全規制の強化にともなう建設コストの上昇と、保険会社が事故時のリスクを請け負うことを忌避するようになったために、原発新設は滞っていたが、東フクシマをうけて原発ビジネスの本家GEまでが、原発からの撤退を決めている（安西巧 二〇一二、六七頁以下）。

8――この極め付けが、本文第Ⅰ部（二五頁以下）で見たように、新たな耐震基準のバックフィットの法的な義務化の見送りであり、「国民の不安を煽る報道」の〝自粛〟であった。ただし総括原価方式ゆえに「原発は作れば作るほど儲る」というのは、ためにする宣伝のようである（斎藤貴男 二〇一二、二七七頁）。

9――これについては、第Ⅲ部でやや詳しく扱う（一七六－一七八頁）。

10――高木仁三郎 二〇〇〇、一二三頁以下。

11――大鹿靖明 二〇一三、三二六頁以下、強調は引用者による。また当事者の言い分にかんしては、朝日新聞特別取材班 二〇一三、二八章を見られたい（ちなみに、この当事者は、かつて改革派官僚であった時代に、大手IT会社に睨まれて左遷されて以来「大手民間企業の言いなりになるようになってしまった」と、部下からは見られているという。大鹿靖明、三三三頁）。

第Ⅲ部導入部・第六章

1――大澤明男 二〇一二 六八〇－六八一頁。のみならず国は「被害農民を遠くは北海道にまで移住させるという棄民政策によって、鉱毒事件そのものの抹殺」を図ったのである（東海林・菅井 一九八四、一四二頁）。

2――葉山嘉樹の「淫売婦」には、何重にも病気を負った場末の娼婦（つまり「公娼」という制度からも排除された「私娼」）と、彼女らのヒモでもある「ヨロケ」と称する男が出てくるが、「ヨロケ」とは長年の鉱山労働による塵肺疾患の総称である。とりあえず大澤明夫 二〇一二、三三五－四〇頁参照。明治の立身出世に批判的であった夏目漱石は、一連の三部作で明治の立身出世を批判するに先立って『坑夫』という作品で足尾銅山の坑内労働者を描いている。

3――鈴木耕 二〇一二、一四頁以下、二二頁以下。

4――「責任」という概念の倫理学的分析については、大庭 二〇〇五、第一章をごらんいただきたい。

5――ただし誤解していただきたくないのだが、責任を問えないというのは、将棋倒しになった群衆について、である。自然発生的な群衆における将棋倒しにかんしても、そうした群衆の発生を予期し・制御できる立場にある者には、当然、不作為の責任が問われるし、実際、問われてきた。法的には、古川元春・船山泰範 二〇一五参照。なお、集団の責任を考えるときには、そもそも集団がいかにして一の行為主体でありうるかを論じなければならないが、ここではそれを棚上げして集団との呼応可能性が成り立つための条件を考えるにとどめる。

6――このように、それぞれの立場にある「人のいかんによらず」、集団の活動が予測可能な継続性を保つということが、マックス・ウェーバーによれば、計算可能性という意味での集団の「合理性」・その程度を表すとされるが、本書では、このことをもって「集団が組織化されている」と呼ぶ。そのときさらに、それぞれの立場の業務と権限を定める規則が明示的に確立しているならば、そうした集団は、行政にかぎらず「官僚制」化しているとも言われるが（さしあたっては、ウェーバー、M.『支配の社会学』一九二二（一九五六）、邦訳（創文社一九六二）(I)九三頁、『支配の諸類型』一九二二（一九五六）、邦訳二六頁以下を参照）、本書では「官僚」という語は行政組織にかんしてのみ使っている。

7――もう少し詳しくは、大庭健 一九九七、第二章を見られたい。

8――ただし誤解していただきたくないのだが、無責任性は応答拒否に尽きる、と言っているのではない。確認したいことは、非道な行為であれ、冷酷な不作為であれ、それらの無責任性の根元には、そうしていられる理由を問われることの無視もある、ということだけである。

9――足尾の被害民の支援行動に参加しようとした若き志賀直哉は、古河市兵衛とも親しかった父親に反対されて参加できなかった。ちなみに、志賀直哉の祖父は、古河と共同経営していた相馬藩の執事であった。

10――かつて私は、ある構造が立ち上がってくるプロセスを、ミクロな要素の振る舞いの協調と、協調ゆえの秩序のフィードバックが相互促進的に進む現象、「協調化・フィードバック過程（CF過程）」として特徴づけたことがあるが（大庭 一九八九、終章）、ここでいう〈合成と誘発〉は、その一典型例でもある。こうした構造的な無責任と個々人の不作為は、実際には区別しがたいケースが多々存在するとしても、概念的には区別する必要がある。さもないと、責任の問題をことごとく個々人のモラルへ、心がけへ還元する話に絡めとられがちになる。

11――アーレントによれば一番の問題は「自分のしていることがどういうことか全然わかっていなかった」という想像力の欠如にある（アーレント 一九六五、二二二頁）。アーレント 一九九四では「道化役者のようだ」とまで語っている（二二四頁）。

12――「役割」の私なりの捉え方については、大庭健 一九九一、第二章を見られたい。

13――大庭健 一九九一。ワースト・コンタクトを回避して共生を可能ならしめるという点では、フーコー流に言えば、死をもって強要する威力とは異なる社会権力でもある。

14――環境との入出力を貫いてまとまりを維持しているシステムは、安定状態にあっても、つねに統計的定常状態からの一時的な乖離（ゆらぎ）が生じており、いくつかの条件が重なると、通常なら吸収されてしまうゆらぎが自己増殖して、マクロな構造変動の引き金を引く。大庭 一九八九。

15――自分に個人的に向けられた問いかけを端から聞き流すことは、なんらかのコンフリクト（内的葛藤）をともなう。アイヒマンが、「命令されたことを行っただけ」という弁解に終始したときには、そうしたコンフリクトのフラッシュバックを避けようとする機制が働いたとも考えうるかもしれない。

16――大庭健 二〇〇九、Ⅲ章以下を見られたい。

17――内部告発（内側からの警鐘）についての私の考えの核は、第Ⅰ部での注53に記したとおりである。足尾での内部告発については、大澤明男 二〇一一、三六五頁以下。

18――佐高信、読売新聞社社会部 一九九八、（解説）三三九頁。

19――高速増殖炉「もんじゅ」が冷却材の漏洩事故を起こしたとき、内部調査の責任者だった動燃の総務部次長は、謎の死を遂げており、遺族が死因究明のための訴訟を起こすが、裁判所は遺族側の主張をすべて否定した。山岡淳一郎 二〇一一、一八六頁以下。

20――小林英夫 二〇一二によれば一九三八年の国家総動員法とともに満洲に出向していた官僚が大量に帰国した（二〇五頁）。しかし「協調のノウハウ」の起源についてはあくまで素人の想像にすぎない。事実と食い違っていたら訂正したいので、詳しくご存じの方はご教示ください。

21――システム論的に言えば、異種の規範的メタ述語をシステム内的コミュニケーションで援用できるということであり、もう少し具体的には、大庭健 二〇〇四、第一章での機能システム固有の「応接価値」について叙述を見られたい。

22――マルクーゼが「一次元的人間」と呼んだのは、むしろ、欲望とそれを充足する手段という次元のみに収斂してしまうありかた。それと部分的には重なるが、違う。

23――原子力ムラの長老格の物理学者のインタビューを行ったあるジャーナリストは、「日本原子力学会は、学会としては珍しく、会員に「内部告発」を促す倫理規定を求めている」と枕をふっている（『原発と日本人』、アエラ臨時増刊号、No. 22、二〇一一・五・一五、七〇頁）。しかし「学会としては珍しく」、主要電力会社・原発メーカーの重役たちが理事会メンバーになっている日本原子力学会のＨＰをのぞいて、この「内部通報条項」の解釈をめぐるQ&Aの累積を見れば、これが「内部告発を促す」ものとは言い難い。

第Ⅲ部第七章

1――佐藤栄佐久 二〇一一、四四頁、一〇五頁。

2――高木仁三郎 二〇〇〇、一一六―一一二頁。

3――大鹿靖明 二〇一三、三二六―三二八頁、強調は引用者。

4――これは私のたんなる印象の域を出ないので、精確な事実については、専門家の教えを請わねばならない。

5――温厚できこえた杉山元が、戦争犯罪の摘発が始まる前、九月一二日に自決したのは、このときの沈黙をも償おうとする自罰であったのかもしれないので、軽々に論評することは差し控えたいが、この種の沈黙は「十分に説明して、あとは沈黙する」というイギリスの「国王陛下の官吏」の沈黙と較べると、やはり異質である。いわんや服部卓四郎は、主戦派の首魁のひとり武藤章でさえ天皇の意思を「外交解決」と読みとったときにも、「天皇に従うのでなく、天皇を従わせよう」とする「確信犯」的な対天皇工作を主張して周囲を驚かせており、「陛下の官吏」としてさえも異様である。川田稔、二八一―二八二頁。

6――河原宏ほか、三〇頁。

7――セルフ・ピーター『行政官の役割』成文堂、一九八一、一八八頁以下、二一二頁。村松岐夫『最新 公務員制度改革』学陽書房、二〇一二、三七頁による引用。

8――わが国の憲法でも、議会が行政の調査権をもつのには、こうした歴史的な背景も与っているはずである。

9――渡辺京二 二〇一一、四三―四四頁。

10――皇道派に代表されるように、天皇を神格化しておきながら、しかし自分たちが欲する親裁を下させようとする天皇主義者の動きは、天皇じしんにとって迷惑であるだけでなく、天皇制をデザインした明治の官僚たちにとっても、(たぶん)想定外の神秘化であったろう。

11――「統帥権の独立」を、戦時の戦争指導の局面から一挙に拡大した「軍令にかんする件」(一九〇七)を筆頭に、政府・議会の意向を超えて天皇の意志によって決められた事例もあるが、それらのほとんどは、決定後に憲法の定めにしたがって追認されている。ただし個々の上奏へのコメントを通じた間接的影響力の行使まで射程に入れると話はより複雑になるが、ここでは立ち入らない。

12――極めて少ない例外のひとつは、菅直人が厚生大臣であったときの、血液製剤による薬害であろう。このときは、血液製剤によるエイズ感染の実情を知りながら許可をした課長らが、有罪とされた。新藤宗幸 二〇〇二、第4章参照。

13――新藤宗幸 二〇〇二、九-一三頁。

14――干拓、ダム、道路、産業団地などなど、事業の継続それ自体が「自己目的」となっている空虚な巨大事業は枚挙のいとまがないだけでなく、疲弊した地方において、肥大する公共事業に依存しなければ所得の機会がない住民が増えていることは、いわば「住民の準公務員化」に他ならず、ギリシャのことを笑ってはいられないはずである。

15――それぞれに共同体に根差す対抗運動であるがゆえに　ある場合には近代を超えるユートピア運動の要素をも胚胎していた。渡辺京二「逆説としての明治十年戦争」（一九七五）、「西南戦争とは何か」（一九七七）（渡辺京二 二〇一一所収）。

16――大窪一志 二〇一〇、一三二頁。

17――前出、第Ⅱ部三章、注52（荒畑寒村、九七-一〇二頁、大澤、六〇九～六一二頁）。

18――前出、第Ⅱ部三章、注53（荒畑寒村一二〇-一二一頁）。

19――史実的に偏りがあるとも言われているが、まずは、ハーバーマス、J．『公共性の構造転換』（一九九〇）邦訳未来社（一九九四）、第三章。

20――典型的には赤十字、救世軍といった公益団体や各種の相互扶助組織、それらを立ち上げてきたネットワークなどがあげられよう。

21――河上肇「日本独特の国家主義」、四〇頁。以下、原文にはない句読点を入れてある。

22――河上肇、四〇-四一頁。

23――河上肇、三五-三六頁。

24――「……社会において、最高最大の権威を有するに至るなら」、それが宗教である（河上肇、五三頁）というのは、宗教の定義としては、いささか緩すぎよう。明治国家が神であったというときの苛烈さを水増ししかねない。

25――「鍵附の戸と紙張の障子」、河上肇、八二-八三頁。原文にはない句読点を入れてある。

26――丸山眞男 一九九二（一九九八）、二三三頁による引用。ただし「社交界」は「社会」に訳しかえてある。

27――名和田是彦、六二-六三頁。

28――『古事記伝』、本居宣長全集9、筑摩書房、一九七八、一二五頁。

29――『玉勝間』巻七では、「皇大御国」が「万国に勝れたる所由」に盲目なことが蘭学批判の根拠となっている。

30――『混同秘策』序論、松本三之介編『近代思想の萌芽　現代日本思想大系1』筑摩書房、一九六八、一七三頁。

31――『新論』では、神国日本は「元気の始まる所」、「大地の元首にして万国の綱紀」とされている（『水戸学　日本思想大系53』岩波書店、一九七三、五〇頁）。

32――同じ水戸学の藤田東湖にいたっては「いと大なる船を造り、大銃杯備《など》えて外国に打ち渡り交易をなし、諸々の国を懐《なつ》け、まつろわせ、神国に屈する国々数多にならんには、神国の威霊いよいよ広まりぬるべし」という、気宇壮大な（？）海外宣布論までが（批判対象としてだが）登場する。「常陸帯」、『水戸学大系　藤田東湖集』井田書店、一九四〇、三八二頁。

33――ナチスによる宗教儀礼の組織的活用については、**Vondung Klaus, Magie, und Manipulation, Vandenhoeck & Ruprecht, Göttingen, 1971**が詳しい

34――国家神道、しかしルーツはもっと土俗的・共同体的な祖霊祭祀に錨をおろしていよう。太平洋戦争の最初の組織的「玉砕」を描いた絵画展では、全滅した兵士の出身地域での展示は、ひざまずいての合掌で、まさに礼拝であったという（朝日新聞二〇一五年二月一七日夕刊）。

35――七尾和晃 二〇一一、一二三頁。ちなみにプルトニウムの混じった混合核燃料を商業炉で用いるというプルサーマル計画は、核燃サイクルの蹉跌ゆえに浮上してきただけなのだが、経産省の最高幹部は、それをしも「昭和三〇年代からの」国策ゆえ「力ずくででも」通す、と託宣するのである。なお、NHK・ETV特集取材班、三〇二頁。

36――大鹿靖明 二〇一二、二七八―二八〇頁、山岡淳一郎 二〇一一、二〇一―二〇四頁。

37――前出、第Ⅱ部第三章、注55（東京朝日新聞 一九〇七年六月二九日）。

38――最近のものとしては、被ばく労働を考えるネットワーク編『原発事故と被曝労働』、『除染労働』三一書房。

39――典型的には、石原東京都知事（当時）の発言などを見られたい。ちなみに「原理原則に基づくイデオロギー的反対派の存在が「安全神話」を強化する土壌を提供した」のだから「建設的な原子力安全規制」が不可欠だとする民間事故調の論趣（三二〇頁）は石原知事（当時）のブレーン（？）が書いたと疑われるかもしれない。

40――ロベスピエールが、市民教を考案せざるをえなかったのは、この意味では当然でさえあろう。

41――しかし「天誅」に走る動機は一様ではない。一方では、イスラム国での「神聖冒瀆」への制裁と心理的には連続するような宗教的な使命感、他方では屈折した復讐感情に至るまで、「憂国の情」なるものの内実は多様である。

42――社会問題研究会（編）『右翼・民族派事典』国書刊行会、一九七六によれば、右翼運動は「幕府の開国欧化政策に反対して天皇親政と排外主義を目ざした尊王攘夷の運動」に淵源している（五〇頁）のだから、天誅に体現される「行動の重視」は当初からの特徴である。もう少し詳しくは片山杜秀二〇〇七など。

43――ねず・まさし『日本現代史6』、三一書房による。六三頁。

44――本島等、森村誠一、柴野徹夫 二〇〇〇を参照のこと。

45――高遠菜穂子 二〇〇四、とくに第二章。ただし国側の言い分が明らかにされていないので、もしかしたら別の事情もあるのかもしれない。

第Ⅲ部第八章

1――とりわけ敗戦直後の「超国家主義の論理と心理」を嚆矢とする丸山眞男の一連の論考は、システムの構造にかんしては、上からの圧迫感を下位の者への恣意によって移譲していく「抑圧の下方移譲」、「中心からの距離が価値基準になる」同心円構造、といった特徴をえぐり出し（丸山眞男 二〇一五に所収）、思想史的には、ひとの「した」ことを、あたかも自然に「なった」かのように言いくるめる、日本思想の「古層」を掘り当ててきた（丸山眞男 一九九二（一九九八）所収）。

2――国策における科学の重要性を強調していたのは、国防国家を提唱した武官たちであり、陸海軍の兵器部であった。にもかかわらず、軍を廃止すればはじめて科学が尊重される、と言わんばかりの風潮は、「知性の犠牲」をすべて軍のせいにする、表層的な対処であろう。

3――簡略には、『「責任」ってなに?』二〇六－二〇八頁。

4――野村二郎 一九九三、木佐芳雄 二〇〇一などを参照。

5――たとえば女工哀史なども広義では、官の不作為の犠牲者だが、ここではそこまでは広げない。

6――川口恵美子 二〇〇三、七七頁、一〇八頁以下参照。何よりも内務省が戦争未亡人に対して「半強制的に姦淫する事例の多きこと」を問題化している（吉田裕 二〇〇七、一六九頁）。

7――いくつかの小説やドキュメントからの印象にすぎないが、川口恵美子 二〇〇三、一四五頁などはそれを裏づけていよう。

8——本島等・森村誠一・柴野徹夫 二〇〇〇、加藤陽子 二〇〇九の他、吉見義明 一九八七などを参照のこと。

9——『荒れ野の40年』岩波ブックレット、一六頁。

10——中曽根康弘、原子力導入の張本人であり、戦前は主計将校として占領地で「慰安婦」集めにも苦労している。『終わりなき海軍』文化放送開発センター出版部、一九七八所収の回想録による。簡便には『「責任」ってなに?』一九一頁以下。

11——これをしも「自虐」と呼びたがる人がいるとしたら、その人が求めているのは、「自慰」でしかなかろう。

12——つけを回されてきた側からの声としては、まずは赤城智弘『若者を見殺しにする国』を参照のこと。

13——ウェーバー、M.『宗教社会学』一九二一(一九五六)、邦訳(創文社)二九頁、三九頁他。

第Ⅲ部終章

1——明治の末年に、若き啄木が「時代閉塞」を慨嘆したのは、彼の個人的な窮乏のせいだけではないし、他方すでに文名を挙げていた漱石が、官産の成功者において「国に尽くす」ことと「私腹をこやすこと」が一体となっていることを皮肉って遊民志向を漂わせていたのも、文人特有の遁世志向のせいではない。

2——フィンランドのオンカロの岩盤は一九億年前の地層にあり、地質学的にいって日本とは較べものにならない。倉澤治雄 二〇一二、二〇八頁以下。

3——内橋克人 二〇一一、二三四頁。

4——加藤陽子 二〇〇七、岩波新書、七頁。

5——事故の隠蔽、データの改竄、内部告発の逆通報が進行している傍らで、肝心の哲学さえもが行為主体について、自己同一性から逃げようとする乖離(スプリッティング)の勧めと、相互性を拒もうとする内閉(独我論)とのメリーゴーランドになってもいたのは、この閉塞感と全く無縁ではあるまい。

6——佐藤栄佐久 二〇一一、二〇五頁。

7——たしかに、戦後の組合運動のなかには、とりわけ炭労や国労のように、職住の近接・一体性に立脚して、「コモン」としてのつながりのようすがを回復して新たに立ち上げようとする動きが胚胎していたとも思われるが、大勢としては、藤原新也が『東京漂流』などで八〇年代に描いていたように、豊かな社会でバラバラになったまま、マイホームを志向する傾きのほうが圧倒的だったのではあるまいか。

8――『いのちの倫理』、とりわけ八章。

9――国家教から解放された社会としての連帯をめざすとき、国であれ自治体であれ、「行法」なしには立ち行かない。「ノーメン・クラトゥラ（特権官僚）」による統制経済か、さもなくば、行政の介入なき自由市場か、という二項対立の不毛さこそが二〇世紀の教訓でもある。したがって、模索すべきは、コモンに根差す水平の社会の「行法」システムであって、この間のイェロー・ジャーナリズムによる「官僚叩き」は、有害無益である。

しかし、社会の「行法」を可能にするためには、何はともあれ、入省から退職まで終生、同一省庁に帰属するという、明治以来の官僚制度の業病ともいうべき人事システムを改めねばならない。ひとたび所轄事項・権限を握ったからには、ひとたび所轄事業に予算を付けさせたからには、そしてひとたび再就職先を確保したからには、天地がひっくり返っても手放さない、という頑迷さの相当な部分は、生涯・同一省庁という拘束に由来している。ここで夢想したようなシャドウ・ワークの活発化は、その拘束を緩める一助になりえよう。

主要引用文献

＊「はじめに」でお断りしたように、私はもっぱら思弁の徒であるので、時事的・歴史的な事実に関しては、すべて専門家の調査・研究に負っている。そうした諸文献のうち、ここでは私も参看したもので、かつ一般読者にも入手しやすいもの、とりわけ、文庫・新書で手に取れるものを重点的にあげた。

それら軽装本は、内容的にも薄いように思えるかもしれない。しかし（ある尊敬する歴史学者の言い方をひけば）「鉛の靴をはいて、史料の海の底を歩き続ける」営みを重ねたうえで、書かれたものかどうかは、少し注意して読めば、素人にもおおよその判断はつくはずである。

軽装本の盛行とともに、深刻な外交案件に直面していながらも、「日米戦わば」とか「皇道対覇道」ひいては「世界最終戦」といった、扇情的・好戦的な読み物が氾濫したのは、「満蒙は生命線」という国策アジテーションに続く時代でもあった。新書・文庫を重視して文献をあげたのには、そうした時代への思いもある。

I　東フクシマ東電事故に関連して

＊事故調査委員会の報告は注で頻出するので、以下のように略した。

民間事故調：福島原発事故独立検証委員会 二〇一二・三・一一、『福島原発事故独立検証委員会　調査・検証報告書』　株式会社ディスカヴァー・トゥエンティワン

政府事故調：東京電力福島原子力発電所における事故調査・検証委員会 平成二四・一〇・一〇、『政府事故調　最終報告書（概要・本文編・資料編）平成24年7月23日』　メディアランド株式会社（なお、注40で「政府事故調・中間」とあるのは、最終報告書ではなく、中間報告書（平成23年12月26日）を指す。）

国会事故調：東京電力福島原子力発電所事故調査委員会 二〇一二・九・三〇、『国会事故調　報告書』徳間書店

朝日新聞・特別報道部　二〇一三　『プロメテウスの罠④』　学研パブリッシング

―― 二〇一三a 『プロメテウスの罠⑤』 学研パブリッシング
―― 二〇一四 『プロメテウスの罠⑥』 学研パブリッシング
安西 巧 二〇一二 『さらば国策産業』 日本経済新聞出版社
石橋克彦（編）二〇一一 『原発を終わらせる』 岩波新書
井野博満 二〇〇八 「材料は劣化する」、原発老朽化問題研究会（編）二〇〇八所収
―― 二〇一一 「原発は先の見えない技術」、石橋克彦（編）二〇一一所収
植田和弘・梶山恵司（編）二〇一一 『国民のためのエネルギー原論』 日本経済新聞出版社
内橋克人 二〇一一 『日本の原発、どこで間違えたのか』 朝日新聞出版
NHKスペシャル『メルトダウン』取材班 二〇一三 『メルトダウン 連鎖の真相』 講談社
―― 二〇一五 『福島第一原発事故 7つの謎』 講談社現代新書
NHK ETV特集取材班 二〇一三 『原発メルトダウンへの道 原子力政策研究会100時間の証言』 新潮社 二〇一三
大鹿靖明 二〇一三 『メルトダウン ドキュメント福島第一原発事故』 講談社文庫
大島堅一 二〇一一 『原発のコスト――エネルギー転換への視点』 岩波新書
恩田勝亘 二〇一二 『福島原発 現場監督の遺言』 講談社
上澤千尋 二〇〇八 「原発の事故はどう起こっているのか」、原発老朽化問題研究会（編）二〇〇八所収
川村湊 二〇一一 『福島原発人災記 安全神話を騙った人々』 現代書館
神林広恵 二〇一一 「東電広告&接待に買収されたマスコミ原発報道の舞台裏」、『別冊宝島 原発の深い闇』 一七九六号
菊地洋一 二〇一一 「現場から乖離した「原発の安全神話」」、『環』 vol 46、二〇一一夏号
倉澤治雄 二〇一三 『原発爆発』 高文研
原発老朽化問題研究会（編）二〇〇八 『まるで原発などないかのように――地震列島、原発の真実』 現代書館
小出裕章 二〇一一 『原発のウソ』、扶桑新書
―― 二〇一二 『図解 原発のウソ』 扶桑社
ゴルバチョフ、M. 一九九五（邦訳一九九六）『ゴルバチョフ回想録（上）』 新潮社

斎藤貴男　二〇一二『「東京電力」研究　排除の系譜』講談社
——二〇一四『民意のつくられかた』岩波現代文庫
佐藤栄佐久　二〇〇九『知事抹殺——つくられた福島県汚職事件』平凡社
——二〇一一『福島原発の真実』平凡社新書
志村嘉一郎　二〇一一『東電帝国　その失敗の本質』文春新書
鈴木耕　二〇一二『原発から見えたこの国のかたち』リベルタ出版
空本誠喜　二〇一四『汚染水との闘い——福島第一原発・危機の深層』ちくま新書
高木仁三郎　二〇〇〇『原発事故はなぜくりかえすのか』岩波新書
田中三彦　二〇一一「原発で何が起きたのか」、石橋克彦（編）『原発を終わらせる』岩波新書
東京新聞原発事故取材班　二〇一二『レベル7——福島原発事故、隠された真実』幻冬舎
七尾和晃　二〇一一『原発官僚　漂流する亡国行政』草思社
日本科学技術ジャーナリスト会議　二〇一三『4つの「原発事故調」を比較・検証する』水曜社
樋口健二　一九八七『原発被曝列島』三一書房
古川元晴・船山泰範　二〇一五『福島原発、裁かれないでいいのか』朝日新書
堀江邦夫　二〇一一『原発ジプシー【増補改訂版】——被曝下請け労働者の記録』現代書館
——二〇一一a『原発労働記』講談社文庫
真山仁　二〇一三『地熱が日本を救う』角川ONEテーマ新書
宮台真司・飯田哲也　二〇一一『原発社会からの離脱』講談社現代新書
山岡淳一郎　二〇一一『原発と権力』ちくま新書

Ⅱ　足尾鉱毒事件に関連して
＊田中正造全集からの引用は頻出するので、注では、『正造全集』と略記し巻数・頁数のみを記した。
荒畑寒村　一九〇七（一九九九）『谷中村滅亡史』岩波文庫
石牟礼道子　一九六九（一九七二）『苦界浄土』講談社文庫
市原博　一九九七『炭鉱の労働社会史』多賀出版

内水護（編）一九七一『資料足尾鉱毒事件』亜紀書房
内村鑑三　一九一三（二〇一一）『後世への最大遺物・デンマルク国の話』岩波文庫
内村鑑三『内村鑑三全集』全四〇巻、岩波書店　一九八〇－一九八三
NHK取材班　一九九五『戦後50年　その時日本は　第3巻　チッソ・水俣　工場技術者たちの告白』NHK出版
江口圭一　一九八八『昭和の歴史④　十五年戦争の開幕』小学館ライブラリー
大澤明男　二〇一二『評伝　田中正造』幹書房
木下尚江　一九〇〇『足尾鑛毒問題』、『木下尚江全集①』教文館
古在由重　一九七四『人間讃歌』岩波書店
司馬遼太郎　一九七四「石鳥居の垢」『司馬遼太郎全集　第五十巻』一九八四
東海林吉郎・菅井益郎　一九八四『通史　足尾鉱毒事件』新曜社
田中正造『田中正造全集』全二〇巻岩波書店　一九七七－一九八〇
田中直樹　一九八四『近代日本炭鑛労働史研究』草風館
中江兆民『中江兆民全集』全一八巻岩波書店　一九七七－一九八〇
原田敬一　二〇〇七『日清・日露戦争　シリーズ日本近現代史③』岩波新書
福沢諭吉　一八七五（一九九五）『文明論之概略』松沢弘陽校注、岩波文庫
森長英三郎　一九八二『足尾鉱毒事件』（上）、（下）　新曜社
山田朗　二〇〇九『世界史の中の日露戦争　戦争の世界史20』吉川弘文館

Ⅲ「満蒙は生命線」以降に関連して

荒川幾男・生松敬三（編）一九七三『近代日本思想史』有斐閣双書
石井寛治　二〇一二『帝国主義日本の対外戦略』名古屋大学出版会
石橋湛山　一九八四『石橋湛山評論集』岩波文庫
臼井勝美　一九七四『満州事変』中公新書
江口圭一　一九八八『昭和の歴史④　十五年戦争の開幕』小学館ライブラリー
大江志乃夫　一九八二『昭和の歴史③　天皇の軍隊』小学館

大川周明　一九八六『大川周明日記』岩崎学術出版社
小倉和夫　二〇一一「対華『二十一カ条』要求をめぐる対中交渉の態様」『環』vol 46、二〇一一夏号
加藤陽子　二〇〇七『満州事変から日中戦争へ　シリーズ日本近現代史⑤』岩波新書
　二〇〇九『それでも、日本人は「戦争」を選んだ』朝日出版社
―
川田稔　二〇一四『昭和陸軍の軌跡』中公新書
河原宏ほか　一九七九『日本のファシズム』有斐閣選書
小林英夫　二〇一二『満鉄が生んだ日本型経済システム』教育評論社
中村隆英（編）一九八九『日本経済史7』岩波書店
原彬久　一九九五『岸信介　権力の政治家』岩波新書
原田勝正　二〇〇七『増補　満鉄』日本経済評論社
藤原彰　一九八八『昭和の歴史⑤　日中全面戦争』小学館ライブラリー
村上兵衛　二〇〇五「大東亜戦争・陸軍の将星たち」『秘録　人物・太平洋戦争』丸二月別冊、潮書房
毛利健三　一九七三「「危機」認識の諸相と「変革」のヴィジョン」、荒川・生松（編）一九七三
山之内靖ほか（編）一九九五『総力戦と現代化』柏書房
吉田裕　二〇〇六「アジア・太平洋戦争の戦場と兵士」『岩波講座　アジア・太平洋戦争5』岩波書店
　二〇〇七『アジア・太平洋戦争　シリーズ日本近現代史⑥』岩波新書
―
Ⅳ　無責任と「日本教」に関連して
アーレント、ハンナ　一九六五（邦訳一九六九）大久保和郎訳『イェルサレムのアイヒマン』みすず書房
　一九九四（邦訳二〇〇二）齋藤純一ほか共訳『アーレント政治思想集成　1』みすず書房
―
赤城智弘　二〇〇七『若者を見殺しにする国』双風舎
一の瀬俊也　二〇〇五『銃後の社会史』吉川弘文館歴史文化ライブラリー
牛村圭　二〇〇一『「文明の裁き」をこえて』中央公論新社
　二〇〇四『「勝者の裁き」に向き合って』ちくま新書
―
大窪一志　二〇一〇「日本型国民国家の相貌」『情況』二〇一〇・四月号

大庭健　一九八九『他者とは誰のことか』勁草書房
――　一九九一『権力とはどんな力か』勁草書房
――　一九九七『自分であるとはどんなことか』勁草書房
――　二〇〇五『「責任」ってなに？』講談社現代新書
――　二〇一三『いのちの倫理』ナカニシヤ出版
大森彌　二〇〇六『官のシステム　行政学叢書④』東京大学出版会
片山杜秀　二〇〇七『近代日本の右翼思想』講談社
河上肇　一九一一（一九八七）『河上肇評論集』岩波文庫
川口恵美子　二〇〇三『戦争未亡人：被害と加害のはざまで』ドメス出版
木佐芳雄　二〇〇一『〈戦争責任〉とは何か』中公新書
佐高信　二〇一二『日本の社長はなぜ責任を取らないか』毎日新聞社
新藤宗幸　二〇〇二『技術官僚』岩波新書
高遠菜穂子　二〇〇四『戦争と平和』講談社
名和田是彦　一九九八『コミュニティの法理論』創文社
ねず・まさし　一九七〇『日本現代史6』三一新書
野村二郎　一九九三『ナチス裁判』講談社現代新書
丸山眞男　二〇一五『超国家主義の論理と心理　他八篇』岩波文庫
――　一九九二（一九九八）『忠誠と反逆』ちくま学芸文庫
村松岐夫　一九八一『戦後日本の官僚制』東洋経済新報社
本島等、森村誠一、柴野徹夫　二〇〇〇『私たちは戦争が好きだった』朝日文庫
吉見義明　一九八七『草の根のファシズム』東京大学出版会
読売新聞社会部編　一九九八『会長はなぜ自殺したか』新潮文庫
ヴァイツゼッカー　一九八五（邦訳一九八六）『荒れ野の40年』岩波ブックレット
渡辺京二　一九八二（二〇一一）『維新の夢』ちくま学芸文庫

大庭健（おおば・たけし）

一九四六年埼玉県生まれ。東京大学大学院人文科学研究科博士課程修了。倫理学、分析哲学を専攻。現在、専修大学教授。著書に『はじめての分析哲学』（産業図書）、『他者とは誰のことか』『権力とはどんな力か』『自分であるとはどんなことか』（以上、勁草書房）、『私という迷宮』（専修大学出版局）、『「責任」ってなに？』（以上、講談社現代新書）、『所有という神話』（岩波書店）、『私はどうして私なのか』（岩波現代文庫）、『善と悪』（岩波新書）、『いのちの倫理』（ナカニシヤ出版）、『いま、働くということ』（ちくま新書）などがある。

筑摩選書 0119

民《たみ》を殺《ころ》す国《くに》・日本《にほん》　足尾鉱毒事件《あしおこうどくじけん》からフクシマへ

二〇一五年八月一五日　初版第一刷発行

著　者　大庭健《おおばたけし》

発行者　山野浩一

発行所　株式会社筑摩書房
東京都台東区蔵前二-五-三　郵便番号　一一一-八七五五
振替　〇〇一六〇-八-四一二三

装幀者　神田昇和

印刷 製本　中央精版印刷株式会社

乱丁・落丁本の場合は左記宛にご送付ください。
送料小社負担でお取り替えいたします。
ご注文、お問い合わせも左記へお願いいたします。
筑摩書房サービスセンター
さいたま市北区櫛引町二-六〇四　〒三三一-八五〇七　電話　〇四八-六五一-〇〇五三
 Printed in Japan ISBN978-4-480-01626-3 C0336